Barbara Mollet

Einfühlsam statt gewaltsam

Arbeitshilfen zur Förderung emotionaler und sozialer Kompetenzen in der fächerübergreifenden Projekt- und Schulsozialarbeit an Grund-und Förderschulen

Band 1
Sachanalysen und didaktische Überlegungen

Schneider Verlag Hohengehren GmbH

Gedruckt auf umweltfreundlichem Papier (chlor- und säurefrei hergestellt).

Leider ist es uns nicht gelungen, die Rechteinhaber aller Texte und Abbildungen zu ermitteln bzw. mit ihnen in Kontakt zu kommen.
Berechtigte Ansprüche werden selbstverständlich im Rahmen der üblichen Ver einbarungen abgegolten.

Bibliografische Information der Deutschen Nationalbibliothek

Die Deutsche Nationalbibliothek verzeichnet diese Publikation in der Deutschen Nationalbibliografie; detaillierte bibliografische Daten sind im Internet über ›http://dnb.d-nb.de‹ abrufbar.

---

2. überarbeitete Auflage 2012

Band 1 – Sachanalysen: ISBN: 978-3-8340-1124-4
Band 2 – **Arbeitsblätter**: ISBN: 978-3-8340-1125-1
Band 1+2 – **Sachanalysen + Arbeitsblätter**: ISBN: 978-3-8340-1126-8

Schneider Verlag Hohengehren, 73666 Baltmannsweiler
Homepage: www.paedagogik.de

Alle Rechte, insbesondere das Recht der Vervielfältigung sowie der Übersetzung, vorbehalten. Kein Teil des Werkes darf in irgendeiner Form (durch Fotokopie, Mikrofilm oder ein anderes Verfahren) ohne schriftliche Genehmigung des Verlages reproduziert werden.
© Schneider Verlag Hohengehren, Baltmannsweiler 2012.
Printed in Germany. Druck: Appel & Klinger, Schneckenlohe

Inhalt

Vorwort zur 2., überarbeiteten Auflage	11
Vorwort zur 1. Auflage	27

Teil I: Was Bedürfnisse und Gefühle für unser Leben bedeuten   32

Modul 1

Sachanalyse: Alle Menschen haben Bedürfnisse.   32

Ihre Erfüllung ist für uns lebens- und überlebenswichtig.	32
Was bedeutet „bedürftig sein"?	33
Bedürfnisse in konkreten Situationen	34
Bedürfnisse beeinflussen unser Verhalten	34
„Wir sehen nur mit dem Herzen gut."	35
Was sich verhaltensauffällige Kinder wünschen	36

Didaktische Überlegungen   37

1. Welche Bedürfnisse haben Robinson und Freitag?   37
2. Welche Bedürfnisse hast du?   37
3. Alle Herzenswünsche auf einen Blick   38
4. Mit Glückskleeblättern einen Wunschbaum basteln   38
5. Bedürfnisdetektive spielen   38
6. Eine Mutter versteht die Bedürfnisse ihrer Tochter nicht.   39
7. Sternschnuppen: Ihr habt drei Wünsche frei.   39

Modul 2

Sachanalyse: Unser Bedürfnis nach Freundschaft   39

Didaktische Überlegungen   40

1. Rollenspiele: Wie verhalten sich gute Freundinnen und Freunde?   40
2. Was Freundinnen und Freunde verbindet   40
3. Lernspiele zu Freundschaft und Vertrauen   41

Modul 3

Sachanalyse: Alle Menschen haben Gefühle.   41

Gefühle sind niemals „richtig" oder „falsch".	42
Gefühle sind etwas Seelisches.	44
Didaktische Überlegungen	45
1. Ines zeigt ihre wahren Gefühle nicht.	45
2. Gefühle wahrnehmen - einfühlsam sein	46

Modul 4

Sachanalyse: 1. Körpersprachliche Signale wahrnehmen und deuten   47

Didaktische Überlegungen   48

   1. Gefühle zeigen und wahrnehmen ohne Worte   48
   2. Pantomimen- und Detektivspiel   48
   3. Ratet einmal, was ich wohl fühle.   48
   4. Wir erfinden unsere eigene Zeichensprache.   49

Sachanalyse: 2. Gefühle unterscheiden und richtig bezeichnen   49

Didaktische Überlegungen   51

   1. Einfühlung in dich selbst: Welche Gefühle hast du manchmal, oft oder nie?   51
   2. Bewegungsspiele zu den vier Grundgefühlen: Angst, Freude, Traurigkeit, Wut   51
   3. Wir zeichnen einen Wissensbaum.   51
   4. Singen und Dichten: „Das Lied von den Gefühlen"   52

Sachanalyse: 3. Wir möchten noch mehr über Gefühle wissen.   52

Sie geben uns (über-)lebenswichtige Informationen über unsere Bedürfnisse.   52

Didaktische Überlegungen   53

   1. Vorsicht, hier lauert eine Gefahr!   53
   2. Ein herzliches Lachen zur Begrüßung   54

Sachanalyse: 4. Wann und warum fühlen wir uns gut?   55

Bedürfnisse und Gefühle vermeiden   56

Didaktische Überlegungen   57

   1. Einfühlung in andere: Wie fühlen sich die Kinder?   57
   2. Heftet die passenden Überschriften an die Fotos.   57
   3. Zufriedenheit, Freude, Glück, Dankbarkeit, Übermut und Stolz   58

Kommunikation über Gefühle verbessern	58
4. Warum fühlst du dich … zufrieden, freudig, glücklich, dankbar, übermütig oder stolz?	59
5. Geschichte: Ein Waisenkind kann sein Glück nicht fassen.	59
6. Erzählt der Klasse eigene Erlebnisse mit guten Gefühlen.	59

Sachanalyse: 5. Wann und warum fühlen wir uns schlecht?   60

Didaktische Überlegungen   60

1. Einfühlung in andere: Welche Gefühle haben die Kinder?   60
2. Heftet die passenden Überschriften an die Fotos   60
3. Angst, Traurigkeit, Einsamkeit, Mitgefühl, Hilflosigkeit, Ärger, Wut   60
4. Warum bist du ängstlich, traurig, einsam, mitfühlend, hilflos, ärgerlich oder wütend?   61
5. Geschichte: Tiefe Trauer, weil die beste Freundin weggezogen ist   61
6. Geschichte: Tim überwindet seine Angst.   61
7. Erzählt der Klasse eigene Erlebnisse mit negativen Gefühlen.   62
8. Wir basteln eine Gefühle-Uhr.   62

Modul 5

Sachanalyse: Wie sollen wir richtig auf Gefühle reagieren?   62

Was wir uns nicht wünschen: herzlose Reaktionen   62

Didaktische Überlegungen   63

1. „Jungen weinen nicht!"   63
2. Eine Tante reagiert herzlos auf Elisabeths Gefühl.   63

Überregulierte Gefühle - Wenn die Seele stumm bleibt   64

3. Zeitungsartikel über gefühlskalte Eltern   65

Wir möchten mit anderen über Gefühle zu sprechen   66

Didaktische Überlegungen   66

1. Ich schenke dir mein Herz.   66
2. Ein Gespräch, das von Vertrauen, Mitgefühl und Verständnis geprägt ist   67
3. Über welche Eigenschaften verfügen der Vater und der Sohn?   67
4. Denkt euch in Partnerarbeit ein Gespräch über ein Gefühl aus. Schreibt als Gedankenstütze Stichworte auf.   72

Was wir uns auch wünschen: Mitleid und Hilfe in Not   72

Didaktische Überlegungen   73

1. Bildbetrachtung: Mitleid ist Barmherzigkeit.   73
2. „Gleichnis vom barmherzigen Samariter"   73
3. Was empfindet ihr bei diesen Fotos? – Wie möchtet ihr den Kindern helfen?   74
4. Plakat zum Thema „Mitleid und Hilfe in Not"   76

Modul 6

Sachanalyse: Gefühle beeinflussen immer unser Verhalten.   76

Sozial nicht wünschenswertes Verhalten   82

Sozial wünschenswertes Verhalten   83

Emotionales Gedächtnis   84

Emotionales Schema   86

Unterregulierte Gefühle   88

Zu diesem Modul gehören keine Arbeitsblätter, denn es möchte nur eine Sachanalyse geben und zum nächsten Kapitel inhaltlich überleiten.

Teil II: Die Bedeutung von Bedürfnissen und Gefühlen in Konflikten   93

Modul 7

Sachanalyse: Wir können konstruktiv oder destruktiv mit Verletzungen umgehen.   93

Harmlose Streitanlässe   93

Konflikten ausweichen   93

Anlässe für Konflikte   94

Destruktiver Umgang mit Gefühlen   94

Didaktische Überlegungen — 95

Konflikte in der Schule — 95

1. Das Katze und Maus-Spiel von „Tom und Jerry" — 95
2. Wo hört der Spaß auf und fängt Gewalt an? — 96

Gewalterfahrungen und Angst — 97

Angst als Mittel der Erziehung — 99

Wir gehen konstruktiv mit Konflikten um. — 100

Gefühle ernst nehmen — 102

3. Ich entschuldige mich - die vier E`s. — 104

Gewalt vorbeugen — 104

4. Wir führen die Stopp-Regel ein. — 105
5. Rollenspiele zur Stopp-Regel — 105
6. Arbeitshilfe: Wodurch kommt es oft zum Streit? — 105
7. Was muss ein Kind tun, wenn es gegen die Stopp-Regel verstößt? — 106
8. Welche Regeln wollen wir beachten, damit wir die Stopp-Regel gar nicht anwenden müssen? — 106
9. Eine wahre Geschichte — 106

Modul 8

Sachanalyse: Tiefere Ursachen für Konflikte — 107

Unbefriedigte Bedürfnisse und Verhalten — 107

Was bedeuten diese Verhaltensweisen für unsere Beziehung
zu anderen Menschen? — 108

Didaktische Überlegungen — 110

1. Einige Kinder spielen Tischtennis. Wie verhält sich Michael? — 110
2. Timo hat die beste Mathearbeit geschrieben. — 111
3. Elisabeths kleiner Hund ist gestorben. — 111

Modul 9

Sachanalyse: Wir benehmen uns wie „Wölfe" und zetteln einen Streit an. — 112

„Wolfs-Verhalten" und „Giraffen-Verhalten" nach Dr. Marshall B. Rosenberg … 112

Didaktische Überlegungen … 112

    1. Plakat: Leider verhalten wir uns manchmal wie „Wölfe … 112

Ärger, Wut und „Wolfs-Sprache" … 113

Ärger, Wut und „Wolfs-Verhalten" … 114

    2. „Wölfe" üben Gewalt aus. … 114

Modul 10

Sachanalyse: 1. Wir reagieren auf einen „Wolf" wie ein „Wolf". … 115

Didaktische Überlegungen … 115

    1. Plakat: Wir sind beide gewalttätig. … 115
    2. Rollenspiele mit Handpuppen … 116

Sachanalyse: 2. Was geschieht, wenn wir uns wie „Wölfe" streiten? … 117

Didaktische Überlegungen … 117

    1. Das Eisbergmodell, 1. Teil … 117
    2. Überlege, bevor du wie ein „Wolf" reagierst. … 118
    3. Brückengrafiken - wie können Streitigkeiten ausgehen? … 119

Modul 11

Sachanalyse: Der Einfluss unseres Denkens auf unsere Gefühle … 120

Vertrauen auslösende Gedanken … 120

Misstrauen auslösende Gedanken … 122

Was ist eigentlich Vertrauen und was ist Misstrauen? … 123

Didaktische Überlegungen … 124

    1. Hilfe, ein Raser auf der Autobahn … 124

Angst und Wut auslösende Gedanken … 124

    2. Mutter und Tochter … 125

Freude auslösende Gedanken … 127

Feedback einholen	128
3. Geheimnis verraten	128
4. „Wolfs-Gedanken", mit denen wir uns in Wut hineinsteigern	129

Modul 12

Sachanalyse: Wir führen die Streitschlichtung ein.   129

Didaktische Überlegungen   130

1. Das Eisbergmodell, 2. Teil	130
Wir streiten uns mit Hilfe eines Streitschlichters oder einer Streitschlichterin friedlich wie die „Giraffen"	131
2. Faltblatt: Aufgaben einer Streitschlichterin oder eines Streitschlichters	131
Merkmale eines Streitschlichtungsgesprächs	131
Vertrauensbildende Maßnahmen	132
Was können wir von einem Streitschlichtungsgespräch erhoffen?	133
Beginn eines Streitschlichtungsgesprächs	134
3. Eine Lehrerin führt mit Andrea und Inge ein Streitschlichtungsgespräch.	135
Das Gefühl, hilflos zu sein	137
4. Vereinbarung	140
5. Faltblatt: Wir führen ein Streitschlichtungsgespräch.	140
6. Welche Schritte folgen bei einer Streitschlichtung nacheinander?	141
7. Wir üben ein Streitschlichtungsgespräch: Mobbing.	141
8. Wir üben ein Streitschlichtungsgespräch: Beleidigungen.	141
9. Wir führen und beobachten ein Streitschlichtungsgespräch.	141

Modul 13

Sachanalyse: Wir reagieren auf einen „Wolf" wie die „Giraffen".   142

Didaktische Überlegungen   142

1. Stille-Übung: Welche Eigenschaften mag ich an dir?	142
2. Ein Mädchen streitet sich friedlich mit einem singenden Drachen.	142

3. „Welche Gefühle, Gedanken und welches verletzte Bedürfnis habe ich? Welche hast du? Wie wollen wir unsere Bedürfnisse gegenseitig befriedigen?" 144
4. Du und dein Bruder streitet euch friedlich um ein Auto. 145
5. Plakat: Wir reagieren auf einen „Wolf" wie die „Giraffen". 146

Gefühle regulieren und sich beruhigen 146

Gefühle und „Giraffen-Sprache" 148

Die Ursachen für unsere Gefühle liegen in uns selbst. 149

Andere nicht für unsere Gefühle verantwortlich machen 149

6. In der „Giraffen-Sprache" „Ich-Sätze" bilden 151

Modul 14

Sachanalyse: Zwei „Giraffen" bitten sich mit viel Gefühl, ihre Bedürfnisse zu erfüllen. 151

Didaktische Überlegungen 151

1. Andrea und Inge in der Turnhalle 151
2. Andrea vertraut Inge ihr Geheimnis an. 153

Bitten als Beten 154

3. Was tun die Mädchen auf den Fotos? 154

Die gefalteten Hände 155

Wir vertrauen auf die Güte Gottes. 155

Wir vertrauen auf die Güte eines anderen Menschen und unsere eigene Güte. 155

Bitten bedeutet, einem anderen sein Herz anvertrauen. 156

Bitten sind das Gegenteil von Forderungen. 156

Herz und Verstand - gute Bildung sollte immer auch Herzensbildung sein. 157

4. Plakat: Wir verhalten uns wie zwei „Giraffen". 157
5. Wir üben das „Giraffen-Verhalten" in Rollenspielen. 158
6. Rollenspiel 8: Streit zwischen Uwe und seiner Mutter 160
7. Frage- und Antwortspiel: Wie Herzen zusammen kommen 161
8. Kartenspiel basteln 161

Literaturangaben 162

Vorwort zur 2., überarbeiteten Auflage

Aus Anlass der zweiten Auflage möchte ich gerne einige theoretische Grundannahmen näher explizieren, die in die Unterrichtsmaterialien Eingang gefunden haben, sowie ihre allgemeinen Förderziele benennen.

Konstitutiv für den modularen Aufbau meiner Materialien sowie die Formulierung vieler Arbeitsblätter ist die Definition des Emotionsbegriffs nach Claas-Hinrich Lammers (2011, 29):

„Unter Emotion versteht man ein kurzzeitiges, stimulusabhängiges Erleben von Reizen (Körper- bzw. Sinnesempfindungen) …. Als Stimuli für eine Emotion kommen hauptsächlich externe Stimuli, Kognitionen und andere Emotionen infrage. Eine Emotion stellt eine Bewertung und Reaktion auf einen dieser Stimuli dar und besteht aus mehreren Komponenten (Scherer 2001):

- einem somatischen Geschehen … (z.B. Pulsbeschleunigung, Schwitzen, Anspannung der Muskeln)
- einem behavioralen Anteil im Sinne von Ausdruck (ängstliches Gesicht) oder Verhalten (Fluchtimpuls, Laufen)
- kognitiven Prozessen (Wahrnehmung eines Stimulus, gedankliche Repräsentation wie „Ich habe Angst", bewertende Kognitionen)
- einem motivationalen Geschehen, das heißt einer Ausrichtung auf ein Ziel
- einer subjektiv empfundenen Komponente (Gefühl)."

Im Rahmen einer emotionsbezogenen Psychotherapie können Patienten eine „Emotionsanalyse" durchführen und sich zu dem auslösenden Stimulus und den einzelnen Komponenten ihrer Emotionen Fragen stellen. Ich glaube, dass wir auch im Bereich der Pädagogik mit diesen Fragen wichtige Verstehensprozesse anregen und fördern können. Deshalb entwerfen die Unterrichtsmaterialien Lernsituationen, in denen die SchülerInnen mit ihrer Hilfe

- ihr eigenes Selbst (in der Einheit von Körper, Gefühlen, Bedürfnissen, Denken und Verhalten) erforschen und sich selber besser verstehen und akzeptieren lernen
- verständnisvoll und einfühlsam auf die Emotionen anderer Menschen eingehen können
- gewaltfreies - statt gewaltsames - Verhalten ihren Mitmenschen gegenüber zeigen:

1. Welche somatische Veränderung habe ich an mir (an dir) wahrgenommen?
2. Welche körpersprachlichen Signale habe ich an mir (an dir) wahrgenommen?
3. Was ist der genaue Name meines (deines) Gefühls? Handelt es sich um eine primäre oder sekundäre … Emotion?
4. Was war das auslösende Ereignis für mein (dein) Gefühl? (Wer hat was, wann, wo gesagt oder getan?
5. Mit welchen Gedanken habe ich (hast du) das Gefühl hervorgerufen bzw. beeinflusst?
6. Was habe ich (hast du) in der Situation getan bzw. was für einen Handlungsimpuls hatte ich (hattest du)?
7. Was für ein (erfülltes oder nicht erfülltes, Anm. der Verf.) Bedürfnis drückt sich durch die Emotion aus?
8. Was wäre ein angemessener Umgang mit meiner (deiner) Emotion? (vgl. Lammers, 2011, 248- 259)

Zu 1: Welche somatische Veränderung habe ich an mir (an dir) wahrgenommen?

Um die SchülerInnen für emotionsbedingte körperliche Reaktionen zu sensibilisieren, können sie mit der Übung „Gefühle wahrnehmen - einfühlsam sein" (Modul 3) - ausgehend von verschiedenen Situationen - eine „Reise durch ihren Körper" machen. Sie lernen herauszufinden, was sie fühlen, indem sie auf ihre Augen, ihren Mund, ihren Herzschlag, ihre Muskeln und ihre Atmung achten. Sie sollen auch überlegen, welches Bedürfnis von ihnen erfüllt oder verletzt sein könnte (zu 7) und was sie in den unterschiedlichen Situationen am liebsten sagen und tun würden (zu 6).

Mit dem Arbeitsblatt „Plakat: Wir reagieren auf einen „Wolf" wie die „Giraffen" (Modul 13) können die SchülerInnen einige Techniken erproben, mit denen sie beruhigenden Einfluss auf intensive körperliche Reaktionen nehmen können, bevor sie z.B. mit einem Kind, das sich ihnen gegenüber gewaltsam verhalten hat, ein Gespräch führen.

Zu 2: Welche körpersprachlichen Signale habe ich an mir (an dir) wahrgenommen?

Die Arbeitsblätter in Modul 4.1 möchten die SchülerInnen motivieren, in der lebenswirklichen Interaktion mit ihren Mitmenschen ihre Aufmerksamkeit öfter bewusst auf deren körpersprachliche Signale zu lenken, um besser wahrzunehmen, was diese wohl fühlen, und ihre Beobachtung z.B. zum Anlass für ein Gespräch zu nehmen: „Du siehst so aus, als wärst du traurig. Bist du traurig? Was ist passiert? Möchtest du mit mir darüber sprechen?" Mit den

Übungen „Gefühle zeigen und wahrnehmen ohne Worte", Pantomimen- und Detektivspiel" sowie „Ratet einmal, was ich wohl fühle" lernen sie spielerisch, 13 Gefühle nonverbal zum Ausdruck zu bringen und aus der Körpersprache ihrer MitschülerInnen und ihrer Lehrperson auf die zugrundliegenden Gefühle zu schließen.

Auch bei der Interpretation der Fotos, die Kinder in verschiedenen Gefühlslagen zeigen, und zum Beispiel der Geschichte „Wo hört der Spaß auf und fängt Gewalt an?" (Modul 7) werden die SchülerInnen gebeten, möglichst genau die körpersprachlichen Merkmale der Kinder zu beschreiben und mit ihrer Hilfe Vermutungen über ihre Gefühle zu äußern (vgl. z.B. meine Frage: Woran erkennt ihr, dass der Junge wohl einsam ist?)

Zu 2, 3, 4, 6, 7, 8:

In der Geschichte „Ines zeigt ihre wahren Gefühle nicht" täuscht Ines ihrem Freund mit ihrer Körpersprache und ihrem Verhalten Gleichgültigkeit vor, obwohl sie in Wirklichkeit traurig ist, weil ihr Bedürfnis nach Freundschaft, Ehrlichkeit oder Vertrauen verletzt ist. Die Schüler-Innen sollen miteinander diskutieren, warum sie selber manchmal ihre wahren Gefühle verbergen, und ob es nicht gerade für eine Freundschaft wichtig ist, einem Freund sein ehrliches Gefühl zu zeigen, weil er nur dadurch die Chance hat, verständnisvoll auf ihr Gefühl zu reagieren, ihr Bedürfnis zu befriedigen und auch sein eigenes Verhalten erklären kann. (vgl. Lammers, 2011, 36). Die SchülerInnen können lernen, dass Sprechen besser ist als Schweigen und Gefühle, die man nicht hat, vorzutäuschen, zu Missverständnissen und Enttäuschungen in Freundschaften führen können. In einem Rollenspiel sollen sie darstellen, wie sich Ines und Jens wie gute Freunde verhalten können.

Zu 3: Was ist der genaue Name meines (deines) Gefühls?

Die Arbeitsblätter in Modul 4.2 „Gefühle unterscheiden und richtig bezeichnen" regen die SchülerInnen an, sich in sich selber einzufühlen und 13 Gefühle bei sich zu identifizieren und sich zu erinnern, welche sie manchmal, oft oder nie hatten. Die Verschriftlichung soll den SchülerInnen helfen, diese Gefühle auszudifferenzieren und ihre situativen Gefühle in Alltagssituationen möglichst genau zu benennen.

Welche Erfahrungen sie mit einem Gefühl gemacht haben, das ihnen wichtig ist, und was sie mit ihm verbinden, können die SchülerInnen in einem Wissensbaum sprachlich und bildlich darstellen. In der Gruppe sollten sehr persönliche Aspekte ihrer Mind-Maps nur dann offen besprochen werden, wenn die SchülerInnen dem zustimmen. Für die Lehrperson ist es bestimmt wertvoll, die Wissensbäume zu interpretieren und evtl. über sie in ein Einzelgespräch mit dem Schüler oder der Schülerin zu kommen.

Zu 4: Was war das auslösende Ereignis für mein (dein) Gefühl? (Wer hat was, wann, wo gesagt oder getan?)

Zum Emotionsverständnis zählt nach Pons, Harris, de Rosnay (2004) u.a. die Fähigkeit, situative Emotionsauslöser zu verstehen. Bei der Bearbeitung der Arbeitsblätter „Zufriedenheit, Freude, Glück, Dankbarkeit, Übermut und Stolz" (Modul 3.4) sowie „Angst, Traurigkeit, Einsamkeit, Mitgefühl, Hilflosigkeit, Ärger, Wut" (Modul 3.5) sollten die SchülerInnen zunächst besprechen, welche Situationen nach ihrer Erfahrung diese Gefühle erzeugen. Dann bekommen sie Karten, auf denen steht, wann Menschen im Allgemeinen diese Gefühle haben. Die SchülerInnen sollen die Konditionalsätze einzeln besprechen und Beispiele für sie suchen.

Das Wissen um Situationen, die Gefühle auslösen, soll die SchülerInnen befähigen, ihre eigenen Gefühle und die ihrer Mitmenschen besser zu verstehen und zu kommunizieren, Emotionen genauer voraussehen zu können, Situationen bewusst aufzusuchen oder herzustellen, die positive Gefühle bei ihnen und anderen erzeugen können und - wenn möglich - Situationen zu vermeiden, die eher negative Gefühle erzeugen, oder so zu verändern, dass sie nicht mehr notwendigerweise mit negativen Gefühlen für sich und andere verbunden sind.

Zu 7: Was für ein (erfülltes oder nicht erfülltes, Anm. der Verf.) Bedürfnis drückt sich durch die Emotion aus?

Eine Besonderheit meiner Unterrichtsmaterialien ist, dass sie in Modul 1 das Thema „Bedürfnisse" behandeln. In der emotionsbezogenen bzw. -fokussierten Psychotherapie (Lammers, Greenberg, Grawe, Gordon) sowie in der Theorie der Gewaltfreien Kommunikation (vgl. Rosenberg 2004, 15) zählen „Grundbedürfnisse" zu den anthropologischen Konstanten. So schreibt Grawe: „Unter ... Grundbedürfnissen verstehe ich Bedürfnisse, die bei allen Menschen vorhanden sind und deren Verletzung oder dauerhafte Nichtbefriedigung zu Schädigungen der psychischen Gesundheit und des Wohlbefindens führen" (Grawe 2004, 184). Auch nach Lammers kommen „alle Menschen ... mit Grundbedürfnissen auf die Welt, die sie zu lebenswichtigen Erlebnis- und Verhaltensweisen motivieren. Hierzu (s. Epstein) gehören in erster Linie die Bedürfnisse nach: Bindung, Orientierung und Kontrolle, Lustgewinn/Unlustvermeidung, Selbstwerterhöhung/ -schutz. Das unbewusste und bewusste Streben nach Befriedigung dieser Bedürfnisse bzw. ihrer individuellen Ausgestaltung ermöglicht Menschen ein Überleben und ein sinnvolles Leben." (Lammers, 2011, 65)

In Modul 1 lernen die SchülerInnen eine Vielzahl von Bedürfnissen kennen und können die Erfahrung machen, dass sie schon ein sehr gutes Verständnis von ihren situativen Bedürfnissen haben. Sie erarbeiten, dass Bedürfnisse Wünsche sind und alle Menschen danach streben, dass sie erfüllt werden. Die Bedürfnisse sind dem Buch „Als Sisyphus seinen Stein losließ" von Serge K. D. Sulz (2008, 27) entnommen. Andere habe ich hinzu formuliert in der Annahme, dass sie für Kinder wichtig sind. Mir geht es - wie Sulz - „nicht um eine Einteilung, die wissenschaftliche Gültigkeit beansprucht, sondern um eine nützliche Übersicht, die hilft, weitere Betrachtungen anzustellen und diese kommunizierbar zu machen." (Sulz, 2008, 27) Sulz erläutert in seinem Buch einzelne Bedürfnisse ausführlich. Aus seinen Ausführungen lassen sich wertvolle Erkenntnisse über die Bedeutung ihrer Befriedigung besonders für Kinder gewinnen (vgl. Sulz, 2008, 26-66).

Zwischen Bedürfnissen und Gefühlen besteht ein enger Zusammenhang: „Positive Emotionen zeigen das Erreichen einer Befriedigung eines Bedürfnisses an … Negative Emotionen … hingegen die Frustration eines Bedürfnisses …" (Lammers, 2011, 65) Mit den Arbeitsblättern „Zufriedenheit, Freude, Glück, Dankbarkeit, Übermut und Stolz." „Warum fühlst du dich zufrieden, freudig, glücklich, dankbar, übermütig oder stolz?" „ Angst, Traurigkeit, Einsamkeit, Mitgefühl, Hilflosigkeit, Ärger, Wut." „Warum bist du ängstlich, traurig, einsam, mitfühlend, hilflos, ärgerlich oder wütend?" sollen die SchülerInnen erarbeiten, dass sie positive Gefühle haben, weil ein bestimmtes Bedürfnis befriedigt, negative Gefühle, weil ein Bedürfnis von ihnen nicht beachtet, bedroht oder verletzt ist. In Gesprächen mit anderen soll sie dieses Wissen befähigen zu kommunizieren, warum sie im Moment ein bestimmtes Gefühl haben und was ihnen das jeweilige (erfüllte oder verletzte) Bedürfnis ganz persönlich bedeutet.

Rosenberg ist die Einsicht zu verdanken, dass wir andere Menschen nicht für unsere Gefühle verantwortlich machen oder ihnen die Schuld für sie geben dürfen, weil die Ursache für sie in uns selber, in unseren erfüllten oder verletzen Bedürfnissen liegt. Was andere sagen oder tun, kann lediglich der Auslöser für bestimmte Gefühle sein (vgl. Gens, 2011, 8). Die SchülerInnen sollen dies berücksichtigen, indem sie lernen, - anstelle beleidigender „Du-Sätze" - „Ich-Sätze" zu formulieren, z.B.: „Weil ich mich nach Freundschaft sehne, bin ich traurig, dass du mich nicht eingeladen hast." (Modul 13)

Nach Lammers vermitteln uns Emotionen „(überlebens)wichtige Beurteilungen über Stimuli, noch bevor wir in einem bewussten kognitiven Prozess die betreffende Situation evaluiert haben" (Lammers, 2011,4). Dass Gefühle sie blitzschnell und schneller als ihr Verstand über die Bedeutung einer Situation für ein Bedürfnis von ihnen informieren, vermitteln den SchülerInnen die Arbeitsblätter „Vorsicht, hier lauert Gefahr!" und „Ein herzliches Lachen zur Begrüßung" (Modul 4.3). Sie sollen die Schülerinnen darin bestärken, dass alle Gefühle sinnvoll sind und sie selbstbewusst zu ihnen stehen können.

Zu 5: Mit welchen Gedanken habe ich (hast du) das Gefühl hervorgerufen bzw. beeinflusst?
Zu 3: Handelt es sich um eine primäre oder sekundäre ... Emotion?

Dass Gedanken Einfluss auf Gefühle haben und sich aus einem anfänglich primärem Gefühl ein sekundäres Gefühl entwickeln kann, sollen die SchülerInnen aus den Geschichten „Hilfe, ein Raser auf der Autobahn" und „Mutter und Tochter" (Modul 11) lernen. Dass Besondere an den Geschichten ist, dass ein Vater in ein und derselben Situation zunächst ängstlich und dann wütend über einen Autofahrer ist und schließlich Angst um ihn hat - je nachdem, ob er gut oder schlecht über ihn denkt - und dass eine Mutter in ein und derselben Situation über ihre Tochter zunächst traurig und dann wütend und ein andermal zunächst freudig und dann glücklich ist. Die Geschichten zeigen außerdem, dass die Entstehung von Gedanken eng mit der Wahrnehmung situativer Gegebenheiten zusammenhängt. Die SchülerInnen sollen aus ihnen die Lehre ziehen, dass sie gute Gefühle in sich hervorrufen können, wenn sie ihre Aufmerksamkeit bewusst auf gute Eigenschaften eines anderen Menschen lenken und gut über ihn denken, dass sie hingegen negative Gefühle haben, wenn sie negative Eigenschaften wahrnehmen und schlecht über einen anderen Menschen denken.

Crick & Dodge (1994) haben herausgefunden, dass aggressive Kinder anderen Menschen häufig feindselige Absichten unterstellen, auch dann, wenn diese es überhaupt nicht böse mit ihnen gemeint oder sie das Kind ohne Absicht verletzt haben. Ich habe versucht, diese Erkenntnis didaktisch aufzugreifen, indem ich Gedanken beschreibe, die Einfluss auf das Entstehen von „Wut" haben - z.B. „Das hast du extra getan." „Du wolltest mich ärgern." „Du bist gemein." - und dass mit diesen Gedanken aus einem anfänglich anderen primären Gefühl (wie Traurigkeit, Angst oder Hilflosigkeit) als sekundäres Gefühl Wut entstehen kann. In ihrem Alltag sollten die SchülerInnen immer wieder erwägen, ob sie einem anderen Menschen nicht zu Unrecht feindselige Absichten unterstellen. Es könnte ja auch sein, dass er ihnen unabsichtlich weh getan hat. In das von mir formulierte „Streitschlichtungsgespräch zwischen einer Lehrerin und zwei SchülerInnen" und z.B. die Geschichte „Ein Mädchen streitet sich friedlich mit einem singenden Drachen" habe ich ebenfalls die Unterscheidung von primären und sekundären Gefühlen und den Einfluss von Gedanken auf Gefühle hineingenommen.

In der emotionsbezogenen Psychotherapie gilt eine sekundäre Emotion als „Ergebnis eines Bewältigungsversuchs für eine problematische primäre Emotion." (Lammers, 2011, 72) Sie „verdrängt ... die primäre Emotion aus dem Erleben des Patienten." (Greenberg 2002, n. Lammers, 78). Ohne auf die tiefere Bedeutung dieser Begriffe im Rahmen der Psychotherapie einzugehen, soll die Unterscheidung von primären und sekundären Gefühlen die Schüler-Innen zu der Erkenntnis verhelfen, dass Wut meistens ein sekundäres Gefühl ist und dass Konflikte gelöst oder verhindert werden können, wenn sie sich gegenseitig ihre primären Gefühle anvertrauen, weil sie am ehesten das Herz des anderen anrühren und ihn versöhnlich stimmen.

Kinder verletzen andere auch absichtlich und die verletzten Kinder sind zu Recht auch wütend. Wenn die gewaltsamen Kinder - zum Beispiel in einem Streitschlichtungsgespräch - aber spüren, welche Gefühle ihr Verhalten unmittelbar in dem anderen Kind hervorgerufen hat, wird es ihnen eher leidtun, was sie getan haben und sie werden den Wunsch haben, sich bei dem anderen Kind aufrichtig zu entschuldigen. In mein Streitschlichtungsgespräch fließt die These ein, dass kognitive Einsichten allein keine Gefühlsveränderungen bewirken. Es muss neben neuen Erkenntnissen ein „Erlebnis" hinzukommen - dass der andere z.B. weint, ängstlich, traurig oder hilflos wirkt, sich entschuldigt oder etwas unerwartet Rührendes sagt - was in dem anderen Menschen Mitgefühl und Betroffenheit weckt, damit aus einer feindseligen Haltung eine versöhnliche wird. Gerade auch in der Schule kann dies nur in einer vertrauensvollen Atmosphäre gelingen, in der die Kinder bereit sind, über ihre Gefühle zu sprechen und sie auch erleben dürfen.

Dass sie auch gewaltsamen Kindern gegenüber eine wohlmeinende Haltung einnehmen können, indem sie „Giraffen-Gedanken" denken, lernen die SchülerInnen mit dem Arbeitsblatt „Plakat: Wir reagieren auf einen „Wolf" wie die „Giraffen". „Giraffen" denken z.B.: „Im Grunde deines Herzens bist du ein guter Mensch." „Vielleicht kannst du dich im Moment nicht anders verhalten? Dann möchte ich verstehen, warum du dich wie ein „Wolf" benimmst." Auch mit der „Stille-Übung: Welche Eigenschaften mag ich an dir?" (Modul 13) können sich verärgerte Kinder einem „Wolf" gegenüber wohlwollend stimmen.

Zu 8: Was wäre ein angemessener Umgang mit meiner (deiner) Emotion? Zu 6: Was habe ich (hast du) in der Situation getan bzw. was für einen Handlungsimpuls hatte ich (hattest du)?

Kinder ebenso wie Erwachsene haben das Bedürfnis, dass andere Menschen Mitgefühl und Verständnis mit ihnen haben, wenn sie etwas emotional Bedeutsames erlebt haben. Die Unterrichtsmaterialien möchten die SchülerInnen in ihrer Fähigkeit fördern, empathisch und verständnisvoll auf die Emotionen ihrer Mitmenschen einzugehen und mit ihnen mitzufühlen. Bei der Interpretation der Geschichten, Fotos und Rollenspiele bitte ich sie deshalb immer wieder, sich in die handelnden oder abgebildeten Personen einzufühlen und nachzudenken, welche Gefühle sie wohl haben könnten und - im Sinne eines Perspektivenwechsels - was sie an ihrer Stelle fühlen würden.

„Empathie" bezeichnet nach Lammers eine Haltung des Therapeuten gegenüber einem Patienten. Der Begriff bedeutet „Einfühlen" und darüber hinaus: „Der Therapeut lässt sich von den sichtbaren Gefühlsregungen des Patienten anstecken und erlebt eine Gefühlsübertragung. Dies führt dazu, dass der Therapeut die Emotion ... des Patienten bei sich selbst erleben und somit ein tieferes Verständnis für den Patienten aufbringen kann." (Lammers, 1011, 117) Diese zweifache Bedeutung von Empathie fließt auch in meine Unterrichtsmaterialien ein.

Welchen Umgang sich die SchülerInnen von ihren Mitmenschen mit ihren Gefühlen wünschen, erarbeiten sie mit dem Übungsblatt „Jungen weinen nicht!" (Modul 5). Auf ihm sind wünschenswerte Reaktionen beschrieben, die von Gefühlsansteckung, Empathie, Hilfsbereitschaft, Fürsorge, Interesse und Verständnis zeugen. Mit der Geschichte „Eine Tante reagiert herzlos auf Elisabeths Gefühl" lernen die SchülerInnen dagegen fünf Verhaltensweisen kennen, die ein mangelndes Einfühlungsvermögen der Tante in Elisabeths Gefühlslage widerspiegeln und Elisabeth das Gefühl geben, nicht verstanden zu werden.

Der erschütternde „Zeitungsartikel über gefühlskalte Eltern" berichtet von Eltern, die ihren Kindern unermessliches Leid zufügen. Die SchülerInnen sollen deuten, dass die Eltern herzlos sind und keinerlei Mitgefühl mit dem Leiden ihrer Kinder haben. Hätten sie Mitgefühl mit ihnen, dann könnten sie ihnen niemals diese Gewalt antun. Die SchülerInnen sollen überlegen, ob nicht die Nachbarn oder andere Erwachsene den Kindern vielleicht schon hätten helfen können, bevor die Polizei sie aus der Wohnung befreit hat.

Gefühle wecken immer eine „Neigung, uns der Emotion entsprechend zu verhalten" (vgl.

Lammers, 2011, 35). Der Begriff „Verhalten" wird in den Unterrichtsmaterialien in zwei Bedeutungen gebraucht: einerseits meint „Verhalten" „sprachliches Handeln" und andererseits „Handeln im Sinne von Tun". Der Maßstab, den sie anlegen, um Verhalten als sozial oder nicht sozial zu beurteilen, ist der, ob das Verhalten einer zwischenmenschlichen Beziehung hilfreich ist und der Befriedigung der Bedürfnisse dient oder ihr schadet und „selbst- sowie fremdschädigend" ist (vgl. Lammers, 2011, 26-27).

In dem „Gleichnis vom barmherzigen Samariter" empfindet der Samariter Mitleid mit einem notleidenden Menschen. Dass Gleichnis soll den SchülerInnen vermitteln, dass Menschen, die Mitleid empfinden, unmittelbar die Neigung haben, dem Leidenden zu helfen. Auf dem Arbeitsblatt „Was empfindet ihr bei diesen Fotos? – Wie möchtet ihr den Kindern helfen?" sind vier herzergreifende Fotos abgebildet von Kindern, die sich in einer Notlage befinden. Es möchte die SchülerInnen darin fördern, Mitleid mit leidenden Kindern zu empfinden und gemeinsam zu überlegen, wie sie den Kindern gerne helfen würden. Anschließend sollen sie mit den Fotos und Zeitungsausschnitten ein „Plakat zum Thema „Mitleid und Hilfe in Not" gestalten und aufschreiben, wie sie sich verhalten möchten, wenn Kinder leiden, weil sie krank sind oder ihnen Gewalt angetan wird.

Ein Merkmal einer guten zwischenmenschlichen Beziehung ist, sich bei einem anderen Menschen aussprechen zu können, wenn man etwas erlebt hat, was einen innerlich berührt, sei es freudiges Ereignis oder auch ein Problem.

Der 1. Teil der Unterrichtsmaterialien verfolgt als weiteres Ziel, dass die SchülerInnen lernen,

o sich mit ihren Gefühlen an Menschen zu wenden, denen sie vertrauen, und sie um ein Gespräch zu bitten
o anderen Menschen anzubieten, mit ihnen über ein Gefühl zu sprechen, das ihnen auf der Seele brennt, und einfühlsam und verständnisvoll auf ihr Gefühl einzugehen
o etwas zu äußern und / oder konkret zu tun, womit die Bedürfnisse des anderen Menschen erfüllt werden.

Wie ein solches Gespräch idealerweise verlaufen kann, veranschaulicht das „Gespräch zwischen einem Vater und seinem Sohn". In diesem Gespräch vertraut der Sohn seinem Vater sein Gefühl, seine Gedanken und seine Bedürfnisse an. Der Vater nimmt seinem Sohn gegenüber die Rolle des einfühlsamen „aktiven Zuhörers" (Rogers) ein, der sich bemüht, seinen Sohn zu verstehen: Er geht auf sein Gefühl ein, lässt es zu und stellt seinem Sohn Fragen: „Du siehst aus, als hättest du Angst. Hast du Angst vor etwas?" (vgl. Frage 2 der „Emotionsanalyse") „Was ist geschehen?" (vgl. Frage 4) „Welche Gedanken machst du dir?" (vgl. Frage 5) „Welches Bedürfnis hast du?" „Was wünschst du dir von mir?" (vgl. Frage 7) Der Vater hört aufmerksam zu, was der Sohn sagt. Er spiegelt das Verstandene zurück und fragt nach, wenn er etwas nicht richtig verstanden hat. Schließlich suchen beide gemeinsam nach Lösungen und der Vater erfüllt durch sein Handeln (seinen Telefonanruf) und seine Äußerungen (sein Gespräch mit dem Schulleiter) so gut wie möglich die Bedürfnisse seines Sohnes. Der Dialog zwischen dem Vater und seinem Sohn soll den SchülerInnen als Vorbild für eigene Gespräche zum Beispiel mit ihren Freundinnen oder Freunden dienen. Eine Voraussetzung, um solch ein Gespräch führen zu können, ist die Bearbeitung der Arbeitsblätter in Modul 1, 2 und 4.

Auch der zweite Teil der Materialien, der die SchülerInnen anleitet, Konflikte konstruktiv auszutragen, verfolgt das übergeordnete Ziel, die SchülerInnen in ihren kommunikativen Kompetenzen zu fördern, denn Streitigkeiten konstruktiv auszutragen, bedeutet im Wesentlichen, sie mit sprachlichen Mitteln zu lösen (mit der Stopp-Regel, in einem Streitschlichtungsgespräch, in einem ruhigen Gespräch mit einem „Wolf" oder in einem Gespräch zwischen zwei „Giraffen") und darüber hinaus, etwas zu sagen oder konkret zu tun, womit die Bedürfnisse der Streitenden zur beiderseitigen Zufriedenheit erfüllt werden können.

Nach Rosenberg verbirgt sich hinter aggressivem Verhalten immer ein unbefriedigtes Bedürfnis. In Modul 8 „Tiefere Ursachen für Konflikte" können die SchülerInnen in Rollenspielen lernen, dass Konflikte in der Schule oder im Elternhaus häufig dadurch entstehen, dass Kinder ihre unbewussten situativen Bedürfnisse nicht kennen und sie deshalb nicht kommunizieren können, was sie sich von anderen wünschen. Sie hoffen oder fordern jedoch von ihren Mitmenschen, dass sie ihre Bedürfnisse spüren oder erraten und von sich aus erfüllen. Weil diese nicht wissen können, was sich die Kinder wünschen, erfüllen sie deren Bedürfnisse nicht, sondern beschäftigen sich weiter mit ihren eigenen Angelegenheiten. In Szene 1 sind die Kinder deshalb traurig. Enttäuscht wenden sie von den anderen ab und sind mit ihrer Traurigkeit allein. In Szene 2 sind die Kinder wütend und reagieren aggressiv. In Szene 3 fühlen sich die Kinder auch traurig und gehen weg. Sie wenden sich dann aber anderen Kindern zu und tun etwas für sie, was sie sich unbewusst für sich selber gewünscht hatten. Die SchülerInnen lernen, dass die Kinder mit allen drei Verhaltensweisen nicht erreichen, dass ihre Bedürfnisse befriedigt werden und dass sie mit ihrem aggressiven Verhalten oft das Gegenteil bewirken. Sie zetteln einen Streit an und die anderen reagieren darauf ebenfalls aggressiv. Im Nachhinein könnten die Kinder vielleicht sagen, ich habe mich aggressiv verhalten, weil ich beim Tischtennis mitspielen wollte, weil ich mir Verständnis von meiner Lehrerin und Hilfe bei der Mathearbeit gewünscht hatte. Sie hätten Enttäuschungen, Missverständnissen oder gewaltsamen Streitigkeiten aber auch vorbeugen können, indem sie sich vorher bewusst gemacht hätten, was sie sich von den anderen wünschen und sich wie eine „Giraffe" benommen hätten.

Nach Rosenberg und Besemer stehen hinter jedem Konflikt unausgesprochene Gefühle und unbefriedigte Bedürfnisse. Besemer (2001) verdeutlicht dies an einem Eisbergmodell. Meine Illustrationen des Eisbergmodells veranschaulichen, worin sich gewaltsame und gewaltfreie Streitigkeiten unterscheiden.

Um den SchülerInnen den Unterschied von gewaltsamem und gewaltfreiem Verhalten in Konflikten zu vermitteln und ihre Selbst- und Fremdwahrnehmung zu schulen, verwende ich - in Anlehnung an das Modell der Gewaltfreien Kommunikation - die Metaphern „Wolf" und „Giraffe", differenziere jedoch zwischen „Wolfs-Verhalten", „- Gedanken" und „- Sprache" sowie „Giraffen-Verhalten", - Gedanken" und „Giraffen-Sprache". Kinder, die Streitigkeiten destruktiv wie „Wölfe" anzetteln, schreien andere aus Wut heraus an, boxen oder treten sie z.B. Sie beleidigen andere mit Schimpfwörtern und „Du-Sätzen" und denken Gedanken, mit denen sie sich in „Wut" hineinsteigern. Oder sie reagieren auf einen „Wolf" wie ein „Wolf" und schreien, boxen oder treten und beleidigen andere zurück. „Wölfe" fügen anderen Menschen mit ihren Äußerungen und Handlungen aus Wut heraus physische und psychische Gewalt zu.

Kinder, die sich dagegen wie „Giraffen" benehmen, lassen sich von einem „Wolf" nicht zu Wutausbrüchen hinreißen, sondern sprechen mit ihm. Wie schon das „Gespräch zwischen einem Vater und seinem Sohn" strukturieren bestimmte Fragefolgen auch das von mir formulierte „Streitschlichtungsgespräch zwischen einer Lehrerin und zwei SchülerInnen" und das „Gespräch zwischen einem Mädchen und einem singenden Drachen". Sie orientieren sich an dem „Vier-Schritte-Modell" nach Rosenberg: beobachten, Gefühle benennen, Bedürfnisse äußern, um etwas Konkretes bitten (vgl. Gens, 2011, 5) und entsprechen den Fragen 3, 4, 5, 6, 7, 8 der „Emotionsanalyse". Die SchülerInnen sollen erarbeiten, dass sie mit der Beantwortung dieser Fragen einen gewaltsam ausgetragenen Streit in einem Streitschlichtungsgespräch gewaltfrei lösen können, auf ein gewaltsames Kind gewaltfrei reagieren sowie einen gewaltsamen Streit gänzlich verhindern können, indem sie sich wie zwei „Giraffen" streiten.

Die Arbeitsblätter in Modul 14 thematisieren das „Giraffen-Verhalten". Mit ihnen sollen die SchülerInnen lernen,

- sich sprachlich kompetent wie eine „Giraffe" zu verhalten, indem sie sich ihr situatives Bedürfnis bewusst machen, einer anderen „Giraffe" ihr Gefühl und ihr Bedürfnis anvertrauen und sie bitten, ihr Bedürfnis zu erfüllen.
- sich sozial kompetent wie eine „Giraffe" zu benehmen, indem sie Rücksicht auf das Bedürfnis der anderen „Giraffe" nehmen und sie fragen: „Welches Bedürfnis hast du? Was bittest du mich zu tun, damit dein Bedürfnis erfüllt wird?"
- sich sprachlich und sozial kompetent wie zwei „Giraffen" zu verhalten, indem sie sich gegenseitig so gut wie möglich ihre Bedürfnisse befriedigen - entweder durch entsprechende Äußerungen und / oder konkrete Handlungen.

Auf dem Arbeitsblatt „Frage- und Antwortspiel: Wie Herzen zusammen kommen" sind Bitten und Antworten formuliert. Die Bitten greifen alle Bedürfnisse aus Modul 1 noch einmal auf. Um das „Giraffen-Verhalten" einzuüben, sollen die SchülerInnen die Bitten in das erste Herz kleben, die passenden Antworten zu ihnen suchen und sie in das zweite Herz kleben, z.B. „Ich bitte dich, dass du mich beachtest." „Erzähl` mal, was machst du gerade? Ich interessiere mich dafür." Sie können auch ein „Kartenspiel basteln" (Modul 14) und darauf die Bitten kleben. Die SchülerInnen ziehen jeweils eine Karte und müssen sich überlegen, was sie konkret tun können, um das Bedürfnis zu erfüllen, z.B. „Ich bitte dich, mich zu trösten." Eine mögliche Antwort könnte lauten: „Ich lege meinen Arm um deine Schulter und streichele mit der Hand dein Gesicht."

Für SchülerInnen im Grundschulalter haben Freundschaften eine außergewöhnliche Bedeutung. Deshalb habe ich das Bedürfnis nach Freundschaft besonders hervorgehoben (vgl. Modul 2). Ich glaube, dass die SchülerInnen am ehesten bereit sind, anderen Kindern ihre Gefühle, Gedanken und Bedürfnisse anzuvertrauen und sich ihnen gegenüber einfühlsam, fürsorglich und hilfsbereit zu verhalten sowie Konflikte mit ihnen konstruktiv zu lösen, wenn sie den Eindruck haben, dass dieses Verhalten ihren Freundschaften mit anderen Kindern zugutekommt und ihnen hilft, neue Freundschaften zu schließen und zu erhalten. Deshalb sollten die Übungen im Unterricht so oft wie möglich mit „Freundschaft" in Verbindung gebracht werden.

Die allgemeinen Förderziele entsprechen sechs emotionalen Schlüsselkompetenzen nach Saarni (1999). Sie sollen mit folgenden Arbeitsblättern angestrebt werden:

1. Die Fähigkeit, sich seiner eigenen Emotionen bewusst zu sein
2. Die Fähigkeit, über die eigenen Emotionen zu kommunizieren

Modul 3: Ines zeigt ihre wahren Gefühle nicht. Gefühle wahrnehmen – einfühlsam sein
Modul 4: Gefühle zeigen und wahrnehmen ohne Worte. Pantomimen- und Detektivspiel. Einfühlung in dich selbst: Welche Gefühle hast du manchmal, oft oder nie? Bewegungsspiele zu den vier Grundgefühlen: Angst, Freude Traurigkeit und Wut. Wir zeichnen einen Wissensbaum. Singen und Dichten: „Das Lied von den Gefühlen". Vorsicht, hier lauert eine Gefahr! Ein herzliches Lachen zur Begrüßung. Zufriedenheit, Freude, Glück, Dankbarkeit, Übermut und Stolz. Warum fühlst du dich zufrieden, freudig, glücklich, dankbar, übermütig oder stolz? Erzählt der Klasse eigene Erlebnisse mit guten Gefühlen. Angst, Traurigkeit, Einsamkeit, Mitgefühl, Hilflosigkeit, Ärger, Wut. Warum bist du ängstlich, traurig, einsam, mitfühlend, hilflos, ärgerlich oder wütend? Erzählt der Klasse eigene Erlebnisse mit negativen Gefühlen. Wir basteln eine Gefühle-Uhr
Modul 5: „Jungen weinen nicht!" Ich schenke dir mein Herz. Ein Gespräch, das von Vertrauen, Mitgefühl und Verständnis geprägt ist. Denkt euch in Partnerarbeit ein Gespräch über ein Gefühl aus und schreibt euren Dialog hier auf. Was empfindet ihr bei diesen Fotos? - Wie möchtet ihr den Kindern helfen? Plakat zum Thema „Mitleid und Hilfe in Not"
Modul 7: „Wo hört der Spaß auf und fängt Gewalt an?" Ich entschuldige mich – die vier E`s.
Modul 9: Plakat: Leider verhalten wir uns manchmal wie „Wölfe". „Wölfe" üben Gewalt aus.
Modul 10: Plakat: Wir reagieren auf einen „Wolf" wie ein „Wolf" und sind beide gewalttätig. Das Eisbergmodell, 1. Teil
Modul 11: „Wolfs-Gedanken", mit denen wir uns in Wut hineinsteigern.
Modul 12: Das Eisbergmodell, 2. Teil. Eine Lehrerin führt mit Andrea und Inge ein Streitschlichtungsgespräch. Wir führen und beobachten ein Streitschlichtungsgespräch
Modul 13: Du und dein Bruder streitet euch friedlich um ein Auto. Plakat: Wir reagieren auf einen „Wolf" wie die „Giraffen". In der „Giraffen-Sprache" „Ich-Sätze" bilden.
Modul 14: Was tun die Mädchen auf diesen Fotos? „Plakat: „Wir verhalten uns wie zwei „Giraffen".

3. Die Fähigkeit, die Emotionen anderer wahrzunehmen und zu verstehen.

4. Die Fähigkeit zur Empathie

2. Die Fähigkeit, über die Emotionen anderer zu kommunizieren

---

Modul 3: Ines zeigt ihre wahren Gefühle nicht.

Modul 4: Gefühle zeigen und wahrnehmen ohne Worte. Pantomimen- und Detektivspiel. Ratet einmal, was ich wohl fühle. Einfühlung in andere: Wie fühlen sich die Kinder? Heftet die passenden Überschriften an die Fotos. Zufriedenheit, Freude, Glück, Dankbarkeit, Übermut und Stolz. Geschichte: Ein Waisenkind kann sein Glück nicht fassen. Einfühlung in andere: Welche Gefühle haben die Kinder? Heftet die passenden Überschriften an die Fotos. Angst, Traurigkeit, Einsamkeit, Mitgefühl, Hilflosigkeit, Ärger, Wut. Geschichte: Tiefe Trauer, weil die beste Freundin weggezogen ist. Geschichte: Tim überwindet seine Angst.

Modul 5: „Jungen weinen nicht!" Eine Tante reagiert herzlos auf Elisabeths Gefühl. Zeitungsartikel über gefühlskalte Eltern. Ein Gespräch, das von Vertrauen, Mitgefühl und Verständnis geprägt ist. Über welche Eigenschaften verfügen der Vater und der Sohn? Denkt euch in Partnerarbeit ein Gespräch über ein Gefühl aus und schreibt euren Dialog hier auf. Bildbetrachtung: Mitleid ist Barmherzigkeit. „Gleichnis vom barmherzigen Samariter." Was empfindet ihr bei diesen Fotos? – Wie möchtet ihr den Kindern helfen? Plakat zum Thema „Mitleid und Hilfe in Not".

Modul 7: Wo hört der Spaß auf und fängt Gewalt an? Ich entschuldige mich – die vier E`s. Eine wahre Geschichte

Modul 8: Rollenspiele.

Modul 9: Plakat: Leider verhalten wir uns manchmal wie „Wölfe". Wölfe üben Gewalt aus.

Modul 10: Plakat: Wir reagieren auf einen „Wolf" wie ein „Wolf" und sind beide gewalttätig. Rollenspiele mit Handpuppen. Das Eisbergmodell, 1. Teil.

Modul 11: Hilfe, ein Raser auf der Autobahn. Mutter und Tochter. Geheimnis verraten - Andrea und Inge. „Wolfs-Gedanken", mit denen wir uns in Wut hineinsteigern.

Modul 12: Das Eisbergmodell, 2. Teil. Eine Lehrerin führt mit Andrea und Inge ein Streitschlichtungsgespräch. Wir üben ein Streitschlichtungsgespräch: Mobbing. Wir üben ein Streitschlichtungsgespräch: Beleidigungen. Wir führen und beobachten ein Streitschlichtungsgespräch

Modul 13: Ein Mädchen streitet sich friedlich mit einem singenden Drachen. Welche Gefühle, Gedanken und welches verletzte Bedürfnis habe ich? Welche hast du? Wie wollen wir unsere Bedürfnisse gegenseitig befriedigen?" Du und dein Bruder streitet euch friedlich

um ein Auto. Plakat: Wir reagieren auf einen „Wolf" wie die „Giraffen".
Modul 14: Andrea und Inge in der Turnhalle. Andrea vertraut Inge ihr Geheimnis an. Was tun die Mädchen auf diesen Fotos? Plakat: Wir verhalten uns wie zwei „Giraffen". Wir üben das „Giraffen-Verhalten" in Rollenspielen.

5. Die Fähigkeit zur Trennung von emotionalem Erleben und emotionalem Ausdruck.

Modul 3: Ines zeigt ihre wahren Gefühle nicht.

6. Die Fähigkeit, mit negativen Emotionen und Stresssituationen umzugehen.

Modul 3: Ines zeigt ihre wahren Gefühle nicht.
Modul 4: Vorsicht, hier lauert eine Gefahr! Geschichte: Tiefe Trauer, weil die beste Freundin weggezogen ist. Geschichte: Tim überwindet seine Angst. Erzählt der Klasse eigene Erlebnisse mit negativen Gefühlen.
Modul 5: Ich schenke dir mein Herz. Ein Gespräch, das von Vertrauen, Mitgefühl und Verständnis geprägt ist. Über welche Eigenschaften verfügen der Vater und der Sohn? Denkt euch in Partnerarbeit ein Gespräch über ein Gefühl aus und schreibt euren Dialog hier auf. Bildbetrachtung: Mitleid ist Barmherzigkeit. „Gleichnis vom barmherzigen Samariter". Was empfindet ihr bei diesen Fotos? – wie möchtet ihr den Kindern helfen? Plakat zum Thema „Mitleid und Hilfe in Not."
Modul 7: Wo hört der Spaß auf und fängt Gewalt an? Ich entschuldige mich – die vier E`. Wir führen die Stopp-Regel ein. Rollenspiele zur Stopp-Regel. Arbeitshilfe: Wodurch kommt es oft zum Streit? Was muss ein Kind tun, wenn es gegen die Stopp-Regel verstößt? Welche Regeln wollen wir beachten, damit wir die Stopp-Regel gar nicht anwenden müssen?
Modul 10: Überlege, bevor du wie ein „Wolf" reagierst.
Modul 11: Hilfe, ein Raser auf der Autobahn. Mutter und Tochter.
Modul 12: Das Eisbergmodell, 2. Teil. Faltblatt: Aufgaben einer Streitschlichterin oder eines Streitschlichters. Eine Lehrerin führt mit Andrea und Inge ein Streitschlichtungsgespräch. Vereinbarung. Wir üben ein Streitschlichtungsgespräch: Mobbing. Wir üben ein Streitschlichtungsgespräch: Beleidigungen. Wir führen und beobachten ein Streitschlichtungsgespräch.
Modul 13: Ein Mädchen streitet sich friedlich mit einem singenden Drachen. Welche Gefühle, Gedanken und welches verletzte Bedürfnis habe ich? Welche hast du? Wie wollen wir unsere Bedürfnisse gegenseitig befriedigen?" Du und dein Bruder streitet euch friedlich

um ein Auto. Plakat: Wir reagieren auf einen „Wolf" wie die „Giraffen". In der „Giraffen-Sprache „ Ich-Sätze" bilden.

Modul 14: Andrea und Inge in der Turnhalle. Andrea vertraut Inge ihr Geheimnis an. Was tun die Mädchen auf diesen Fotos? Plakat: Wir verhalten uns wie zwei „Giraffen". Wir üben das „Giraffen-Verhalten" in Rollenspielen. Frage- und Antwortspiel: Wie Herzen zusammen kommen. Kartenspiel basteln.

Literatur:

Lammers, C.-H. (2011). Emotionsbezogene Psychotherapie: Grundlagen, Strategien und Techniken. Stuttgart: Schattauer Verlag

Pons, F., Harris, P., de Rosnay, M. (2004). Emotion comprehension between 3 and 11 years: Developmental periods and hierarchical organization. European Journal of Developmental Psychology, 1 (2), 127-152

Rosenberg, M. B. (2004). Konflikte lösen durch gewaltfreie Kommunikation. Ein Gespräch mit Gabriele Seils. Freiburg: Herder Verlag

Grawe, K. (2004). Neuropsychotherapie. Göttingen: Hogrefe Verlag

Sulz, Serge K .D. (2008). Als Sisyphus seinen Stein losließ. Oder: Verlieben ist verrückt. München: CIP-Medien Verlag

Gens, K.-D. (2011). Gewaltfreie Kommunikation nach Dr. Marshall Rosenberg. Einführung. www.gewaltfreiforum.de/artikel/einf.pdf

Crick, N. R. & Dodge, K. A. (1994). A review and reformulation of social information-processing mechanisms in children's social adjustment. Psychological Bulletin, 115 (1), 74-101

Besemer, C. (2001). Mediation. Vermittlung in Konflikten. Freiburg: Verlag Gewaltfrei Leben Lernen

Saarni, C. (1999). The development of emotional competence. New York: Guilford Press.

Vorwort zur 1. Auflage

In der modernen Entwicklungspsychologie setzt sich in den letzten Jahren die Erkenntnis durch, wie wichtig der Erwerb emotionaler und sozialer Fertigkeiten für ein verständnisvolles und friedfertiges Miteinander innerhalb und außerhalb der Schule ist.[1] Da viele SchülerInnen in ihren Familien leider keine hinreichende Unterstützung bei der Entwicklung dieser Kompetenzen erfahren, ist für sie die Schule oft der einzige Ort, an dem Mängel behoben werden können. Inzwischen sind viele Schulen darum bemüht, „Gefühle", „Soziales Lernen" oder „Gewaltloses Streiten" als eigenständige Themen zu behandeln. Diese Unterrichtsmaterialien möchten sie darin unterstützen. Sie wenden sich an LehrerInnen, Betreuungskräfte und SchulsozialarbeiterInnen an Grund- und Förderschulen. Der Einfachheit halber spreche ich im Weiteren von „Lehrpersonen".

Die Materialien unterscheiden sich von anderen Trainingsprogrammen dadurch, dass sie bei den Bedürfnissen der Menschen ansetzen und zeigen, welche Bedeutung Gefühle für das Verständnis unserer Bedürfnisse haben. Viele Gedanken hierzu habe ich dem Buch „Emotionsbezogene Psychotherapie" von Claas-Hinrich Lammers zu verdanken. Die Materialien entwerfen Lernsituationen, die die SchülerInnen immer wieder dort abholen, wo sie sind und haben eine lebenspraktische Bedeutung, weil die Kinder die erworbenen Fertigkeiten auch in ihr Leben außerhalb der Schule mitnehmen können.

Die Materialien bestehen aus zwei Teilen. Jeder Teil gliedert sich in Module, die inhaltlich sorgfältig aufeinander aufbauen. Sie können aber genauso gut nach individuellen Wünschen der Lehrpersonen eingesetzt werden. Jedes Modul besteht aus einem theoretischen und einem praktischen Teil. Der vorliegende Band 1 enthält die Theorie, d.h. Sachanalysen und didaktische Überlegungen zu den einzelnen Arbeitsblättern. Die Sachanalysen vermitteln den Lehrpersonen fundierte Kenntnisse über die jeweils behandelten Themen. Sie können in ihnen Bemerkenswertes über sich selber und ihre SchülerInnen lernen. Die didaktischen Überlegungen beschreiben, welche Ziele mit den Arbeitsblättern verbunden sind. Band 2 enthält die Arbeitsblätter bzw. Kopiervorlagen. Wenn sie für die Hand der Lehrperson gedacht sind, ist dies entsprechend vermerkt. Bei den Kopiervorlagen handelt es sich um altersgerechte Geschichten, Zeitungsartikel, Lernspiele, Rollenspiele, Bastelanleitungen, Ideen für Plakatgestaltungen, ein Lied, sehr emotionale Fotos und schöne graphische Zeichnungen. Zur schnellen Orientierung sind sie als leicht, mittelschwer oder schwer gekennzeichnet.

Der *erste Teil* beschreibt, welche große Bedeutung unsere Bedürfnisse und Gefühle für unser Leben haben.

1. In der Psychologie stellt die Befriedigung elementarer Grundbedürfnisse ein wichtiges Kriterium für die psychische Gesundheit eines Menschen dar. Ihre Nichterfüllung wird als eine Hauptursache dafür angesehen, dass Kinder, Jugendliche und Erwachsene in psycho-soziale Krisen geraten und / oder psychisch erkranken können. In Modul 1 lernen die SchülerInnen, welche Bedürfnisse sie selber und alle anderen Menschen auf der Welt haben. Sie basteln mit Glückskleeblättern einen „Wunschbaum" und werden dazu ermuntert, „Bedürfnisdetektive" zu spielen. An einer anrührenden Geschichte über ein kleines Mädchen lernen sie, was es für eine Zweijährige bedeutet, wenn ihre Mutter ihre Bedürfnisse nicht versteht.

2. Alle SchülerInnen wünschen sich Freundschaften mit anderen Kindern. In Modul 2 lernen sie, was echte Freundinnen und Freunde verbindet. Zum Beispiel, dass sie sich ihre geheimen Gedanken, Gefühle und Bedürfnisse anvertrauen, aufmerksam zuhören, wenn der andere etwas erzählt, einfühlsam und mitfühlend sind und sich gegenseitig helfen, wenn sie Hilfe brauchen.

3. Unser Wohlergehen und das der SchülerInnen hängen in hohem Maße davon ab, ob es gelingt, zufriedenstellende Bindungen zu anderen Menschen einzugehen. Damit sie solche Beziehungen herstellen können, müssen die SchülerInnen im Laufe ihrer psycho-sozialen Entwicklung viele emotionale und soziale Kompetenzen erwerben. Die Arbeitsblätter in Modul 3 führen sie in das Thema „Gefühle" ein. Sie erfahren, welche Folgen es für eine Freundschaft haben kann, wenn ein Mensch seine wahren Gefühle nicht zeigt.

4. Die Arbeitsblätter in Modul 4 unterstützen die SchülerInnen beim Aufbau und der Festigung emotionaler Fertigkeiten. So können die SchülerInnen lernen,
    - das innere Erleben und den äußeren Ausdruck von Gefühlen zu unterscheiden
    - welcher Gefühlsausdruck sozial hilfreich ist und welcher ihren Beziehungen schadet
    - ihre Gefühle mimisch auszudrücken
    - körpersprachliche Signale bei anderen richtig zu deuten
    - sich in sich selbst und andere Menschen empathisch einzufühlen
    - Gefühle richtig zu benennen und ihren Emotionswortschatz zu vergrößern

- dass uns unsere Gefühle blitzschnell (über-) lebenswichtige Informationen über unsere Bedürfnisse geben
- Darüber hinaus können sie ihr Wissen über Gefühle erweitern, indem sie lernen, wann und warum wir in bestimmten Situationen zufrieden, freudig, glücklich, dankbar, übermütig und stolz oder ängstlich, traurig, einsam, mitfühlend, hilflos, verärgert oder wütend sind.

5. In Modul 5 lernen die SchülerInnen herzlose Reaktionen auf Gefühle kennen, die allesamt nicht zu einer guten zwischenmenschlichen Beziehung beitragen. Wie sie mit anderen Menschen einfühlsame Gespräche über Gefühle führen können, die von gegenseitigem Vertrauen, Mitgefühl und Verständnis geprägt sind, können sie im zweiten Teil dieses Moduls lernen. Die Arbeitsblätter helfen ihnen, ihre sozialen Kompetenzen und Kommunikationsfähigkeiten zu verbessern. Ebenso eindrucksvoll wie das „Gespräch zwischen einem Vater und seinem Sohn" sind die Arbeitsblätter zum Thema „Mitleid und Hilfe in Not", die die SchülerInnen die Erfahrung machen lassen, was Mitleid empfinden bedeutet.

6. Der Einfluss von Gefühlen auf unser Verhalten wurde lange Zeit von der Psychologie unterschätzt. Heute weiß man, dass Gefühle all unsere Verhaltensweisen und sogar unsere Entscheidungen mitbestimmen. Dennoch erzwingen Gefühle kein bestimmtes Verhalten. Sie eröffnen vielmehr mehrere Verhaltensmöglichkeiten. Welche sozial wünschenswert und welche nicht wünschenswert sind, und warum sich Menschen oft nach einem „emotionalen Schema" verhalten, mit diesen und anderen Fragen beschäftigt sich Modul 6. Zu ihm gibt es keine Kopiervorlagen.

Der *zweite Teil* behandelt die Bedeutung von Bedürfnissen und Gefühlen in Konflikten.

7. In Klassenzimmern und auf dem Schulhof sieht man täglich Streit zwischen SchülerInnen. Viele Streitigkeiten beginnen als Albernheiten. In Modul 7 lernen die Schülerinnen an einer Geschichte aus dem Schulalltag, wo für ein Kind der Spaß aufhört und Gewalt anfängt. Kinder, die eine Gewalterfahrung machen, wünschen sich von ihren MitschülerInnen eine Entschuldigung, die von Herzen kommt. Hier können sie lernen, welche 4 E`s dazu gehören. Um SchülerInnen vor gewaltsamen Übergriffen in der Schule zu schützen, lernen sie in diesem Modul, bei vielen Streitanlässen in der Schule selbstbewusst die „Stopp-Regel" anzuwenden.

8. Die tieferen Ursachen für Konflikte liegen meist in unbefriedigten Bedürfnissen, die wir selber nicht kennen. Trotzdem möchten wir, dass unsere Mitmenschen sie erraten oder spüren und von sich aus erfüllen. Wenn sie dies nicht tun, wenden wir uns enttäuscht von ihnen ab, werden gewalttätig oder geben ihnen keine Chance mehr, unsere Bedürfnisse zu befriedigen. In Modul 8 lernen die SchülerInnen in Rollenspielen diese drei Verhaltensweisen kennen, die zu zwischenmenschlichen Konflikten oder sogar zum Ende einer Beziehung führen können.

9. Der amerikanische Psychologe Dr. Marshall B. Rosenberg hat in den 70er Jahren des vergangenen Jahrhunderts das Modell der „Gewaltfreien Kommunikation (GFK)" entwickelt. Er unterscheidet zwei Kommunikationsstile: Gewaltsam ist unsere Kommunikation, wenn wir uns wie „Wölfe" verhalten, gewaltlos, wenn wir uns wie „Giraffen" benehmen. Die SchülerInnen werden in diesem und den nächsten Modulen mit beiden Kommunikationsstilen vertraut gemacht. Ihre Beschreibung in diesen Unterrichtsmaterialien ist sehr anschaulich, einfach und einprägsam, so dass die SchülerInnen mit ihnen sowohl ihre Selbst- als auch ihre Fremdwahrnehmung in Konflikten schulen können. In Modul 9 lernen sie, dass Menschen sich oft aus Ärger oder Wut, weil ein Bedürfnis von ihnen nicht befriedigt ist, wie „Wölfe" benehmen und einen Streit anzetteln. Sie lernen charakteristische Verhaltensweisen und die Sprache der „Wölfe" kennen, mit denen anderen Menschen seelisch oder körperlich Gewalt angetan wird.

10. In Modul 10 erfahren die SchülerInnen, dass gewaltsames Verhalten bei den meisten Menschen Ärger oder Wut erzeugt und Kinder gegen aggressive Mitschüler meist eine Abneigung entwickeln. Manche möchten gewaltsamen Kindern heimzahlen, was sie ihnen angetan haben und lassen ihrer Wut freien Lauf und reagieren auf „Wölfe" selber wie ein „Wolf". In Rollenspielen und einer Übung zum Nachdenken können die SchülerInnen lernen, wohin gewaltsame Streitigkeiten führen können. Was sich in einem Streit zwischen zwei „Wölfen" ereignet, lernen sie anschaulich an dem so genannten „Eisbergmodell".

11. In Modul 11 können die SchülerInnen an vier Geschichten lernen, welchen Einfluss Gedanken auf Gefühle haben und dass sie mit ihren Gedanken ihre Gefühle regulieren können. Sie lernen Angst auslösende, Freude auslösende und insbesondere typische Wut auslösende Gedanken kennen.

12. Häufig handelt es sich bei Streitigkeiten in der Schule um Probleme, die immer wieder auftreten. In diesen Fällen sollte den SchülerInnen ein unparteiischer Dritter helfen, ihren Konflikt zu lösen. Mit Hilfe der Arbeitsblätter in Modul 12 können SchülerInnen und Lehrpersonen zu Streitschlichtern oder -schlichterinnen ausgebildet werden: Sie lernen deren Aufgaben und - an einem vorbildlichen Streitschlichtungsgespräch zwischen einer Lehrerin und zwei Mädchen - die fünf Schritte einer Streitschlichtung kennen. Sie erarbeiten zu den Themen „Mobbing" und „Beleidigungen" Streitschlichtungsgespräche und spielen sie der Klasse vor. Die anderen Kinder beobachten, ob sich alle an die Regeln gehalten und sich die streitenden Kinder am Ende wirklich verstanden gefühlt und sie ihr Problem zur beiderseitigen Zufriedenheit gelöst haben.

13. An einer anrührenden Geschichte über ein Mädchen und einen singenden Drachen lernen die SchülerInnen in Modul 13, wie sie ohne fremde Hilfe auf einen „Wolf" wie eine „Giraffe" reagieren und gemeinsam in Ruhe eine Lösung für ihren Streit finden können. Sie lernen auch Methoden, sich vor einem solchen Gespräch zu beruhigen und ihre Gefühle zu regulieren.

14. Wir verhalten uns wie zwei „Giraffen", indem wir uns unsere Bedürfnisse in konkreten Situationen bewusst machen und uns gegenseitig mit viel Gefühl bitten, sie zu erfüllen. Dabei vertrauen wir auf unsere eigene Güte und die des anderen Menschen. In Modul 14 können die SchülerInnen in Rollenspielen lernen, wie sich „Giraffen" um die beste Lösung streiten. Sie zu finden, erfordert Einfallsreichtum und Kreativität. Welche Antworten zu welchen Bitten passen können, lernen die SchülerInnen mit einem Frage- und Antwortspiel. Sie können sich auch selber ein Kartenspiel basteln. Dabei sind die Bitten vorgegeben und die Spielenden müssen die Antworten selber finden, z.B. „Du wünschst dir Sicherheit? Wie kann ich dein Bedürfnis befriedigen?" Dieses Spiel soll die SchülerInnen zum Nachdenken anregen und ihre soziale Kompetenz fördern. Die Bitten greifen alle Bedürfnisse aus Modul 1 noch einmal auf.

Teil I: Was Bedürfnisse und Gefühle für unser Leben bedeuten

Modul 1

Sachanalyse: Alle Menschen haben Bedürfnisse

Unser persönliches Lebensglück und unsere Lebensfreude hängen ganz wesentlich von der Erfüllung unserer Bedürfnisse ab. In der Psychologie stellt die hinreichende Befriedigung von Bedürfnissen ein wichtiges Kriterium für die psychische Gesundheit eines Menschen dar. Umgekehrt wird die Nichterfüllung lebens- und überlebensnotwendiger Bedürfnisse als eine Hauptursache dafür angesehen, dass Kinder, Jugendliche und Erwachsene in psycho-soziale Krisen geraten und / oder psychisch erkranken können.

Obwohl unsere Bedürfnisse so wichtig sind, wissen selbst viele Erwachsene nicht, welche sie oder ihre Mitmenschen haben. Meistens haben sie nur eine vage Vorstellung davon. Dass wir so wenig über unsere Bedürfnisse wissen, liegt daran, dass wir bestimmte soziale und emotionale Kompetenzen meist nur unvollkommen erworben haben.

Eine Besonderheit dieser Unterrichtsmaterialien ist, dass sie Lernsituationen entwerfen, in denen diese Kompetenzen entwickelt werden können. In den ersten Unterrichtseinheiten können die SchülerInnen lernen, welche zahlreichen Bedürfnisse es gibt und welche sie selber in bestimmten Situationen haben. Sie sollen dadurch befähigt werden, sich über ihre eigenen Bedürfnisse und die ihrer Mitmenschen klar zu werden und sie sprachlich benennen können. Diese Fähigkeit soll sie vor allzu negativen Erfahrungen im Umgang mit ihren Bedürfnissen bewahren und ihnen ermöglichen, sich selbst und ihren Mitmenschen verständnisvoller und rücksichtsvoller zu begegnen.

Bevor ich auf die einzelnen Arbeitsblätter näher eingehe, möchte ich beschreiben, was Bedürfnisse sind und warum sie eine so große Bedeutung für uns selbst und für unser Zusammenleben mit anderen Menschen haben.

Ihre Erfüllung ist für uns lebens- und überlebenswichtig.

Unser mitmenschliches Verhalten - sei es zwischen Kindern, zwischen Kindern und Erwachsenen oder zwischen Erwachsenen - ist ganz wesentlich von Bedürfnissen und unserem Verlangen nach Bedürfnisbefriedigung bestimmt. Bedürfnisse sind uns Menschen von Geburt an zu eigen. Ihre Erfüllung ist für uns lebens-, ja sogar überlebenswichtig. Als biologische Wesen haben wir das Bedürfnis nach Nahrungsaufnahme, wenn wir hungrig oder durstig sind, nach Schlaf, wenn wir müde und erschöpft sind und nach körperlicher Unversehrtheit, wenn wir uns in einer Gefahrensituation wähnen. Wir würden sterben, wenn diese Bedürfnisse nicht immer wieder erfüllt würden. Als psycho-soziale Wesen sehnen wir uns z.B. nach Liebe und Geborgenheit, nach Anerkennung und Wertschätzung, nach Willkommen sein und Zugehörigkeit (vgl. „Welche Bedürfnisse hast du?"[2])

Einige Bedürfnisse können wir uns selber erfüllen, indem wir uns zum Beispiel das Essen selber besorgen und zubereiten oder eine besondere Leistung erbringen, mit der wir unser Bedürfnis nach Selbstwert befriedigen. Wir können uns zweifellos selber viel Gutes tun. Bei den meisten sozialen Bedürfnissen sind wir jedoch von unseren Mitmenschen abhängig und auf ihr Wohlwollen und ihr Interesse, ihre Fürsorge und Hilfsbereitschaft angewiesen.

Bis auf wenige Ausnahmen ist die Erfüllung unserer Bedürfnisse nicht zu kaufen. So, wie uns der liebe Gott die Luft zum Atmen und das Wasser zum Trinken geschenkt hat, so schenken wir uns diese „ideellen Güter". Je mehr wir von ihnen bekommen, umso bedeutungsvoller ist vermutlich unser Zusammenleben, je weniger, umso bedeutungsloser.

Was bedeutet „bedürftig sein"?

Unsere Bedürftigkeit empfinden wir bewusst oder unbewusst als einen Mangel. Die Mangelerfahrung geht mit Gefühlen der Spannung, des Unbehagens, der Unzufriedenheit, Unruhe oder Unlust einher. Da wir von Natur aus ein seelisches Gleichgewicht anstreben, wünschen wir uns - nach einer Phase der Anstrengung - immer wieder einen Zustand herbei, in dem wir frei sind von inneren Spannungen und Unlustgefühlen und bekommen, was wir zu unserem inneren Gleichgewicht brauchen. Dieser Zustand erzeugt vorübergehend ein Gefühl der Befriedigung und tiefer Zufriedenheit und verschafft uns die Möglichkeit, wieder andere Bedürfnisse in den Vordergrund treten zu lassen. Anschaulich wird dies, wenn wir an das herzzerreißende Schreien eines Säuglings denken, das von einer Sekunde auf die andere einem Wonnegefühl weicht, sobald die Mutter ihm sein Fläschchen reicht. Wenn es gesättigt ist, wird es entsprechende Signale aussenden und seine Aufmerksamkeit auf andere Vorgänge in seiner Umwelt richten wollen. Für die gesunde seelische und körperliche Entwicklung eines Kleinkindes ist es notwendig, dass die Eltern seine Grundbedürfnisse befriedigen (vgl. „Kiara lächelt").

Jeder von uns hat wahrscheinlich schon als Kind die schmerzhafte Erfahrung machen müssen, dass bestimmte Bedürfnisse von unserer Umwelt häufig nicht oder nur unzureichend erfüllt wurden und in uns ein vielleicht unersättliches Verlangen nach Befriedigung dieser Bedürfnisse zurückgeblieben ist, das im Erwachsenenleben immer nur für kurze Zeit und zum Teil, aber nie vollkommen erfüllt wird.

Je nachdem, welche positiven oder kränkenden Erfahrungen wir in der Kindheit gemacht haben, gewinnen einige Bedürfnisse an Bedeutung für uns, andere treten eher in den Hintergrund. So kann die immer wiederkehrende frühkindliche Erfahrung mangelnder Wärme und Geborgenheit in der Familie dazu führen, dass Menschen in ihrem Erwachsenenleben „nur ein einziges wirkliches emotionales Anliegen haben: soviel Geborgenheit wie möglich zu bekommen"[3]. Andere Bedürfnisse verlieren für sie dagegen an Wert und Wichtigkeit. Für sie selbst und ihre Partner kann dies zu tiefen Krisen führen.

In jedem Menschen bildet sich mit der Zeit eine eigene persönliche Bedürftigkeit heraus. Auch, was uns zu befriedigen vermag, ist individuell sehr unterschiedlich. Für das eine Kind kann ein gewonnener sportlicher Wettkampf eine tiefe Befriedigung seines Selbstwerts bedeuten, für ein anderes Kind die langersehnte Einladung zu einer Geburtstagsfeier.[4] Unsere Bedürfnisse sind etwas Allgemeines, Abstraktes. Dagegen ist das, was sie befriedigen kann, etwas Besonderes, Konkretes, z.B. bestimmte Haltungen, Handlungen oder Äußerungen.

Bedürfnisse in konkreten Situationen

Unsere persönlichen Bedürfnisse sind latent immer in uns vorhanden. Was wir uns im Einzelnen von Herzen wünschen, hängt von der Situation ab, in der wir uns gerade befinden. So, wie es sehr viele unterschiedliche Bedürfnisse gibt, so gibt es unendlich viele Situationen, in denen wir bestimmte Bedürfnisse in uns spüren. Dass sich die Kinder diese bewusst machen können - ohne sich wirklich in diesen Situationen zu befinden - ist ein wichtiges Anliegen dieser Unterrichtsmaterialien (vgl. „Bedürfnisdetektive" spielen).

Bedürfnisse beeinflussen unser Verhalten

Bedürfnisse motivieren (bewegen) uns, etwas zu tun, von dem wir erwarten, dass es eine Reaktion unserer Mitmenschen hervorrufen wird, mit der ein Bedürfnis befriedigt wird oder eine Handlung zu unterlassen, von der wir negative Auswirkungen auf ein Bedürfnis erwarten. So spornt das Bedürfnis nach Anerkennung ein Kind vielleicht an, fleißig für eine Klassenarbeit zu lernen, weil es sich - nach seiner bisherigen Erfahrung - mit einer guten Note der Anerkennung seines Vaters sicher sein kann. Ein anderes Kind lässt sich vor einer Klassenarbeit vielleicht von seinen Eltern krank melden, weil es eine schlechte Note befürchtet, die ihr die Kritik der Eltern einbringen würde.

Schon Kleinkinder sind zu einem mehr oder weniger zielgerichteten Verhalten fähig. Sie lernen aus verschiedenen Handlungsalternativen diejenige Handlung auszuwählen, die die ersehnte Reaktion ihrer Eltern vermutlich herbeiführt. Ein Beispiel: Ein kleines Kind fühlt sich in Gefahr, weil es von einem Hund angekläfft wird. Es läuft weinend und ängstlich auf seinen Vater zu. Dieses Verhalten soll ihm signalisieren, bitte helf mir, tu sofort etwas, damit ich mich wieder beschützt und sicher fühlen kann. Sorg dafür, dass der Hund sofort an die Leine gelegt oder weggesperrt wird. Das Kläffen des Hundes hat sein Bedürfnis nach Schutz und Sicherheit bedroht. Deshalb soll der Vater etwas tun, damit es sich wieder sicher und beschützt fühlen kann.

Vielleicht erfährt ein anderes Kind in seiner Familie zu wenig Zuwendung. Es fühlt sich gegenüber seinen Geschwistern zurückgesetzt und vernachlässigt. Das Bedürfnis nach Zuwendung ist für das Kind eine treibende Kraft, in Situationen, in denen es den Eindruck hat, mal wieder nicht beachtet zu werden, sich auffällig zu verhalten und so die Aufmerksamkeit auf sich zu ziehen. Dieses Kind wünscht sich von seinem Vater oder seiner Mutter, dass sie sich jetzt eine Zeitlang nur ihm allein zuwenden. Wirklich befriedigend ist dieser Zustand für das Kind nur, wenn sich die Eltern dabei bewusst ganz auf es einstellen und auch innerlich bei ihm sind und sich nicht gleichzeitig mit anderen Dingen beschäftigen.[5] Damit seine Persönlichkeit gesund heranreifen kann, bedarf es dieser intensiven fürsorglichen Zuwendung noch für eine lange Zeit.

„Wir sehen nur mit dem Herzen gut."

Für unser Verhalten sind neben biologischen auch immer psychische Beweggründe verantwortlich. Unser Verhalten selbst können andere Menschen beobachten, nicht aber die Beweggründe, die dem jeweiligen Verhalten zugrunde liegen. Sie bilden zusammen mit anderen Eigenschaften den inneren unsichtbaren Kern unserer Persönlichkeit und sind uns selbst leider oft verschlossen. Es bedarf einer besonderen inneren Achtsamkeit und Einfühlung in uns selbst, um zu erfahren, welche eigenen Bedürfnisse wir haben. Und es bedarf unserer Einfühlung und Empathie und unseres aufmerksamen Zuhörens, um die Bedürfnisse anderer verstehen und nachvollziehen zu können. In seiner Erzählung „Der kleine Prinz" hat Antoine de Saint-Exupéry diesen Gedanken so formuliert: „Wir sehen nur mit dem

Herzen gut." Das Wesentliche eines Menschen ist für unsere Augen unsichtbar. Um uns einen Zugang zum Innern eines anderen Menschen verschaffen zu können, müssen wir unser Herz für ihn öffnen, muss unser Herz beteiligt sein. Im Stress des Alltags schaffen wir dies oft nicht, weil wir uns zu sehr um andere, (scheinbar) wichtigere Dinge kümmern (müssen). Wir brauchen Zeit und Ruhe füreinander, um uns ganz, mit unserem Herzen und mit unserem Verstand, auf einen anderen Menschen einlassen zu können. Deswegen sollten auch wiederkehrende Streitigkeiten niemals zwischen Tür und Angel, sondern in einer eigens dafür geschaffenen ruhigen Gesprächsatmosphäre besprochen werden. Wer mit Kindern zusammen lebt oder arbeitet, ist immer als ganzer Mensch, mit Herz und Verstand gefordert. Glücklicherweise kann man dies lernen und einüben.

Dass die Beweggründe für unser Verhalten selbst unsichtbar sind, das macht es uns so schwierig, sie bei uns selbst und bei anderen aufzudecken. Zum Beispiel ist es für Eltern von Schreikindern nicht leicht herauszufinden, was ihrem Kind im Moment fehlt, damit es sich wieder beruhigen kann. Einerseits gibt es nicht einen einzigen Grund für sein Weinen, es können mehrere sein. Andererseits liegen die Gründe im Verborgenen, in seiner Seele. Besonders erschwerend kommt bei Kleinkindern hinzu, dass sie noch nicht sprechen und sich mitteilen können. Die Eltern müssen von den äußerlich sichtbaren Verhaltensweisen auf die Bedürfnisse ihres Kindes schließen. Dies gelingt nur mit Geduld, großem Einfühlungsvermögen und mit eigenem sowie fremdem Erfahrungswissen, das sie sich z.B. anlesen können.

Was sich verhaltensauffällige Kinder wünschen

Psychologen betonen immer wieder, dass viele verhaltensauffällige Kinder unter einem bedrückenden Mangel an Selbstwert, Zuwendung, Anerkennung oder Sicherheit leiden, da diese Bedürfnisse von früh auf von ihrer Umwelt übersehen oder missachtet oder in einem traumatischen Ereignis verletzt wurden. Oft kompensierten sie ihre gefühlte Minderwertigkeit durch ein übertriebenes Streben nach Geltung und Überlegenheit. In ihrem Verhalten spiegeln sich ihre „seelischen Verwundungen" wider. „Ihre Symptome sind Signale, sind die „Sprache" der entbehrenden Kinderseele."[6]

Allgemein brauchen verhaltensauffällige Kinder bestimmt ein hohes Maß an Anerkennung, Lob und Zuwendung. Welche individuellen Bedürfnisse bei diesen Kindern aber genau verletzt wurden, was sie persönlich am Dringendsten brauchen, lässt sich dagegen nie allgemein beantworten. Um dies zu verstehen, bedarf es eines geduldigen, behutsamen und mitfühlenden Zugangs zu diesen Kindern. Häufig können nur ausgebildete Psychotherapeuten diesen Zugang zur Seele dieser Kinder finden und ihnen nachträglich jenes Verständnis und jene Fürsorge entgegenbringen, die ihnen bei ihren Eltern so sehr gefehlt hat.[7]

Didaktische Überlegungen

Ein wichtiges Anliegen dieser Unterrichtsmaterialien ist, dass die SchülerInnen so oft wie möglich an positiven Beispielen lernen. Deshalb setzen sie bewusst nicht bei Konflikten, sondern bei dem Bedürfnis nach Freundschaft an. Alle SchülerInnen wünschen sich von Herzen gute Freundinnen und Freunde. Sie haben selber bereits Erfahrungen mit Freundschaften gemacht und wollen gerne erfahren, was Menschen zu Freunden macht.

1. Welche Bedürfnisse haben Robinson und Freitag?

Eingeführt werden sie in das Thema der Unterrichtsreihe mit einer Geschichte über Robinson Crusoe und seinen Freund Freitag[8]. Vielleicht ist einigen SchülerInnen deren Abenteuer schon aus dem Fernsehen oder dem Roman bekannt. Für die Bearbeitung des Arbeitsblattes ist dieses Vorverständnis aber nicht nötig. Mit ihm lernen die SchülerInnen wichtige menschliche Bedürfnisse und Gefühle kennen.

Die SchülerInnen sollen herausschreiben, welche Bedürfnisse Robinson und Freitag haben, wiedergeben können, dass Bedürfnisse Wünsche sind und an Beispielen aus dem Text erläutern, was Robinson und Freitag tun, damit sie erfüllt werden. Nach der Bearbeitung des Arbeitsblattes ist es wichtig, über die Bedeutung einzelner Bedürfnisse zu sprechen. Die SchülerInnen sollten z.B. erfahren, dass ein gesunder Mensch etwa 30 Tage ohne Nahrung auskommen kann, aber höchstens 3-4 Tage ohne Wasser. Ohne Schlaf könnte ein gesunder erwachsener Mensch höchstens vier Tage überleben. Schulkinder brauchen täglich etwa neun bis zehn Stunden Schlaf, um gesund und ausgeschlafen zu sein. Wenn sie den nicht bekommen, sind sie unkonzentriert, unaufmerksam und träge. Langfristig werden sie krank.

2. Welche Bedürfnisse hast du?

Jedes Kind bekommt eine Kopie des Arbeitsblattes, auf dem 40 Bedürfnisse aufgelistet sind, die alle Menschen haben.[9] Die Lehrperson liest sie langsam vor. Wenn die Kinder einen Wunsch manchmal oder oft haben, rufen sie laut „Ja" und kreuzen die entsprechende Stelle an.

3. Alle Herzenswünsche auf einen Blick

Das Übungsblatt listet die Bedürfnisse noch einmal übersichtlich auf.

4. Mit Glückskleeblättern einen Wunschbaum basteln

Der Arbeitsauftrag lautet: Schreibt jeweils ein Bedürfnis in ein Kleeblatt. Nehmt dazu das Arbeitsblatt „Herzenswünsche auf einen Blick" zu Hilfe. Die SchülerInnen sollen diese Aufgabe in kleinen Gruppen erledigen und ihre Arbeit selbstständig organisieren: z.B. könnten die Kinder einer Gruppe der Reihe nach die Worte vorlesen und ein Kind könnte sie in das Kleeblatt schreiben. Dabei sollen sie sich gedanklich weiter mit diesen Begriffen auseinandersetzen.

Anschließend sollen sie die Glückskleeblätter ausschneiden und mit ihnen einen Wunschbaum gestalten. Er sollte während der gesamten Unterrichtsreihe im Klassenraum hängen, damit die SchülerInnen bei späteren Übungen immer wieder darauf schauen und sich möglichst viele Bedürfnisse einprägen können.

5. Bedürfnisdetektive spielen

In der Mitte des Stuhlkreises liegen Kärtchen mit Situationsbeschreibungen. Die SchülerInnen ziehen nacheinander die Karten und lesen den Text laut vor: „Welches Bedürfnis könntet ihr in der beschriebenen Situation haben?" Die Antworten werden gesammelt, anschließend befestigen die Kinder ihre Karte an dem entsprechenden Kleeblatt. Bei mehreren Antworten - was ja möglich ist, weil die Situationen mehrere Deutungen erlauben - sollten sie sich auf eine Möglichkeit verständigen. Die Kärtchen sind so formuliert, dass alle bisher besprochenen Bedürfnisse darin angesprochen sind. Diese Übung soll die SchülerInnen befähigen, sich ihrer vielen Bedürfnisse bewusst zu werden und sie sprachlich benennen zu können. Sie dient dem Aufbau emphatischer und sprachlicher Kompetenzen.

Bei diesem Unterrichtschritt muss sorgsam darauf geachtet werden, dass die SchülerInnen nicht innere Bilder und Phantasien aus ihrer eigenen Erfahrungswelt mit vorstellen (imaginieren), die als zu intensiv oder belastend empfunden werden könnten. Eine solche Methode ist der Psychotherapie vorbehalten. Hier sollen die SchülerInnen die überraschende Erfahrung machen, dass sie schon ein sehr gutes situatives Verständnis von ihren Bedürfnissen haben. Sie sollen dieses Verständnis in mehreren nachfolgenden Übungen und in ihrem alltäglichen Leben wachrufen können.

6. Eine Mutter versteht die Bedürfnisse ihrer Tochter nicht.

Kleine Kinder können ihre Bedürfnisse ihren Eltern noch nicht mit Worten mitteilen. Sie zeigen durch ihre Körpersprache, was sie sich wünschen. In dieser anrührenden Geschichte „Kiara lächelt"[10] möchte die Mutter mit ihren Freundinnen ihre eigenen Bedürfnisse befriedigen und deutet die körpersprachlichen Signale ihrer Tochter ständig falsch und als störend. Die SchülerInnen sollen lernen, dass sie sich selber gut in Kiara hineinversetzen können und verstehen, welche Bedürfnisse sie hat, die Mutter von Kiara dazu aber leider nicht in der Lage ist: Sie kann sich Kiara gegenüber nicht einfühlsam verhalten, weil sie dieses Verhalten an sich selber nie erfahren hat. Statt Mitgefühl mit ihr zu empfinden, haben ihr ihre Eltern in ihrer Kindheit Gewalt angetan und ihre Bedürfnisse tief verletzt.

7. Sternschnuppen: Ihr habt drei Wünsche frei.

Damit die Unterrichtsreihe für die Kinder einen Bezug zu ihrer Lebenswirklichkeit in der Schule herstellt und sie motiviert, sich weiter neugierig mit dem Thema auseinanderzusetzen, sollen sich die SchülerInnen fragen: „Was wünscht ihr euch von euren Mitschülerinnen und Mitschülern?" Auch hier steht die didaktische Absicht im Vordergrund, dass die Kinder immer wieder zu positivem, problemlösendem Denken angeregt werden und lernen, für sich und andere in der Schule ein positives Klima zu schaffen, das von gegenseitigem Verständnis und Empathie geprägt ist.

Später sollte dieses Übungsblatt noch einmal herangezogen und gemeinsam überlegt werden, ob und wenn ja, welche Wünsche in Erfüllung gegangen sind bzw. woran es liegt, dass das nicht möglich war.

Modul 2

Sachanalyse: Unser Bedürfnis nach Freundschaft

Alle Menschen sehnen sich nach echten Freundinnen und Freunden, guten Eltern und (lebenslangen) Partnerinnen und Partnern und wünschen sich, für ihre Kinder verständnisvolle Eltern, für ihre Freunde oder Freundinnen ein echter Freund oder eine echte Freundin und für ihre Partner oder ihre Partnerin ein guter Partner oder eine gute Partnerin zu sein.

Es ist aber gar nicht einfach, dies zu sein. Es gehören viele emotionale und soziale Kompetenzen dazu, um eine gute zwischenmenschliche Beziehung einzugehen und zu erhalten.

Didaktische Überlegungen

1. Rollenspiele: Wie verhalten sich gute Freundinnen und Freunde?

Eines der wichtigsten Bedürfnisse von Grundschulkindern ist, gute Freunde und Freundinnen in der Schule und außerhalb zu haben. Mit Hilfe dieses Arbeitsblattes sollen sie spielerisch ihr Vorverständnis von Freundschaft zum Ausdruck bringen.

2. Was Freundinnen und Freunde verbindet

Die SchülerInnen haben schon ein gutes Verständnis von dem, was Freundschaften auszeichnet. Mit diesem Arbeitsblatt sollen sie weitere bedeutsame Eigenschaften kennen lernen. Im weiteren Verlauf der Unterrichtsreihe wird immer wieder vertiefend auf sie eingegangen (vgl. insbesondere „Ein Gespräch, das von Vertrauen, Mitgefühl und Verständnis geprägt ist.").

Den SchülerInnen werden die Fotos gezeigt. Die Texte bleiben zunächst zugedeckt. Mögliche Fragen können im Unterricht sein:

- Was machen die Kinder auf den Fotos? Beschreibe genau, was du siehst.
- Welches Verhalten findest du typisch für Freundinnen und Freunde?
- Welche Fotos gefallen dir besonders gut? Warum?

Im zweiten Schritt lesen die SchülerInnen die Überschriften zu den Fotos laut vor. Anschließend sollte jede Eigenschaft einzeln besprochen werden. Die SchülerInnen sollen

- begründen, warum die beschriebenen Eigenschaften so wichtig für eine gute Freundschaft sind
- besprechen, was zwischen Freundinnen und Freunden vorhanden sein muss, damit sie sich so verhalten (besonders Vertrauen, ähnliche Hobbys, Zeit, Hilfsbereitschaft …)
- diskutieren, ob sich Freundschaften vielleicht durch diese Eigenschaften von Bekanntschaften unterscheiden
- erzählen, ob sie mit ihren besten Freundinnen oder Freunden auch so umgehen oder ob sie eine solche Freundin oder einen solchen Freund gerne haben möchten.

3. Lernspiele zu Freundschaft und Vertrauen

Eine wichtige Voraussetzung dafür, dass die SchülerInnen lernen, sich wie echte Freundinnen und Freunde zu verhalten oder neue Freundschaften zu schließen und zu erhalten, ist gegenseitiges Vertrauen. Dieses Arbeitsblatt enthält eine Ideensammlung[11] mit schönen Spielen und Übungen. Die SchülerInnen sollen

- in ihnen spüren, dass sie ihren MitschülerInnen vertrauen können
- ihren MitschülerInnen das Gefühl geben, dass sie ihnen in diesen Übungen vertrauen können.

Im Hintergrund darf leise Musik erklingen.

Modul 3

Sachanalyse: Alle Menschen haben Gefühle

Unser aller Wohlergehen - das von Kindern wie von uns Erwachsenen - hängt in hohem Maße davon ab, ob es uns gelingt, Bindungen zu anderen Menschen einzugehen, die von gegenseitigem Vertrauen, Verständnis und Mitgefühl geprägt sind und in denen unsere Bedürfnisse - zum Beispiel nach Liebe, Anerkennung oder Wertschätzung - befriedigt werden.

Wie unsere Beziehungen jeweils augenblicklich beschaffen sind, darüber informieren uns unmittelbar - und wie wir später noch sehen werden - blitzschnell unsere Gefühle. Egal, was wir gerade erleben, jedes Geschehen ruft in uns nicht nur Gedanken, sondern auch Gefühle - meist sogar mehrere im Wechsel - hervor. Wir erleben jede Situation mit allen Sinnen: wir hören, sehen, riechen, schmecken und bemerken etwas, was uns innerlich berührt und Gefühle in uns weckt. Wir sind bei allem, was wir und andere sagen und tun, immer emotional beteiligt. Es ist unmöglich, in einer Situation nichts zu fühlen. Ohne Gefühle wären wir innerlich wie tot. Was dies bedeutet, kann man bei gefühlsarmen Menschen beobachten (vgl. „Zeitungsartikel über gefühlskalte Eltern).

Je einfühlsamer und fürsorglicher wir zueinander sind, desto zufriedener und glücklicher fühlen wir uns in vielen Situationen. Je weniger Verständnis und Wohlwollen wir empfangen, umso unglücklicher sind wir. Ein wichtiger Maßstab für eine gute Beziehung ist, dass wir in ihr möglichst oft gute Gefühle haben.

Das Besondere an unseren Gefühlen ist, dass wir sie als unmittelbar zu uns gehörig empfinden. Vielleicht hat ein Freund uns für eine gute Leistung gelobt und wir sind glücklich. Wenn wir glücklich sind, dann kommt dieses Gefühl unmittelbar aus uns heraus und wir fühlen uns mit dem Glücksgefühl identisch. Das Gleiche gilt für alle Gefühle. In dem, was wir jeweils fühlen, erleben wir uns als authentisch.[12] Deshalb sind uns unsere Gefühle so wichtig und wir möchten, dass unsere Mitmenschen sie ebenso wichtig nehmen. Für jeden Menschen ist es eine kränkende Erfahrung, wenn ihm seine Gefühle abgesprochen werden.

Gefühle sind niemals „richtig" oder „falsch".

Unser Verstand kann sich irren und etwas Falsches denken (vgl. Modul 11: „Der Einfluss unseres Denkens auf unsere Gefühle"). Was wir dagegen fühlen, ist nie „richtig" oder „falsch". Es hat immer eine Berechtigung.

Aufgrund der Unmittelbarkeit unseres Gefühlslebens ist es nicht leicht, zu ihm eine Distanz herzustellen. Dies ist aber nötig, damit uns unsere Gefühle nicht überfluten, beherrschen oder sogar von uns wegreißen. Besonders bei intensiven negativen Gefühlen besteht die Gefahr, dass wir die Kontrolle über sie verlieren und unsere zwischenmenschlichen Beziehungen darunter leiden. Oft ist es uns wichtiger, auf einem bestimmten Gefühl - z.B. Ärger - zu insistieren, als unsere Beziehung vor Schaden zu bewahren. Es bedarf einer besonderen emotionalen Kompetenz, einem anderen Menschen seinen Ärger ausdrücken zu können, ohne ihn dabei zu verletzen und vielleicht sogar die Beziehung aufs Spiel zu setzen. Die Fähigkeit, Gefühle hinsichtlich ihrer Intensität und Dauer zu beeinflussen, heißt „Emotionsregulation". Wie alle anderen emotionalen Kompetenzen müssen wir sie im Laufe unseres Lebens erwerben. Sie ist uns nicht schon von Geburt an mitgegeben.

In den vergangen Jahren wurden auf dem Gebiet der Emotionspsychologie große Fortschritte erzielt. Die Forscher haben viele Kenntnisse darüber zusammengetragen, welche Entwicklungsphasen Kinder durchmachen sollten, damit sie emotionale und soziale Kompetenzen erwerben, die für ein verständnisvolles und friedfertiges Miteinander innerhalb und außerhalb der Schule unverzichtbar sind.[13] Leider erhalten viele Kinder in ihrer familiären Sozialisation nicht die notwendige Förderung. Sie sind darauf angewiesen, dass ihnen ihre Schule hilft, Entwicklungsmängel zu beheben. Diese Materialien möchten die LehrerInnen, BetreuerInnen und SozialarbeiterInnen bei dieser Aufgabe unterstützen.

Mit der Förderung emotionaler und sozialer Kompetenzen verfolgen wir mehrere Ziele. Die SchülerInnen sollen befähigt werden:

- durch ihr Verhalten zu einem guten Schulklima beizutragen
- einfühlsam und verständnisvoll mit ihren und den Gefühlen ihrer Mitmenschen umzugehen
- freundschaftliche Bindungen zu anderen Kindern einzugehen
- bei den MitschülerInnen und Lehrpersonen beliebt zu sein
- häufig positive Gefühle zu erleben und auszudrücken
- intensive negative Gefühle zu regulieren
- Konflikte friedlich zu lösen
- die schulischen Ansprüche zu erfüllen.

In eins damit möchten wir mir diesen Unterrichtsmaterialien Verhaltensauffälligkeiten und gewaltsamen Streitigkeiten innerhalb und außerhalb der Schule vorbeugen. Damit diese Ziele erreicht werden können, sollen die Schülerinnen im Laufe der Unterrichtsreihe verschiedene soziale und emotionale Kompetenzen erwerben, vertiefen oder erweitern.

Die Schülerinnen sollen lernen:

1. Gefühle und Gefühlsausdruck zu unterscheiden
2. Gefühle bei sich und anderen Menschen wahrzunehmen, indem sie körpersprachliche Signale richtig deuten
3. sich in sich selber und in andere einzufühlen und verschiedene Gefühlszustände unterscheiden zu können
4. ihr Emotionsvokabular zu erweitern und Gefühle richtig zu benennen
5. welche (über-) lebenswichtigen Informationen uns unsere Gefühle über unsere jeweiligen Bedürfnisse geben
6. wissen und verstehen, wann und warum wir bestimmte gute und schlechte Gefühle haben
7. einfühlsam und verständnisvoll auf die Gefühle anderer zu reagieren
8. einfühlsam und verständnisvoll miteinander über Gefühle zu sprechen
9. welchen Einfluss das Denken auf Gefühle hat
10. negative Gefühle zu regulieren und Konflikte konstruktiv und gewaltlos zu lösen[14].

Gefühle sind etwas Seelisches.

Unsere Gefühle sind ein Teil unserer Seele und jeder Mensch hat ein Recht auf Wahrung und Schutz seiner Integrität. In gewisser Weise haben wir alle in uns das Gefühl, dass unsere Integrität, unsere Persönlichkeit und Unversehrtheit „ein zerbrechliches Gut" ist, das wir vor Angriffen und Blicken von außen schützen müssen. Gerade weil wir im Innersten verletzlich sind, richten wir oft große Anstrengungen darauf, anderen unser Innerstes, unsere Gefühle zu verbergen, aus Angst, uns zu offenbaren und dann vielleicht umso tiefer gekränkt zu werden.

Kein Mensch kann mit den Augen in die Seele eines anderen schauen. Weil unsere Gefühle innerseelische Vorgänge sind, bleiben sie für unsere Mitmenschen unsichtbar. Was sie jedoch wahrnehmen können, ist der Ausdruck, den wir unseren Gefühlen verleihen.

Egal, was uns innerlich jeweils bewegt, wir haben ein Recht, uns so zu fühlen. Unser jeweiliger Gefühlsausdruck dagegen kann richtig oder falsch, einer Situation sozial angemessen oder unangemessen sein.

Wenn z.B. ein Kind, das geschlagen wurde, wütend ist, so hat es einen guten Grund, sich so zu fühlen und sein Gefühl auszudrücken, indem es sagt: „Ich bin wütend auf dich." Es hat aber kein Recht zurückzuschlagen, da diese Ausdrucks- und Verhaltensweise selbst- und fremdschädigend ist. Oder, wenn jemand panische Angst vor einer Spinne hat, so hat er einen guten Grund, Angst zu haben. Wir dürfen ihm sein Gefühl nicht absprechen. Aber jeder würde wahrscheinlich sagen, es sei unangemessen, vor kleinen Spinnen davonzulaufen, weil sie keine Gefahr für einen Menschen darstellen. Der Betroffene sollte also versuchen, anders mit seiner Angst umzugehen.

In diesem und in den folgenden Modulen sollen die SchülerInnen auch lernen, Gefühle und ihren Ausdruck zu unterscheiden.

Wir drücken Gefühle aus:

- mit unserer Körpersprache
- indem wir sie benennen
- indem wir mit anderen über sie sprechen
- in unserem Verhalten.

Die SchülerInnen sollen bei jedem Gefühlsausdruck lernen, welcher für ein gutes Zusammenleben mit anderen Menschen hilfreich und wünschenswert und welcher nicht hilfreich ist, sondern einer Beziehung schadet.

Didaktische Überlegungen

1. Ines zeigt ihre wahren Gefühle nicht.

Einen Einstieg in das Thema „Gefühle" soll dieses Arbeitsblatt ermöglichen. Die meisten SchülerInnen haben selber schon erlebt, dass sie selbst ihrer besten Freundin oder ihrem besten Freund ihre wahren Gefühle nicht gezeigt haben. Sie können an dieser Geschichte lernen, was dies bedeutet und welche Folgen es für eine Freundschaft haben kann, und dass es für eine Beziehung zwischen zwei Menschen hilfreich ist, dem anderen seine wirklichen Gefühle zu zeigen, weil er nur dann angemessen auf sie reagieren kann. Gefühle vorzutäuschen, die man nicht hat, schadet dagegen einer Beziehung.

Ein Kind liest die Geschichte der Gruppe laut vor. Anschließend sollen die SchülerInnen Fragen beantworten.

1. Ines ist bestimmt traurig über Jens Verhalten. Sie denkt, Jens habe sie belogen.
2. Ines Bedürfnisse nach Freundschaft, Ehrlichkeit oder Vertrauen ist verletzt.
3. Ines geht in den nächsten Tagen an Jens vorbei, als würde sie ihn nicht kennen.
4. Sie tut so, als wäre er ihr gleichgültig.
5. Sie zeigt ihm ihre wahren Gefühle nicht: dass sie traurig ist.
6. Schweigen löst meistens keine Probleme. Es ist besser, miteinander über seine Gefühle zu sprechen. Wenn Ines weiterhin so tut, als wäre ihr Jens gleichgültig, könnte ihre Freundschaft darunter sehr leiden.

Alle Menschen haben manchmal Gefühle, die sie nicht zeigen, und täuschen stattdessen andere Gefühle vor. Für ein Gespräch in der Gruppe eignen sich folgende Fragen:

o Kennt ihr das auch? Ihr habt etwas erlebt, das in euch ein Gefühl erzeugt hat, das ihr nicht zeigen wolltet? Warum habt ihr euer wahres Gefühl verborgen? Vielleicht hattet ihr Angst, der andere könnte über euch lachen und euch verletzen, wenn ihr euer Gefühl offen zeigt? Erzählt euch gegenseitig eure Erfahrungen.

- Was geschieht, wenn wir unsere Gefühle nicht ehrlich zeigen? Dann kann der andere nicht verstehen, was uns innerlich bewegt und in uns vorgeht. Wir selber tun plötzlich Dinge - wie Ines - und laufen schweigend aneinander vorbei oder tun so, als sei uns der andere egal oder wir lachen aus irgendeinem Grund oder verkriechen uns ins Zimmer, schlagen die Tür hinter uns zu und der andere Mensch weiß nicht, warum wir uns so verhalten. Wenn wir ihm keine Chance geben, unsere wahren Gefühle zu erfahren, dann kann er nicht richtig auf uns reagieren und sich z.B. entschuldigen oder erklären, warum er sich so verhalten hat. Erzählt euch, welches Verhalten ihr bei anderen beobachtet habt, bei dem ihr den Grund nicht kanntet.
- Spielt im Rollenspiel, wie sich Ines und Jens wie gute Freunde verhalten können: Jens könnte Ines fragen, was eigentlich mit ihr los ist. Und Ines könnte antworten: „Ich fühle mich ziemlich schlecht. Ich bin traurig und enttäuscht über dich." Jens: „Wieso, was ist denn geschehen?" Ines schildert ihm ihre Wahrnehmung der Situation: „Du hast mich belogen, du brauchtest deiner Mutter gar nicht helfen. Ich habe immer geglaubt, du seiest mein bester Freund." Ines gibt Jens damit die Gelegenheit, auf ihr Gefühl zu reagieren, sich zu entschuldigen und sein Verhalten zu erklären. Er könnte z.B. sagen: „Es tut mir sehr leid, dass du von mir enttäuscht bist. Aber es war anders als du glaubst. Meine Mutter bekam plötzlich Besuch von einer Bekannten. Da hat sie mir erlaubt, nach draußen zu gehen. Durch Zufall habe ich Peter auf der Straße getroffen. Er war aber schon zu spät, dich anzurufen und noch mit dir ins Schwimmbad zu gehen. Das hätte ich sonst bestimmt getan." Nach diesem Gespräch fühlt sich Ines von Jens und Jens von Ines bestimmt wieder verstanden.

2. Gefühle wahrnehmen - einfühlsam sein

Um anderen unsere Gefühle mitteilen zu können, müssen wir zunächst unsere Selbstwahrnehmung schulen und uns in uns selber einfühlen. Wir können herausfinden, wie wir uns fühlen, indem wir - von imaginären Situationen ausgehend - eine achtsame „Reise durch unseren Körper" machen. Den SchülerInnen wird der Text langsam vorgetragen und sie folgen den Anweisungen. Im Hintergrund spielt vielleicht leise Musik. Wie können wir bemerken, ob wir glücklich, traurig, ängstlich oder wütend sind? Dadurch, dass wir auf die Veränderungen in unserem Körper achten. Denn immer, wenn wir etwas fühlen, geschieht gleichzeitig etwas mit unseren Augen, mit unserem Mund, mit unserem Herzen, mit unseren Muskeln und z.B. mit unserer Atmung. Außerdem kommen uns meist Laute oder Worte aus dem Mund und wir möchten in der Regel irgendetwas tun. In der ersten Übung sollen die

SchülerInnen lernen, sich zu entspannen. In der zweiten achten sie darauf, was mit ihrem Körper geschieht, wenn sie glücklich sind und welches Bedürfnis wohl befriedigt ist. Anschließend können sie ähnliche Erfahrungen mit den Gefühlen der Angst, der Traurigkeit und der Wut machen.

Modul 4

Sachanalyse: 1. Körpersprachliche Signale wahrnehmen und deuten

Was uns in unserem Innersten bewegt, spiegelt sich in unseren Augen, unserer Mimik, unserer Körperhaltung und in unserer Stimme wider. Sie sprechen die „Sprache des Herzens". Wir senden ständig non-verbale Signale aus: Wenn wir uns freuen, erscheint vielleicht ein Lächeln auf den Lippen, wenn wir traurig oder glücklich sind, rinnen Tränen aus den Augen. Wenn wir zornig sind, sind wir angespannt und ballen die Hände zur Faust, wenn wir Angst haben, zittern wir vielleicht am ganzen Leib. Mit unserer Körpersprache drücken wir unseren Mitmenschen aus, wie es uns geht und wie wir uns fühlen. Non-verbale Botschaften zeigen anderen etwas von unserer Befindlichkeit, auch wenn wir uns noch so sehr bemühen, sie nach außen hin zu verbergen.

Andererseits empfangen auch wir von anderen ständig körpersprachliche Signale, die uns signalisieren, wie sie sich fühlen. Mit einem einzigen Blick und mit unserem Herzen können wir manchmal die Stimmungslage eines Menschen erfassen. Vielleicht sehen wir ein Kind mit gesenktem Kopf und herunterhängenden Armen an einer Mauer stehen. Wenn unser Herz beim Sehen beteiligt ist, schließen wir aus seiner Körpersprache, dass es wohl traurig oder einsam ist.

Einen Zugang zur Seele eines Menschen können wir gewinnen, indem wir auf die körpersprachlichen Botschaften achten. Ein unverstellter ehrlicher Gefühlsaudruck hilft uns, angemessen auf ihn zu reagieren, z.B. sich mit ihm zu freuen, wenn er etwas Schönes erlebt hat, oder seine Dankbarkeit als Lohn wertzuschätzen für das, was wir ihm Gutes tun.

Für ein verständnisvolles Miteinander und eine gelingende zwischenmenschliche Kommunikation ist es unverzichtbar, dass Menschen ihre wahren Gefühle körpersprachlich zum Ausdruck bringen und keine Gefühle vortäuschen. Warum? Nur, wenn uns ein anderer - z.B. bei dem Verlust eines Menschen - durch seine Tränen und niedergedrückte Haltung sein wahres Gefühl, seine Traurigkeit zeigt, ist es möglich, unser Verhalten an seiner Traurigkeit zu orientieren und liebevoll auf ihn einzugehen. Vielleicht wünscht er sich in diesem Moment Trost von uns. Nur, wenn wir wissen, dass er traurig ist und getröstet werden möchte, können wir ihn in den Arm nehmen und zeigen, wie gut wir verstehen, dass er unter diesem Verlust leidet.[15] Ohne dieses Wissen wäre diese Reaktion nicht möglich. Ein sozial angemessener körpersprachlicher Ausdruck ist immer ein solcher, der ein tatsächliches - und nicht vorgespieltes - Gefühl widerspiegelt. Obwohl die non-verbale Kommunikation zwischen Menschen meist unbewusst geschieht, sollten die SchülerInnen sie sich bewusst machen, indem sie auf ihre eigene Körpersprache und die ihrer Mitmenschen genauer achten.

Didaktische Überlegungen

Die SchülerInnen sollen lernen, dass ihnen die körpersprachlichen Signale anderer Menschen helfen, ihre Gefühle besser zu verstehen. Sie sollen darin gefördert werden, ihre Aufmerksamkeit öfter bewusst auf körpersprachliche Signale ihrer Mitmenschen zu lenken und zu deuten, welches Gefühl sie wohl zum Ausdruck bringen.

1. Gefühle zeigen und wahrnehmen ohne Worte

Die Übungen sollen die SchülerInnen in das Thema einführen und sie für körpersprachliche Ausdrucksweisen sensibilisieren.

2. Pantomimen- und Detektivspiel

Die SchülerInnen ziehen Karten, auf denen 13 Gefühle stehen, von denen einige im weiteren Verlauf der Unterrichtsreihe noch ausführlicher behandelt werden. In diesem Spiel erfahren sie Möglichkeiten und Wirkungen ihrer Körpersprache, indem sie die Gefühle - ohne Worte - pantomimisch zum Ausdruck bringen. Vorher sollten sie überlegen: Wie zeige ich den anderen Kindern am besten mein Gefühl? Durch welche Körpersprache können die anderen verstehen, wie ich mich fühle? Und sie sollen lernen, bewusst auf die Körpersprache anderer zu achten und verständnisvoll Rückschlüsse auf die zugrundeliegenden Gefühle zu ziehen.

3. Ratet einmal, was ich wohl fühle.

Zur Vertiefung und zum besseren Verständnis spielt die Lehrperson den SchülerInnen charakteristische Körperhaltungen bei Gefühlen vor. Die Kinder sollen sich in die Lehrperson einfühlen und Vermutungen darüber äußern, wie sie sich wohl fühlt und anschließend Haltungen nachspielen. Das Arbeitsblatt[16] möchte der Lehrperson wertvolle Anregungen für diese Übungen geben.

4. Wir erfinden unsere eigene Zeichensprache.

Nachdem die SchülerInnen schon viel über körpersprachliche Zeichen gelernt haben, ist es bestimmt sinnvoll, mit ihnen eine Zeichensprache zu vereinbaren, mit der sie sich in der Klasse oder Gruppe untereinander und mit der Lehrperson gut und schnell verständigen zu können. Einige Ideen hierzu stehen auf diesem Übungsblatt.

Sachanalyse: 2. Gefühle unterscheiden und richtig bezeichnen

Wenn wir bei einem Menschen körpersprachliche Signale wahrnehmen, die auf eine besondere Gefühlslage hindeuten, wie können wir uns in dieser Situation sozial wünschenswert verhalten? Wir können ihm z.B. sagen: „Ich finde, du wirkst so einsam" und nachfragen: „Stimmt mein Eindruck? Fühlst du dich einsam?" oder: „Du siehst aus, als würdest du dich ärgern. Ärgerst du dich über etwas?" und: „Möchtest du mit mir darüber sprechen?"

Die Fähigkeit, über Gefühle zu reden, setzt voraus, dass die Gesprächspartner in der Lage sind, verschiedene Gefühle voneinander zu unterscheiden und ihnen den richtigen Namen zu geben. Neben der Körpersprache ist die Sprache die zweite Möglichkeit, seinen Gefühlen Ausdruck zu verleihen. Sozial wünschenswert ist eine möglichst treffende, nicht hilfreich eine allzu vage oder gar falsche Bezeichnung.

Nun können Menschen sehr viele Gefühle haben. Für jedes gibt es einen eigenen Namen. Ihn müssen Kinder und auch Erwachsene allererst lernen. Vielleicht enthält der deutsche Wortschatz über Hundert Begriffe, die nuancenreich unterschiedliche Gefühle bezeichnen. Wer seinen Wortschatz erweitern möchte, kann bewusst nach ihnen suchen in Wörterbüchern und vor allem in der Belletristik, die sich dadurch auszeichnet, dass in ihr nicht nur Personen charakterisiert und ihre Handlungen beschrieben, sondern gerade auch ihre inneren Beweggründe und Gefühle in einer lebendigen Sprache veranschaulicht werden. Unser aktiver Wortschatz enthält nur einen sehr kleinen Teil der Begriffe, die Gefühle bezeichnen.

In ihrem Buch „Emotionale Kompetenz bei Kindern" beschreiben Prof. Dr. Franz Petermann und Prof. Dr. Silvia Wiedebusch in welchem Alter Kinder ihr Emotionsvokabular entwickeln: „Kleinkinder beginnen etwa ab dem Alter zwischen 18 und 20 Monaten, ihre Gefühle zu benennen." Bis zum ca. 2. Lebensjahr reicht ihr Emotionswortschatz „für rudimentäre Gespräche" über Gefühle. Sie zeigen ein „größeres passives Verständnis als einen aktiven Gebrauch von Gefühlswörtern". Bis zum ca. 4. Lebensjahr benennen sie zunehmend häufiger Gefühle anderer Personen und können „ausführliche Gespräche über Gefühle" führen (z.B. über Ursachen und Konsequenzen von Gefühlen). Bis zum ca. 6. Lebensjahr erwerben Kinder ein differenziertes „Emotionsvokabular für komplexe Gefühle" (z.B. „eifersüchtig", „nervös", „empört").[17]

Es stellt bestimmt einen Unterschied dar, ob Kinder in der Grund- oder Förderschule in ihrer Muttersprache unterrichtet werden und wir bei ihnen diese sprachlichen Kompetenzen voraussetzen können, oder ob sie einen Migrationshintergrund haben und deshalb die Begriffe für Gefühle allererst wie Vokabeln lernen müssen. Die Verständigung mit diesen Kindern ist schwieriger. So kann zum Beispiel ein 8-jähriges Mädchen durchaus fragen: „Was bedeutet zufrieden sein?", weil sie die Vokabel bisher nicht gelernt hat.

Im Alltag machen sich selbst viele Erwachsene meistens nicht bewusst, welche Gefühle sie haben, vor allem schöpfen sie die Möglichkeiten ihres Wortschatzes nur unzureichend aus. Tatsächlich bedarf es bestimmter Fähigkeiten, damit sie erfahren, was sie im Augenblick fühlen. Sie müssen:

o die Zeit um sich herum für eine Weile still stehen lassen
o sich in sich einfühlen
o das aktuelle Geschehen innerlich auf sich beziehen
o nach dem passenden Wort für ihr Gefühl suchen
o es in ihrem Wortschatz haben.

Wenn sie den Wunsch haben, mit jemanden über ihr Gefühl zu sprechen, dann brauchen sie Menschen, die sich aufrichtig für sie interessieren und sich für ein Gespräch auch die Zeit nehmen.

Was geschieht, wenn wir jemanden nach seinem Gefühl fragen? Er wird vielleicht antworten: „Ich weiß nicht, was ich fühle." Weil wir mehr über diesen Menschen erfahren möchten, wollen wir es bei dieser Antwort nicht belassen. Deshalb fragen wir weiter: „Fühlst du dich gut oder schlecht?" Diese Grundunterscheidung zwischen positiven und negativen Gefühlen kann jeder leicht treffen. Sie gilt auch in der Wissenschaft als unumstößlich. Er antwortet also: „Ich fühle mich im Augenblick gut" oder: „Ich fühle mich schlecht." Wenn wir weiterfragen: „Wie fühlst du dich genau?", dann fängt der andere an zu denken. Er muss sich in gewisser Weise neben sein Gefühl stellen, sein Inneres beobachten und geht nicht mehr ganz im Erleben seines Gefühls auf.

Insbesondere bei intensiven oder schmerzhaften Gefühlen hilft dieses Denken, Gefühle auf eine erste Weise zu regulieren. Diese Kompetenz möchten wir bei unseren SchülerInnen entwickeln. Denken vollzieht sich in Begriffen. Wir denken etwas, indem wir es von anderen, ähnlichen Dingen unterscheiden und ihm einen genauen Begriff zuordnen. Nur wenn wir gelernt haben, Gefühlen den richtigen Namen zu geben, sind wir in der Lage, sie eindeutig zu kommunizieren. Je mehr Namen für Gefühle wir kennen, umso besser können wir anderen einen Einblick in unsere Gefühlswelt geben und ihre Gefühlswelt verstehen. In diesem Modul sollen die SchülerInnen lernen, eigene Gefühlszustände gedanklich richtig zu deuten, ihren aktiven Emotionswortschatz zu vergrößern und ein umfassendes Emotionsvokabular zu benutzen, um ihre Gefühle zu kommunizieren.

Didaktische Überlegungen

1. Einfühlung in dich selbst: Welche Gefühle hast du manchmal, oft oder nie?

Die SchülerInnen können in dieser Unterrichtsreihe 13 Gefühle näher kennen lernen. Dieses Arbeitsblatt soll ihnen helfen, ihr Vorverständnis zu wecken und sich an Gefühlslagen zu erinnern, die durch diese Namen zutreffend gekennzeichnet sind.

2. Bewegungsspiele zu den vier Grundgefühlen: Angst, Freude, Traurigkeit, Wut

Bei dieser Übung wird der Raum in vier Gefühlszonen eingeteilt. Die SchülerInnen müssen verschiedene Situationen imaginieren, sich in sich einfühlen, um zu spüren, welche Gefühle sie bei ihnen auslösen.

3. Wir zeichnen einen Wissensbaum.

Diese Übung regt die SchülerInnen an, ihren Gedanken, Erinnerungen und ihrer Phantasie freien Lauf zu lassen und sich in Stillarbeit mit einem Gefühl näher auseinanderzusetzen. Sie schreiben in die Blase in der Mitte der MindMap (des Wissensbaums) den Namen des Gefühls, das sie besonders interessiert, z.B. „Glück". Dann zeichnen sie von da aus Zweige, die Bezüge zu anderen Begriffen herstellen (z.B. „Gute Freunde und Kinder haben"). Sie können Bilder malen und Symbole verwenden. Die SchülerInnen sollten einerseits ihre Gedanken und Ideen hin und her springen lassen und andererseits versuchen, ihnen auf dem Papier eine gewisse Ordnung zu geben. Falls die Kinder dies wünschen, werden ihre Mind-Maps in der Gruppe oder in einem vertraulichen Gespräch mit der Lehrperson besprochen.

4. Singen und Dichten: „Das Lied von den Gefühlen"

Die SchülerInnen lernen das Lied von Klaus W. Hoffmann[18] und singen es gemeinsam. Da sie schon viel über Gefühle und Gefühlsausdruck gelernt haben, können sie - wenn es ihnen Spaß macht - den Text umdichten oder das Lied um selbstgetextete Strophen erweitern.

Sachanalyse: 3. Wir möchten noch mehr über Gefühle wissen.

Gefühle sind uns nicht nur deswegen so wichtig, weil wir sie als unmittelbar zu uns gehörig empfinden, sie allein lassen uns erfahren, welche Bedeutung Menschen und Dinge für uns haben. Wenn wir z.B. eine Rose sehen, dann können wir denken: „Sie ist rot." Entweder haben wir damit etwas Richtiges oder etwas Falsches gedacht. Durch unser bloßes Denken bleibt uns jedoch verschlossen, welche Bedeutung die Rose für uns hat. Ihre Bedeutung erschließt sich uns nur durch unser Gefühl. Vielleicht bewundern wir ihre Schönheit und außergewöhnliche Form und dieses Gefühl weckt in uns den Wunsch, sie zu kaufen. Oder ihr besonderer Geruch ruft Erinnerungen an Omas Garten wach und wir fühlen uns wehmütig und trauen darüber, dass es den schönen Garten nicht mehr gibt. In beiden Beispielen sind es die Gefühle, die uns die Bedeutung der Rose erfahren lassen.

Oder stellen wir uns vor, ein Freund lächelt uns an. Wenn wir dabei nichts Besonderes fühlen, dann hat sein Lächeln in diesem Augenblick für uns auch keine besondere Bedeutung. Wenn wir uns dagegen herzlich darüber freuen, spüren wir, es hat eine Bedeutung. Wir finden sie heraus, indem wir fragen, welches Bedürfnis es befriedigt hat. Vielleicht unser Bedürfnis nach Freundschaft? Dann deuten wir das Lächeln unseres Freundes als Bestätigung unserer Freundschaft. Wir können uns in diesem Augenblick ihrer wieder sicher sein.

Sie geben uns(über-)lebenswichtige Informationen über unsere Bedürfnisse.

Mit unseren Gefühlen erfahren wir unmittelbar - und schneller als mit unserem Verstand -, welche Bedeutung eine Situation für unser Bedürfnis hat. Wird es befriedigt, so fühlen wir uns gut und haben positive Gefühle, wird es bedroht, missachtet oder sogar verletzt, dann fühlen wir uns schlecht und haben negative Gefühle. Gefühle sind also der Schlüssel zum

Verständnis unserer Bedürfnisse und geben uns (über-) lebenswichtige Informationen über uns selbst und die Situation, in der wir uns befinden.[19] Außerdem erfahren wir mit ihnen, ob unsere Beziehung zu einem anderen Menschen im Moment eher zufriedenstellend oder eher problematisch ist. Über all dies geben uns unsere Gefühle Auskunft, wenn wir auf sie achtgeben.

Didaktische Überlegungen

1. Vorsicht, hier lauert eine Gefahr!

Die SchülerInnen sollen mit diesem Arbeitsblatt lernen, dass sie mit ihren Gefühlen blitzschnell die Bedeutung einer Situation für ein Bedürfnis von ihnen erfassen können. Dazu wird ihnen die Geschichte[20] erzählt. Das Bild bleibt zunächst verdeckt.

„Stellt euch einmal vor, ihr seid allein auf einem Spaziergang durch einen dunklen Wald. Plötzlich schlängelt sich aus dem dichten Unterholz vor euren Füßen ein grüngelbes Lebewesen hervor. Was fühlt ihr von einer Sekunde auf die andere?" … Antwort: „Wir alle empfinden in dieser Situation blitzschnell Angst." Die SchülerInnen besprechen in der Gruppe:

- Was für ein Gefühl ist Angst? Sie ist ein hilfreiches Gefühl, denn sie warnt uns vor Gefahren.
- Was macht die Angst mit uns? Sie treibt uns instinktiv an, sofort zu reagieren: „Vorsicht, hier lauert Gefahr! Lauf weg, so schnell du kannst, oder beseitige die Gefahr."

„Noch bevor wir einen klaren Gedanken fassen und verstehen, was sich vor unseren Füßen bewegt, erzeugt dieses Wesen in uns Angst." Das bedeutet, dass wir die Bedeutung der Situation mit der Angst schneller erfassen als mit unserem Verstand. „Was kann das gewesen sein?" Eine Schlange. „Welches Bedürfnis ist in dieser Situation wohl bedroht?" Unser Bedürfnis nach körperlicher Unversehrtheit. Wir könnten plötzlich von der Schlange gebissen werden und vielleicht sogar sterben.

Interpretation: Dieses Reiz-Reaktionsschema ist biologisch angelegt, weil Menschen eine angeborene Angst vor Schlangen haben. Aus diesem Beispiel sollen die SchülerInnen lernen, dass ihnen ihre Angst hilft, diese Situation blitzschnell als Gefahrensituation einzuschätzen, noch bevor ihr Verstand denken kann, dass da eine Schlange ist. Deshalb sollte die

Geschichte zunächst auch nur erzählt werden, ohne das Foto zu zeigen. Im Laufe unseres Lebens entwickeln Menschen vielfältige Ängste, die nicht angeboren, sondern erlernt sind. Dazu gehören soziale Ängste. Auch sie helfen, die Bedeutung einer Situation für ein Bedürfnis aufzufassen. Erlernte Ängste können mit therapeutischer Unterstützung wieder verlernt werden.

2. Ein herzliches Lachen zur Begrüßung

Positive Gefühle haben wir immer dann, wenn in einer Situation ein Bedürfnis befriedigt ist oder - wie bei einer Einladung zu einer Party - die Aussicht darauf besteht, dass es in naher Zukunft befriedigt werden wird: mit der Einladung vielleicht das Bedürfnis nach Mitspielen.

Den SchülerInnen werden zwei Fotos gezeigt, auf denen ein Mädchen und ein Junge herzlich lachen. Die Aufgabe lautet: „Stellt euch einmal vor, ihr betretet morgens euer Klassenzimmer und die beiden MitschülerInnen begrüßen euch mit diesem herzlichen Lächeln. Welches Gefühl löst ihr Lächeln blitzschnell in euch aus? Welches Bedürfnis erfüllen die Kinder wohl mit ihrem Lächeln?" Auch an dieser Geschichte sollen die SchülerInnen lernen, dass sie mit ihren Gefühlen die Situation schneller erfassen als mit ihren Gedanken.

Interpretation: Das herzliche Lachen könnte in ihnen z.B. blitzschnell Freude oder sogar ein Glücksgefühl erzeugen, weil das Lachen der Kinder ihnen etwas schenkt, was sie sich gewünscht oder erhofft haben, zum Beispiel das Gefühl, willkommen zu sein oder ihre Freundin oder ihr Freund zu sein. Sie spüren in dieser Situation unmittelbar, dass sich die Kinder freuen, dass sie da sind oder dass sie sich ihnen freundschaftlich verbunden fühlen (vgl. Modul 4.4: „Zufriedenheit, Freude, Glück, Dankbarkeit, Übermut und Stolz." „Warum fühlst du dich zufrieden, freudig, glücklich, dankbar, übermütig oder stolz?")

Manche Menschen sind darauf angewiesen, ständig Zeichen zu empfangen, die ihnen das Gefühl geben, anderen willkommen zu sein. Für einen kurzen Augenblick kann ein Lächeln ihr Bedürfnis befriedigen. Es ist aber gut möglich, dass diese Empfindung schnell verfliegt und Selbstzweifel wieder die Oberhand gewinnen. Das liegt dann daran, dass diese Menschen auf mehr angewiesen sind als ein Lächeln, um ihre Unsicherheit zu verlieren. Sie brauchen die Erfahrung, als Personen wertgeschätzt zu werden und den anderen vertrauen zu können. Erst wenn sie diese Erfahrung immer wieder machen, werden sie auch Kritik an ihren Verhaltensweisen gut ertragen können, da sie sie nicht als Angriff auf ihre Person empfinden müssen. Für den Umgang mit unseren SchülerInnen können wir daraus lernen, dass wir sie immer wieder die Erfahrung machen lassen, dass wir sie als Mensch wertschätzen, dass sie für uns etws Besonderes und Wertvolles sind. Wenn wir sie kritisieren, dann sollten sie wissen, dass sich unsere Kritik immer nur auf bestimmte Verhaltensweisen von ihnen bezieht.

Sachanalyse: 4. Wann und warum fühlen wir uns gut?

Alle Menschen verfügen über ein breites Repertoire an positiven und negativen Gefühlen, die sich in ihrer Bedeutung signifikant unterscheiden. Die wenigsten - auch erwachsenen - Menschen wissen jedoch, dass uns unsere Gefühle Wichtiges über unsere Bedürfnisse mitteilen.

Wird ein Bedürfnis von uns befriedigt, dann fühlen wir uns gut, wird es übersehen, bedroht oder verletzt, dann fühlen wir uns schlecht. Leider wissen wir oft gar nicht, wie wir uns fühlen. Dies ist für unser Zusammenleben besonders schade bei positiven Gefühlen: Wenn wir öfter in uns hineinhorchen würden, dann könnten wir bemerken, dass es uns oft gut geht. Wir machen uns unsere positiven Gefühle jedoch viel zu selten bewusst, wir kosten unser Glück, dass wir in vielen Augenblicken spüren, viel zu wenig aus. Wir lassen es oft an uns vorbeiziehen und vor allem: Wir teilen unsere Gefühle unseren Mitmenschen zu selten sprachlich mit. Wir geben ihnen viel zu wenig zurück, obwohl sie sehr großen Anteil an unserer Zufriedenheit, unserem Glück oder Wohlbefinden haben und unsere Freude, unser Glück, unser Stolz und unsere Dankbarkeit ansteckend auf sie wirken und positive Auswirkungen auf unsere zwischenmenschlichen Beziehungen haben könnten.

Wenn wir einem Menschen, z.B. einem Kind etwas Gutes zurückgeben wollen, dann mutet es uns immer seltsam an, wenn es, anstatt sich zu freuen, vielleicht enttäuscht oder empört sagt: „Das will ich nicht. Das möchte ich nicht." Offenbar haben wir in diesem Fall sein vordringliches Bedürfnis übersehen und es wird sich von uns unverstanden fühlen. Vielleicht haben wir im guten Glauben gehandelt. Es selber wünscht sich dies aber (jetzt) nicht, sondern etwas anderes.

Bei manchen Kindern und Erwachsenen haben wir sogar den Eindruck, wir kommen nicht an sie heran, sie reagieren immer anders, als wir gedacht oder gehofft hatten, sie sind nicht zufrieden oder glücklich, obwohl wir es gut gemeint haben. Das kann tiefe Ursachen haben, die selbst wieder etwas mit ihren Bedürfnissen zu tun haben. Vielleicht liegt es an unserer Beziehung zu ihnen. Sie mögen uns einfach nicht oder wollen möglichst nichts mit uns zu tun haben. Das signalisieren sie uns durch ihr unempfängliches Verhalten. Es kann aber auch sein, dass unsere Beziehung noch nicht „reif" ist für bestimmte Handlungen. Sie nehmen z.B. unsere Hilfe und unseren Trost - noch - nicht an, weil andere Bedürfnisse von ihnen in unserer Beziehung bisher noch unbeachtet oder früher verletzt worden sind und sie erst auf ihre Befriedigung angewiesen sind, bevor sie andere Bedürfnisse zulassen und sich ihre Befriedigung wünschen. Dem amerikanischen Psychologen Abraham H. Maslow ist die Erkenntnis zu verdanken, dass unsere Bedürfnisse hierarchisch geordnet sind und der Mensch erst dann bestrebt sein wird, seine höheren Bedürfnisse zu befriedigen, wenn er die Bedürfnisse der darunter liegenden Stufen befriedigt hat.[21] Möglicherweise bietet diese Theorie eine Erklärung für diese Erfahrungen.

Bedürfnisse und Gefühle vermeiden

Manchmal ist es auch schwer, einem Menschen Gutes zu tun, ihm z.B. zu zeigen, dass er uns vertrauen kann, weil er in seinem Leben so schlechte Erfahrungen mit diesem Bedürfnis gemacht hat, dass er seine nochmalige Empfindung mit aller Kraft abwehrt. Er weicht deshalb allen Situationen aus, von denen er vermutet, dass es in ihnen wieder geweckt werden könnte, weil damit auch die Erinnerung an all jene schmerzhaften Erlebnisse wieder lebendig und fühlbar würde, in denen es früher missachtet wurde. Wurde sein Bedürfnis nach Vertrauen in der Kindheit immer wieder massiv verletzt, so wird er sich nicht mehr auf Situationen einlassen, in denen andere ihm versichern, dass er ihnen vertrauen kann. Er würde in ihnen wieder jene tiefe Enttäuschung, Traurigkeit und Wertlosigkeit fühlen, die er früher empfunden hat, wenn sein Vertrauen verletzt wurde, und spüren, dass er vertrauen möchte, es aber nicht kann. Um diese Gefühle nicht spüren zu müssen, vermeidet bzw. bekämpft er sie. Dieses Vermeidungsverhalten raubt ihm leider auch die Möglichkeit, die Erfahrung zu machen, dass es doch Menschen gibt, denen er Vertrauen schenken kann und führt dazu, dass seine emotionalen Probleme in der Beziehung zu diesen Menschen immer größer werden, weil auch sie auf sein Vertrauen angewiesen sind.

Manche Menschen vermeiden es, Ärger oder Wut zu empfinden, weil sie mit diesen Gefühlen schlechte Erfahrungen gemacht haben, da sie z.B. nie geduldet wurden. Sie vermeiden die primären Gefühle Ärger und Wut und nehmen an ihrer Stelle sekundäre Gefühle wahr, z.B. Einsamkeit, Minderwertigkeit und Depression. Dies kann zur Folge haben, dass sie sich aus ihren sozialen Beziehungen zurückziehen und sich immer einsamer, minderwertiger oder sogar depressiver fühlen.

Andere bekämpfen ihre primären Gefühle der Hilflosigkeit und Unsicherheit, indem sie andere Menschen in ihrer Umgebung ständig entwerten und beleidigen. Sie vermeiden es, sich hilflos und unsicher zu fühlen und nehmen stattdessen nur noch Gefühle wie Ärger oder Wut wahr.[22] Das Ausleben dieser sekundären Gefühle kann zu negativen sozialen Konsequenzen führen wie z. B. dem Verlust des Partners oder des Jobs. Auch SchülerInnen können solch ein Vermeidungsverhalten schon verinnerlicht haben. Sie benötigen - wie alle Menschen mit diesem Problem - die Hilfe eines Therapeuten, um wieder einen Zugang zu ihren primären Gefühlen zu finden und diese zulassen zu können. Für uns ist es eine Hilfe zu wissen, dass es dieses emotionale Problem gibt und wir können es bei SchülerInnen mit Verhaltensauffälligkeiten in Betracht ziehen.

Didaktische Überlegungen

In der Interaktion mit anderen ist es wichtig, sich nicht nur der eigenen Gefühle bewusst zu sein und sie benennen zu können, sondern vor allem auch Mitgefühl mit den Gefühlen anderer Menschen zu haben und ihre Gefühle richtig zu verstehen.

1. Einfühlung in andere: Wie fühlen sich die Kinder?

Den SchülerInnen werden sechs anrührende Fotos von Kindern gezeigt, die einen bestimmten Gefühlsausdruck vermitteln. Sie sollen sich in die Kinder einfühlen, möglichst genau die körpersprachlichen Merkmale beschreiben und mit ihrer Hilfe Vermutungen über die Gefühle der Kinder äußern.

2. Heftet die passenden Überschriften an die Fotos.

Dann bekommen sie Zettel mit Überschriften, die sie an die Fotos heften sollen: Zu welchen Fotos passen die Überschriften am besten? Begründet eure Meinung. Die Bildzeilen sollen ihnen dabei helfen. Möglich ist folgende Zuordnung:

- Bei einem Spaziergang - „Zufriedene Kinder"
- Mein Geburtstagsgeschenk - „Ein Kind, das sich freut."
- Ein unerwartetes Wiedersehen - „Glückliche Kinder"
- Du bist gut zu mir. - „Dankbare Kinder"
- Vorsicht, das könnte leicht schiefgehen und bitterer Ernst werden. - „Übermütige Kinder"
- Toll, dass ich den Ball gehalten habe. - „Ein stolzes Kind"

3. Zufriedenheit, Freude, Glück, Dankbarkeit, Übermut und Stolz

Alle Gefühle haben situative Auslöser. Bei der Bearbeitung dieses Übungsblattes sollen die Schülerinnen zunächst besprechen, welche Situationen nach ihrer Erfahrung in ihnen Zufriedenheit, Freude, Glück, Dankbarkeit, Übermut und Stolz auslösen. Dann bekommen sie Karten, auf denen steht, wann Menschen im Allgemeinen diese Gefühle haben. Die SchülerInnen sollen sie einzeln besprechen und Beispiele für sie suchen. Anschließend heften sie die Zettel an die entsprechenden Fotos mit den Kindern.

Wir formulieren den Zusammenhang von situativen Auslösern und Gefühlen in Konditionalsätzen, indem wir z.B. sagen: „Wenn wir etwas bekommen, was wir uns gewünscht oder erhofft haben, dann freuen wir uns." Oder: „Wenn wir unerwartet etwas sehr Schönes geschenkt bekommen, dann sind wir glücklich." Falls die Ereignisse gleich oder ähnlich sind, dann bilden die dazugehörigen Gefühle eine Klasse und unterscheiden sich gleichzeitig in wichtigen Nuancen. Wir setzten dies bereits unausgesprochen voraus, indem wir in den Arbeitsblättern einige Gefühle rot und andere lila, blau oder grün kennzeichneten. Gleiche Farben für Gefühle, z.B. „rot" zeigen, dass sie alle eine Art von „Freude" ausdrücken. Es bedurfte besonderer Literaturrecherchen[23] und eigener Bemühungen, um die verschiedenen Konditionalsätze formulieren zu können.

Das Wissen um Situationen, die Gefühle auslösen, soll die SchülerInnen befähigen,

- o ihre eigenen Gefühle und die ihrer Mitmenschen besser zu verstehen
- o bei ihren Entscheidungen Emotionen eher voraussehen zu können
- o Situationen bewusst aufzusuchen oder herzustellen, die positive Gefühle bei ihnen und anderen erzeugen können
- o und - wenn möglich - Situationen zu vermeiden, die eher negative Gefühle erzeugen, oder so zu verändern, dass sie nicht mehr notwendigerweise mit negativen Gefühlen für sich und andere verbunden sind.

Kommunikation über Gefühle verbessern

Außerdem sollen die SchülerInnen erarbeiten, dass zwischen positiven Gefühlen und der Befriedigung von Bedürfnissen einer kausaler Zusammenhang besteht[24], den sie sich in jeder Situation bewusst machen können. Die kausale Beziehung drücken die Nebensätze in den Klammern aus. Diese Sätze sollen den SchülerInnen helfen, ihre Gedanken über sich selber zu vertiefen und ihre Kommunikationsmöglichkeiten erweitern. Nehmen wir einmal an, eine

Schülerin sagt: „Ich bin glücklich." Sie kann nun über sich nachdenken: „Welches meiner Bedürfnisse befriedigt das „Geschenk", das ich unerwartet bekommen habe?" Vielleicht ist das „Geschenk" das unerwartete Wiedersehen mit ihrer Freundin und befriedigt ihr Bedürfnis nach Freundschaft. Dann kann sie dies anderen mitteilen. Sie kann noch mehr über sich erfahren und anderen kommunizieren, wenn sie sich fragt: „Welche Bedeutung hat die Bedürfnisbefriedigung durch dieses besondere Mädchen für mich?" Vielleicht ist sie ihre beste Freundin, der sie allein ihre Geheimnisse anvertrauen kann? Dann hat das Wiedersehen für sie eine besonders große Bedeutung. Nehmen wir ein anderes Beispiel: Ein Lehrer lobt einen Schüler für seine gute Leistung und befriedigt sein Bedürfnis nach Lob und Anerkennung. Er freut sich sehr darüber, kann nun aber noch tiefer in sich hineinhorchen und sich fragen: „Welche Bedeutung hat das Lob von diesem Lehrer für mich? Was bedeutet es mir, dass mich gerade dieser Lehrer jetzt lobt?" Vielleicht ist sein Lob etwas, worauf er schon lange vergebens gewartet hat. Dass er ihn jetzt lobt, ist für ihn etwas Außergewöhnliches und freut ihn deshalb umso mehr. Vielleicht ist sein Lob auch nicht so wichtig für ihn, weil dieser Lehrer ihn sowieso bei jeder Gelegenheit lobt. Er freut sich trotzdem darüber, weil es ihm zeigt, dass er von ihm immer noch gut angesehen ist.

4. Warum fühlst du dich … zufrieden, freudig, glücklich, dankbar, übermütig oder stolz?

Hier können sich die SchülerInnen noch einmal den Zusammenhang von positiven Gefühlen und befriedigten Bedürfnissen bewusst machen und ihre Sprach- und Rechtschreibkompetenz schulen.

5. Geschichte: Ein Waisenkind kann sein Glück nicht fassen.

Die SchülerInnen lesen und interpretieren diese Geschichte, in der ein Junge ein großes Glück erlebt. Als Leitfaden für die Interpretation können den SchülerInnen die Fragen aus der „Emotionsanalyse" dienen (vgl. Vorwort zur 2, überarbeiteten Auflage).

6. Erzählt der Klasse eigene Erlebnisse mit guten Gefühlen.

Die SchülerInnen sollen lernen, über ihre Gefühle zu kommunizieren. Als „roter Faden" bei der Planung mündlicher Erzählungen können ihnen wiederum die Fragen aus der „Emotionsanalyse" dienen.

Sachanalyse: 5. Wann und warum fühlen wir uns schlecht?

Leider können wir uns nicht immer gut fühlen, obwohl wir uns das bestimmt von Herzen wünschen und wir viel dazu beitragen können, dass es uns und anderen Menschen gut geht. Negative Gefühle gehören genauso zum Leben wie positive. Wenn ein Bedürfnis von uns übersehen, bedroht oder sogar verletzt wird, dann fühlen wir uns schlecht und haben negative Gefühle.

Didaktische Überlegungen

Nun lernen die SchülerInnen, wann und warum sie und andere Menschen negative Gefühle haben.

1. Einfühlung in andere: Welche Gefühle haben die Kinder?

Die SchülerInnen sollen sich - wie zuvor - in die Kinder einfühlen und Vermutungen über ihre Gefühle anstellen. Dabei helfen ihnen wiederum die Bildzeilen.

2. Heftet die passenden Überschriften an die Fotos.

Dann bekommen sie Zettel, die sie an die Fotos heften sollen. Zu welchen Fotos passen die Überschriften am besten? Möglich ist folgende Zuordnung:

- Hilfe! - „Ein ängstliches Kind"
- Es ist zum Weinen. - „Ein trauriges Kind"
- Niemand ist für mich da. - „Ein einsames Kind"
- Wie fühlst du dich? - „Ein mitfühlendes Kind"
- Zum Glück ist jemand in der Nähe. - „Ein hilfloses Kind"
- Du bist gemein! - „Ein Kind, das sich ärgert"
- Ihr seid gemein! - „Ein wütendes Kind"

Anschließend besprechen die SchülerInnen, welche Situationen nach ihrer Erfahrung dazu führen, dass sie Angst haben, traurig, einsam, mitfühlend, hilflos, ärgerlich oder wütend sind.

3. Angst, Traurigkeit, Einsamkeit, Mitgefühl, Hilflosigkeit, Ärger, Wut

Dann bekommen sie Karten, auf denen steht, wann Menschen im Allgemeinen diese Gefühle haben. Sie sollen sie einzeln besprechen und Beispiele für sie suchen und danach die Zettel an die entsprechenden Fotos mit den Kindern heften. Auch negative Gefühle entstehen unter bestimmten Bedingungen. Wir formulieren diesen Zusammenhang wiederum in Konditionalsätzen, indem wir z.B. sagen: „Wenn wir etwas Wertvolles verloren haben, dann sind wir traurig." Oder: „Wenn wir etwas Wertvolles verloren haben und uns mit dem Verlust nicht abfinden können, dann sind wir verzweifelt."

Die SchülerInnen lernen darüber hinaus, dass zwischen negativen Gefühlen und der Nichtbefriedigung von Bedürfnissen ein kausaler Zusammenhang besteht, den sie sich in jeder Situation bewusst machen können. Sie fühlen sich schlecht, weil ein Bedürfnis von ihnen nicht beachtet, bedroht oder verletzt ist. Diese Vorstellungen können ihnen helfen, ihre Gedanken über sich selbst zu vertiefen und ihre Kommunikationsmöglichkeiten zu erweitern. Inwiefern? Vielleicht ist das Haustier einer Schülerin gestorben und sie ist sehr traurig. Sie kann nun nachdenken, welches Bedürfnis von ihr wohl verletzt ist. Vielleicht das Bedürfnis zu lieben? Dann ist sie traurig, weil sie ihrer Katze nicht mehr zeigen kann, wie lieb sie sie hat, wie gern sie sie weiter umsorgen und mit ihr spielen möchte. Die SchülerInnen kann sich nun fragen, welche Bedeutung die Liebe zu diesem Haustier für sie hat. Vielleicht liebte sie die Katze über alles. Dann hat sie durch ihren Tod etwas sehr Wertvolles verloren. All diese Gedanken kann sie Menschen mitteilen, denen sie vertraut, weil sie Mitgefühl mit ihr haben.

4. Warum bist du ängstlich, traurig, einsam, mitfühlend, hilflos, ärgerlich oder wütend?

Mit diesem Arbeitsblatt können sich die SchülerInnen noch einmal den Zusammenhang von negativen Gefühlen und nicht befriedigten Bedürfnissen bewusst machen.

5. Geschichte: Tiefe Trauer, weil die beste Freundin weggezogen ist

Die SchülerInnen lesen diese Geschichte über ein trauriges Mädchen, das auf ungewöhnliche Weise Trost findet[25], und interpretieren sie mit Hilfe von Fragen.

6. Geschichte: Tim überwindet seine Angst.

Die SchülerInnen besprechen diese Geschichte über einen kleinen Jungen, der seine Angst vor einem großen Hund verliert.[26] Es gibt sicherlich noch andere Geschichten, in denen Kinder „große Gefühle" erleben, und die im Unterricht alternativ besprochen werden können.

7. Erzählt der Klasse eigene Erlebnisse mit negativen Gefühlen.

Die SchülerInnen sollen auch lernen, über negative Gefühle und Erlebnisse zu sprechen. Als „roter Faden" bei der Planung ihrer Erzählungen können ihnen wiederum Fragen aus der „Emotionsanalyse" dienen.

8. Wir basteln eine Gefühle-Uhr.

Um den SchülerInnen zu zeigen, dass wir ihre Gefühle wichtig nehmen, sollten sie sich eine Gefühle-Uhr basteln und sie im Klassenzimmer - oder auch bei sich Zuhause - aufhängen. Zu Beginn eines Gesprächskreises zum Thema „Gefühle" können sie auf die Frage: „Wie fühlst du dich heute Morgen?" ganz einfach den Zeiger auf das entsprechende Bild stellen und erzählen, was geschehen ist und warum sie sich heute so fühlen. Die SchülerInnen können die Fotos aus diesen Unterrichtsmaterialien zum Basteln verwenden. Persönlicher ist es jedoch, wenn sie Fotos von sich selber machen, die den jeweiligen Gefühlsausdruck wiedergeben.

Modul 5

Sachanalyse: Wie sollen wir richtig auf Gefühle reagieren?

Gefühle rufen immer Reaktionen in unserer Umwelt hervor, die wiederum Rückwirkungen auf uns selber haben. Es gibt sozial wünschenswerte Reaktionen und solche, die uns verstören und den Eindruck hinterlassen, der andere Mensch versteht uns nicht, oder er interessiert sich nicht für uns.

Was wir uns nicht wünschen: herzlose Reaktionen

Im Alltag neigen wir oft dazu, unsere Gefühle zu unterdrücken oder sie uns nicht anmerken zu lassen und tragen nach außen hin Masken. Selbst im engsten Familienkreis erlauben wir uns Gefühle oft nicht. Ein wichtiger Grund dafür ist, dass wir schlechte Erfahrungen mit ihnen gemacht haben: Unsere Gefühle wurden von unseren Mitmenschen nicht ernst genommen, sie wurden uns abgesprochen oder als Schwäche oder Störung ausgelegt. Schon Kinder bekommen häufig Sätze zu hören wie: „Hör auf zu weinen!", statt getröstet zu werden. Kinder werden häufig beschimpft, wenn sie zu impulsiv oder ausgelassen sind und zu Gefühlsausbrüchen neigen. Besonders Jungen erleben oft, dass andere ihnen das Recht auf ihre Gefühle absprechen. Wie haufig wird ihnen gesagt: „Jungen weinen nicht". Gefühle zu haben, wird als Schwäche ausgelegt. Unter manchen Jugendlichen gilt es sogar als „cool", überhaupt keine Gefühle zu zeigen. Wenn Eltern die Gefühle ihrer Kinder ständig übergehen, können ihre Kinder psychisch und körperlich erkranken.

Didaktische Überlegungen

1. „Jungen weinen nicht!"

Die SchülerInnen sollen ankreuzen, welche Reaktionen sie sich von einem Menschen, den sie gern haben, auf ihre Gefühle gewünscht haben, und ob er so reagiert hat oder nicht. Sie sollen deuten, dass sie sich diese Reaktionen vielleicht deshalb gewünscht haben, weil sie von Gefühlsansteckung, Empathie, Hilfsbereitschaft, Fürsorge, Interesse und Verständnis zeugen. Anschließend sollen sie sich ein Beispiel aussuchen und erzählen, wann sie selber so gut auf einen Menschen reagiert haben.

2. Eine Tante reagiert herzlos auf Elisabeths Gefühl.

Mit diesem Arbeitsblatt lernen die SchülerInnen fünf Reaktionsweisen [27] kennen, die allesamt herzlos sind und keine Nähe und kein Vertrauen aufkommen lassen. Die Arbeitsfragen lauten: Wie reagiert die Tante auf Elisabeths Gefühl? Wie fühlt sich Elisabeth wohl bei diesen Reaktionen? Wenn du an Elisabeths Stelle wärest, wie würdest du dich fühlen?

Interpretation: Die Tante reagiert auf Elisabeths Traurigkeit, indem sie

- sie beschwichtigt
- ihr Gefühl wegrationalisiert
- von ihm ablenkt
- Elisabeth anklagt
- zeigt, dass es ihr gleichgültig ist.

- Manche Menschen reagieren auf die Gefühle anderer, indem sie sie beschwichtigen: Sie sagen z.B. „Es ist doch nicht so schlimm." „Es gibt für alles eine Lösung." Sie bagatellisieren die Gefühle anderer, sie spielen sie herunter, verharmlosen und unterbewerten sie. Sie möchten am liebsten, dass der andere so schnell wie möglich aufhört, so zu fühlen, wie er gerade fühlt.

- Andere reagieren, indem sie die Gefühle wegrationalisieren. Sie möchten zeigen, wie klug sie sind. Logik und gute Gedanken sind für sie die einzige Möglichkeit, mit den Gefühlen anderer umzugehen. Sie verwickeln sie in geistreiche Gespräche, statt ihnen zu erlauben, ihre Gefühle zu erleben. Im Grunde unterdrücken und ersticken sie sie damit, lassen sie nicht zu und auf sich wirken, sondern wehren sie von sich ab. Bei Erwachsenen ist oft zu beobachten, dass sie - wie in unserem Beispiel -, übermäßig stark an die Vernunft ihrer Kinder appellieren, selbst wenn diese noch sehr klein sind.

o Wieder andere Menschen lenken von den Gefühlen ab. Was sie sagen und tun, hat keine Beziehung zur Gefühlslage des Menschen, sie gehen überhaupt nicht darauf ein. Menschen, die immerzu ablenken, wollen den anderen auf andere Gedanken bringen. Sie dämmen die Gefühle ein, gebieten ihnen Einhalt. Sie wechseln meist das Thema oder lenken das Gespräch auf sich. Statt sich mit dem anderen Menschen und seinem Gefühl zu beschäftigen, sprechen sie über sich selbst.

o Und es gibt Menschen, die reagieren auf die Gefühlslage eines Menschen, indem sie sie anklagen. Sie denken oder sagen: „Du bist doch selber schuld, dass du dich so fühlst. Stell dich nicht so an. Du hast gar keinen Grund, dich so zu fühlen." Wer so reagiert, lässt sich von den Gefühlen eines anderen Menschen nicht berühren.

o Manche Menschen reagieren gleichgültig. Sie interessieren sich nicht für die Gefühle eines anderen, lassen sich nicht berühren. Gleichgültigkeit und Alleingelassen werden mit seinen Gefühlen sind vielleicht das Schlimmste, was wir anderen Menschen - neben körperlicher Gewalt - antun können.

Die SchülerInnen sollen interpretieren, dass alle Reaktionen zeigen, dass die Tante kein Mitgefühl mit Elisabeth hat, und sich Elisabeth bei allen Reaktionen in ihrer Traurigkeit nicht von der Tante verstanden fühlt.

Überregulierte Gefühle - Wenn die Seele stumm bleibt

Wer seine Gefühle schon als Kind und in seinem weiteren Leben übermäßig stark unterdrücken muss, schneidet sich immer mehr von einem Teil seines inneren Selbst ab. Er kann nicht mehr emotional auf seine Umwelt reagieren - weder auf die Androhung einer Strafe noch auf eine Belohnung. Seine Fähigkeit, sich zu freuen, geht ebenso verloren wie die, Schmerz oder Mitleid zu empfinden. Solche Menschen wirken gefühlskalt und wie eingefroren. Wenn Menschen von ihrem inneren Erleben abgetrennt sind und nichts mehr fühlen, der Fachterminus hierfür heißt Alexithymie, dann sind sie „gefühlsblind" und fühlen sich innerlich tot. Sie haben auch keinen Zugang mehr zu ihren Bedürfnissen. Gefühlsblindheit erschwert das menschliche Miteinander über alle Maßen. Denn gefühlsblinde Menschen verstehen auch die Gefühle und Bedürfnisse anderer nicht. Sie haben keinen Zugang zum Inneren anderer Menschen. Weil sie die Gefühle anderer nicht nachempfinden können, können sie sich nicht an ihnen orientieren und angemessen auf sie reagieren.

Gefühlsblinde Menschen haben keine Sicherheit in sich. Sie können sich nicht selbst vertrauen, müssen ständig über sich und andere nachdenken, und ihre Probleme ohne Herz, nur mit dem Verstand lösen.[28]

Manche Menschen - und darunter leider auch Eltern - sind so gefühlskalt, dass sie anderen großes Leid zufügen, ohne das geringste Mitgefühl mit ihnen zu haben. Zu unserem Entsetzen hören wir leider immer wieder aus den Nachrichten im Fernsehen oder in der Zeitung von unbarmherzigen Eltern, die ihren Kindern unermessliche Qualen zufügen und sie misshandeln.

3. Zeitungsartikel über gefühlskalte Eltern

In dem vorliegenden Artikel aus dem „Stern" „Polizei findet verwahrloste Kinder"[29] wird eine Nachricht aus dem „Hamburger Abendblatt" wiedergegeben. Zwei kleine Kinder, ein Junge und ein Mädchen wurden von ihrer Mutter und ihrem drogenabhängigen Lebensgefährten in einem dunklen, ungeheizten und völlig verschmutzten Raum gefangen gehalten. Nicht wegen der Kinder, sondern weil der Lebensgefährte die Mutter ausgesperrt hatte, rief sie die Polizei. Die Polizei öffnete die Wohnung und fand zwei völlig verwahrloste kleine Kinder. Beide wurden aus ihrem Zimmer befreit und in ein Kinderschutzhaus gebracht, in dem sie vor ihren grausamen Eltern in Sicherheit waren.

- o Nachdem die SchülerInnen das Arbeitsblatt gelesen haben, sollen mit ihnen folgende Fragen thematisiert werden: Dass Eltern ihren Kindern so etwas antun können, ist unfassbar. Was sind das für Eltern, die ihren Kindern so etwas antun? Sie müssen so kalt und herzlos sein, dass sie keinerlei Mitgefühl mit den Qualen haben, die ihre Kinder erleiden müssen.

- Was meint ihr, hätte man den Kindern vielleicht schon früher helfen können, bevor die Polizisten sie aus der Wohnung befreit haben? Die SchülerInnen sollen Vermutungen darüber anstellen. Viel zu häufig schauen Nachbarn, Verwandte, ErzieherInnen oder LehrerInnen weg, obwohl sie geahnt oder bemerkt haben könnten, dass es Kindern in ihrer Umgebung schlecht geht. Vielleicht haben sie Schreie gehört oder Verletzungen an den Kindern bemerkt und trotzdem niemanden über ihre Befürchtungen informiert. Vielleicht haben sie sich selber beruhigt, ohne auf ihre innere Stimme zu hören, dass etwas in der Familie nicht stimmen kann, dass Kindern Gewalt angetan wird. Welche Lehren können wir Erwachsene daraus ziehen? Wenn wir bemerken, dass Kinder in Gefahr sein könnten, sollten wir immer mit anderen darüber sprechen und Hilfe herbeiholen, z.B. die Polizei oder das Jugendamt benachrichtigen.

Wir möchten mit anderen über Gefühle zu sprechen.

Die Kinder in dem Zeitungsartikel konnten niemanden um Hilfe bitten, weil sie noch klein und sogar in der Wohnung eingesperrt waren. Wenn unsere SchülerInnen etwas innerlich bewegt, weil sie vielleicht ein Problem haben, das sie alleine nicht lösen können, ist es eine große Hilfe für sie, sich bei einem nahestehenden Menschen aussprechen und ihm ihre Gefühle, Gedanken und Bedürfnisse anvertrauen zu können. Dazu müssen sie in der Schule, in ihrer Familie oder ihrem Freundeskreis Menschen haben, denen sie vertrauen, und die sich aufrichtig für ihre Gefühle interessieren und sich die Zeit nehmen, mit ihnen darüber zu sprechen.

Was sie sich von solch einem Gespräch erhoffen können, ist Mitgefühl und Verständnis zu bekommen. Umgekehrt wünschen sich ihre Freundinnen und Freunde dasselbe von ihnen. Auch sie möchten, dass sie mit ihnen fühlen und sie verstehen. Welche sprachlichen, emotionalen und sozialen Fähigkeiten nötig sind, um ein Gespräch über Gefühle zu führen, sollen die SchülerInnen mit den folgenden Arbeitsblättern herausfinden.

Didaktische Überlegungen

1. Ich schenke dir mein Herz.

Eine erste Voraussetzung für ein solches Gespräch ist, dass sie einem anderen Menschen ihr Innerstes anvertrauen, ihre Gefühle, Gedanken und Bedürfnisse. Die SchülerInnen schauen sich die Fotos an und geben mit eigenen Worten wieder, was die Kinder tun.

2. Ein Gespräch, das von Vertrauen, Mitgefühl und Verständnis geprägt ist

Wie ein Gespräch - in idealer Weise - verlaufen kann, zeigt das Gespräch zwischen einem Vater und seinem Sohn sehr eindrucksvoll. Die SchülerInnen sollen daran lernen, wie Vertrauen, Verständnis und echte Nähe zwischen zwei Menschen entstehen können. Eine weitere Voraussetzung, um solch ein Gespräch zu führen, ist die Besprechung der Arbeitsblätter in Modul 1, 2 und 4. Die Schülerinnen lesen das Gespräch mit verteilten Rollen und schildern anschließend erste Eindrücke.

3. Über welche Eigenschaften verfügen der Vater und der Sohn? Unterstreiche in dem Gespräch, woran du sie erkennst.

Dieses Arbeitsblatt listet die einzelnen Kompetenzen auf. Die SchülerInnen sollen die entsprechenden Sätze unterstreichen.

- Körpersprachliche Signale wahrnehmen und deuten

Meist bemerken wir an einem Menschen körpersprachliche Zeichen, die auf eine besondere Gefühlslage hindeuten und uns aufmerksam machen und nachfragen lassen. Diese Beobachtung kann den Anlass bieten für ein einfühlsames und verständnisvolles Gespräch. Oder ein anderer bittet uns um ein Gespräch, indem er z.B. sagt: „Mir geht es nicht gut. Ich möchte gerne mit dir darüber sprechen." Der Vater sagt: „Ich habe das Gefühl, du hast Angst. Du zitterst ja am ganzen Körper."

- Auf das Gefühl eingehen und Fragen stellen

Der Vater geht auf den Sohn ein und fragt: „Hast du Angst vor etwas?"

- Gefühlen den richtigen Namen geben

Wenn wir verstanden werden möchten, müssen wir uns in uns selber einfühlen, unser Gefühl wahrnehmen und es sprachlich treffend bezeichnen können. Der Junge antwortet: „Ja, ich habe schreckliche Angst."

- Mitgefühl haben

Um mit einem Menschen mitfühlen zu können, müssen wir offen sein für seine Gefühle, müssen sie auf uns wirken und unser Herz anrühren lassen. Wir müssen uns von der sichtbaren Gefühlsregung des anderen anstecken lassen: von seinem Lachen, seiner Enttäuschung, seinem Liebeskummer, seiner Angst vor einer Klassenarbeit, seiner Unsicherheit, seiner Trauer über den Verlust eines lieben Haustieres, seinem Ärger über eine Ungerechtigkeit oder seiner Hilflosigkeit angesichts eines scheinbar unlösbaren Problems und zulassen, dass sich seine Gefühle auf uns übertragen. Dann fühlen wir in diesem Moment mit, was er fühlt oder fühlen zumindest ähnlich wie er. Wir empfinden körperlich an uns selbst, wie es ist, der andere Mensch zu sein, ohne jedoch das Gefühl dafür zu verlieren, wer wir selber sind.[30] Der Vater fühlt mit seinem Sohn mit. Er sagt: „Wenn ich dich so sehe, bekomme ich selber Angst. Komm mal her, setzt dich mal neben mich" und legt seinen Arm um die Schulter seines Sohnes.

- o Das Gefühl ernst nehmen und zulassen

Der Vater zeigt, dass er das Gefühl ernst nimmt. Er gibt ihm Raum und Zeit. Sein Sohn darf seine Angst haben und erleben. Der Vater spricht sie ihm nicht ab, indem er z.B. an seine Vernunft appelliert und sagt, sie sei unberechtigt, sondern respektiert, dass sein Sohn einen Grund hat, sich zu ängstigen. Er sagt: „Es ist bestimmt etwas Schlimmes vorgefallen, dass du solche Angst hast." Es ist wichtig für alle Menschen, dass sie ihre Angst zugeben dürfen, wenn sie sich ängstigen, weinen, wenn sie traurig sind, lachen, wenn sie glücklich sind oder dass Kinder sich austoben dürfen, wenn sie Spaß haben oder übermütig sind. Dies gilt für alle Gefühle. Gute Reaktionen können z.B. sein: „Wein dich ruhig aus, das erleichtert dich." oder „Du darfst noch etwas herumtoben." Oder: „Ich bin glücklich, wenn ich dich so glücklich sehe." Oder: „Ich freue mich mit dir." Oder: „Ich bin auch zufrieden, wenn du zufrieden bist."

- o Einfühlsam sein und den anderen verstehen wollen

Um einen Menschen verstehen zu können, benötigen wir Einfühlungsvermögen, Empathie. Empathie ist die Fähigkeit, in die „Haut des anderen schlüpfen" und ein Problem aus seiner Perspektive heraus zu verstehen. Wir sind empathisch, wenn wir uns z.B. fragen: Was ist geschehen oder geschieht immer noch mit dir, was dich emotional so stark berührt? Welche Gefühle, Gedanken und Bedürfnisse weckt dieses Erlebnis in dir und warum? Verstehen bedeutet dabei nicht zwangsläufig gutheißen, sondern nachvollziehen können, warum er sie hat. Der Vater versucht, sich gefühlsmäßig und gedanklich in die Lage seines Sohnes hineinzuversetzen. Dazu muss er sich noch besser vorstellen können, warum sein Sohn solche Angst hat. Er fragt deshalb zunächst: „Was um Gottes Willen ist geschehen?"

- Verständnis zeigen

Der Vater zeigt seinem Sohn, dass er ihn gut verstehen kann: „Wenn ich an deiner Stelle wäre und bedroht würde, hätte ich auch Angst."

- wissen, wann und warum Menschen im Allgemeinen bestimmte Gefühle haben

Mit diesem Wissen erfahren wir Wesentliches über einen anderen Menschen. Der Vater weiß, dass alle Menschen Angst haben, wenn sie sich in Gefahr befinden, körperlich oder seelisch verletzt zu werden, weil ein Bedürfnis von ihnen nicht beachtet, bedroht oder verletzt ist.

- nach den Gedanken fragen, aufmerksam zuhören und nachfragen

Unsere Gedanken haben großen Einfluss darauf, was wir fühlen und wie intensiv wir etwas fühlen. Der Vater möchte verstehen, welche Gedanken und Vorstellungen sein Sohn hat, die seine Angst mit hervorrufen oder begleiten. Er fragt zunächst: „Was stellst du dir vor, was könnte passieren? Welche Gedanken gehen dir durch den Kopf?" Die beste Möglichkeit, auf andere Menschen näher einzugehen, ohne das Gespräch auf ein anderes Thema oder auf sich selbst zu lenken, ist das aktive Zuhören:[31] Durch verständnisvolles Nachfragen und aufmerksames Zuhören begeben wir uns immer mehr in die Gefühls- und Gedankenwelt des anderen Menschen hinein und helfen ihm, sich seiner Situation bewusster zu werden. Wir äußern Vermutungen über seine Gefühle, Gedanken und Bedürfnisse und sind bereit, sie zu korrigieren, falls sie nicht stimmen. Wir spiegeln unsere Wahrnehmungen zurück, bis der andere das Gefühl hat, wirklich verstanden zu sein. Um Vermutungen über einen anderen anstellen zu können, müssen wir eigene Erinnerungen und Erfahrungen über ähnliche Situationen, die wir selber erlebt haben, in uns wachrufen und ansprechen, ohne deshalb das Gespräch auf uns selbst zu lenken. Was der andere uns erzählt, sollte unsere Einbildungskraft anregen und uns über das Erzählte hinaus weiter denken lassen, indem wir unsere Menschenkenntnis, unsere eigene Lebenserfahrung und unser Wissen über ähnliche Situationen einfühlsam in Worte kleiden.

- Vertrauen schenken

Der Sohn vertraut dem Vater seine Gedanken an. Weil er dies schon früher getan hat, erinnert sich der Vater daran. Er kann nun die Angst seines Sohnes noch mehr mitfühlen.

- Vertrauen nicht enttäuschen

Je besser wir einen Menschen kennen lernen, indem er sich bei uns ausspricht, umso tiefer wird unser Verständnis für ihn. Wir lernen einen Menschen dadurch gut kennen, dass er uns in Situationen, die für ihn eine große Bedeutung haben, sein Innerstes anvertraut. Wir befriedigen und befestigen sein Vertrauen, indem wir ihm die Erfahrung machen lassen, dass seine Gedanken, Gefühle und Bedürfnisse gut bei uns aufgehoben sind, dass wir sie ernst und wichtig nehmen und sie ihm nicht absprechen. Je verständnisvoller er uns empfindet, umso mehr wird er uns vertrauen. Dieses Vertrauen schafft erst wahre Liebe, Nähe und Geborgenheit. Wir müssen bereits in unserer Kindheit ein Ur-Vertrauen zu Menschen entwickelt haben, damit wir später unseren Partnern oder Freunden dieses Vertrauen entgegenbringen können.

Der Vater spürt das Vertrauen, das ihm sein Sohn in diesem Moment - wieder - entgegenbringt, und zeigt ihm, dass es gut bei ihm aufgehoben ist. Er sagt: „Das ist ja schrecklich, was du in der Schule erlebst. Ich bin sehr froh, dass du mir das alles erzählst und nicht für dich behältst. Ich will dein Vertrauen nicht enttäuschen und dir helfen. Wir müssen beide nach einer Lösung suchen. So geht das ja nicht weiter, dass du in der Schule bedroht wirst."

- nach dem Bedürfnis fragen

Der Vater fragt seinen Sohn nach seinem dringendsten Bedürfnis: „Welche Lösung wäre für dich am besten? Was wünscht du dir am meisten?"

- das eigene Bedürfnis erkennen und aussprechen

Der Sohn muss in der Lage sein, sich sein Bedürfnis bewusst zu machen und es auszusprechen: „Ich will keine Angst mehr haben in der Schule. Der Junge soll mich und auch andere Kinder in Ruhe lassen."

- das Verstandene zurückspiegeln, nachfragen

„Du hast Angst, weil dein Bedürfnis nach Sicherheit verletzt ist, und wünschst dir, dass der Junge dich in Ruhe lässt und du dich wieder sicher in der Schule fühlen kannst? Habe ich dich so richtig verstanden?"

- fragen, was er sich von ihm wünscht

Häufig helfen wir einem Menschen schon dadurch, dass wir ihm aufmerksam zuhören und ihm zeigen, dass wir mit ihm mitfühlen und ihn verstehen. Er wünscht sich darüber hinaus gar nichts Weiteres von uns, denn die Erfahrung, wirklich verstanden zu werden, ist für viele Menschen bereits mit einem Gefühl tiefer Erleichterung und des Trostes verbunden. Sehr oft gelingt es Menschen in einem verständnisvollen Gespräch, selber Lösungen für ihr Problem zu finden, nachdem ihnen ihr dringendstes Bedürfnis bewusst geworden ist. Sie wissen sich dann selber zu helfen. Der Vater fragt, was sich sein Sohn von ihm selbst am dringendsten wünscht, welches Bedürfnis er ihm gegenüber hat: „Und was wünscht du dir von mir?"

- gemeinsam Lösungen suchen, die das Bedürfnis erfüllen

In diesem Fall wünscht sich der Sohn tatkräftige Hilfe. Der Vater denkt nach, wie er seinem Sohn helfen kann. Er macht ihm einen Vorschlag und fragt: „Wärest du damit einverstanden?"

- Bedenken berücksichtigen

Der Sohn sollte mitentscheiden, wie er sich die Lösung seines Problems vorstellt und darf seine Bedenken zu einem Lösungsvorschlag äußern: „Ja, schon, aber vielleicht macht das alles noch schlimmer. Vielleicht wird er sich dann an mir rächen. Ich habe schreckliche Angst." Der Vater nimmt die Bedenken seines Sohnes ernst und geht auf sie ein: „Du hast Recht. Wenn er wirklich so gemein und aggressiv ist, könnte er auf solche Gedanken kommen. Umso wichtiger ist es, dem einen Riegel vorzuschieben."

- das Bedürfnis erfüllen

Der Vater ist entschlossen, seinem Sohn tatkräftig zu helfen. Er ruft deshalb den Schulleiter an und schildert ihm das Gespräch, das er gerade mit seinem Sohn geführt hat.

- sich bedanken

Der Sohn bedankt sich schließlich bei seinem Vater für seine Hilfe. Wenn all dies geschieht, dann wird sich der Sohn von seinem Vater wirklich verstanden und fürs Erste geholfen fühlen.

4. Denkt euch in Partnerarbeit ein Gespräch über ein Gefühl aus. Schreibt als Gedankenstütze Stichworte auf.

Mit dieser Übung sollen die SchülerInnen das Gelernte in ihre eigene Lebenswirklichkeit übertragen und ihren Dialog der Gruppe vortragen.

Was wir uns auch wünschen: Mitleid und Hilfe in Not

Mit den folgenden Arbeitsblättern sollen die SchülerInnen lernen, Mitleid mit notleidenden Menschen zu empfinden und dass Mitleid immer mit dem Wunsch verbunden, dem anderen zu helfen.

Interpretation: Manchmal ist unser Mitgefühl so stark, dass wir Mitleid mit einem anderen Menschen empfinden. Mitleid ist ein Mitgefühl, das wir haben, wenn ein anderer Mensch leidet. Es ist also überhaupt nichts Überhebliches, wie leider oft behauptet wird, sondern ein zutiefst menschliches Mitgefühl. Mitleid empfinden bedeutet: Es tut mir selber weh, wenn ich sehe, dass der andere leidet. Ich leide im wörtlichen Sinne des Wortes mit dem Menschen mit, dem Leid zugefügt wird. Ich spüre - und sei es auch nur für einen Augenblick - am eigenen Körper das Leid, das einem Menschen widerfährt, ich fühle einen stechenden Schmerz beim Anblick der Qual, die dieser Mensch erleidet.

Meist sind es schreckliche Bilder von Gewalttaten - z.B. im Fernsehen -, die plötzlich und unerwartet auf uns einströmen, oder Sinneseindrücke in unserer Nähe - wie hilflose Schreie, Hilferufe, Stöhnen, Jammern, Wimmern, Schluchzen oder ängstliche, aufgerissene Augen, entsetzte Blicke oder hilflose Körperhaltungen von Menschen -, die ungefiltert in uns eindringen, die unser Herz zerreißen und uns den Schmerz, den sie ausdrücken, mitfühlen lassen.

Im Angesicht eines hilflosen, notleidenden Menschen fühlen wir uns beim Mitleid urplötzlich in seine Lage versetzt, sind wir so empathisch, dass die Grenzen zwischen uns und dem leidgeprüften Menschen für einen Augenblick fast verschwimmen. Wir fühlen denselben stechenden Schmerz in uns, den dieser Mensch fühlt. Vermutlich ist das Gefühl des Mitleids untrennbar mit dem Gedanken verbunden, dass hier, in dieser Sekunde, ein unerträgliches Unrecht geschieht, etwas, was uns anrührt und deshalb sofort beendet werden muss.

Menschen, die gleichgültig weitergehen, wenn andere Menschen neben ihnen auf der Straße oder in der Straßenbahn gequält werden oder schreckliche Bilder von Tierversuchen sehen und die hilflosen Schreie der Tiere hören und dabei kein Mitleid empfinden, haben in diesem Moment kein Herz, das sich erbarmt, und darüber hinaus wahrscheinlich kein Unrechtsbewusstsein, bzw. sie schieben es, falls sie eines haben, beiseite und beruhigen sich damit.

Didaktische Überlegungen

1. Bildbetrachtung: Mitleid ist Barmherzigkeit.

In der christlichen Religion ist ein zentraler Wert die „Barmherzigkeit", die wir unseren Mitmenschen entgegen bringen sollen. Was Barmherzigkeit ist, erläutert das Lukas-Evangelium im „Gleichnis vom barmherzigen Samariter" (Lukas: 10,25-37). Der Künstler Julius Schnorr von Carolsfeld hat ein eindrucksvolles Gemälde zu diesem Gleichnis gemalt. Die Schülerinnen sollen das Bild beschreiben und erzählen, wie der Mann den Kranken behandelt.

2. „Gleichnis vom barmherzigen Samariter"

Den SchülerInnen wird der Text aus dem Lukas-Evangelium[32] vorgelesen und sie beantworten die Frage: „Der barmherzige Samariter hatte Mitleid mit dem leidenden Mann. Ohne zu zögern, hat er ihm geholfen. Was hat er getan?" Anschließend besprechen sie in der Gruppe, welche Lehre sie wohl aus diesem Gleichnis ziehen können.

Interpretation: Wenn wir Mitleid im Sinne von Barmherzigkeit mit einem Menschen empfinden, dann löst dieses Gefühl unmittelbar in uns den Wunsch aus, dem anderen geradezu selbstverständlich zu helfen. Wir sehen nicht tatenlos zu, wenn es einem anderen schlecht geht, sondern handeln beherzt, damit es ihm möglichst schnell wieder besser geht. Der barmherzige Samariter zögert keinen Moment mit seiner Hilfe. Er weiß sofort, was unbedingt zu tun ist. Heute würden wir sagen, er leistet „Erste Hilfe": Er versorgt zuerst die Wunden des Totkranken, dann bringt er ihn in eine Herberge, also in eine sichere Unterkunft und versorgt ihn dort weiter. Wir würden einen solchen kranken Menschen heute, nachdem wir „Erste Hilfe" geleistet haben, sofort in ein Krankenhaus bringen. Aber das gab es damals noch nicht. Bevor der Samariter seines Weges geht, kümmert er sich noch um die weitere Pflege und die Genesung des Kranken. Er kümmert sich darum, dass der Wirt den Kranken weiter versorgen wird, indem er ihm seine Ausgaben bezahlt. Darüber hinaus verspricht er, wieder zu kommen und dem Wirt seine Ausgaben zu bezahlen, falls ihm weitere Kosten entstanden sind. Damit hat der barmherzige Samariter im Grunde alles getan, damit der Kranke wieder gesund gepflegt werden kann. Es sind ganz einfache, wie selbstverständliche

Handlungen, die für den Kranken aber die bestmögliche Hilfe in seiner jetzigen Situation bedeuten.

3. Was empfindet ihr bei diesen Fotos? – Wie möchtet ihr den Kindern helfen?

Genau wie vor über 2000 Jahren gibt es immer wieder Menschen, die sich in einer ähnlichen Situation wie der verletzte Mensch aus dem Gleichnis befinden. Und auch heute wird Menschen Leid zugefügt. Mit diesem Arbeitsblatt, auf dem vier herzergreifende Fotos von Kindern gezeigt werden, die sich in einer Notlage befinden, sollen die SchülerInnen lernen, Mitleid mit leidenden Kindern zu empfinden und sich zu überlegen, wie sie ihnen gerne helfen würden, wenn sie dies könnten. Dazu eignen sich folgende Impuslfragen:

- Schaut euch bitte die Fotos an. Welche Gefühle haben die Kinder wohl?
- In welcher Situation befinden sie sich? Was könnte geschehen sein? Denkt euch eine Geschichte zu den Fotos aus.
- Wenn ihr an ihrer Stelle wäret, wie würdet ihr euch fühlen?
- Habt ihr Mitleid mit den Kindern?
- Welche Bedürfnisse der Kinder werden verletzt? Was wünschen sich die Kinder wohl von ganzem Herzen?
- Was würdet ihr euch in ihrer Situation von ganzem Herzen wünschen?
- Wenn ihr eine Freundin oder ein Freund dieser Kinder wärt und ihr könntet ihnen in diesem Augenblick helfen, was würdet ihr tun? Wie würdet ihr ihnen gerne helfen?

- Interpretation: Das erste Foto zeigt ein Mädchen im Bett. Neben ihr auf der Bettdecke liegt eine kleine Katze. Das Mädchen tut uns leid, denn es schaut sehr traurig und verloren in sich hinein und es scheint, als ob die kleine Katze sie nicht trösten könnte. Vielleicht ist das Mädchen krank und muss das Bett hüten und seine Eltern sind zur Arbeit gegangen. Das Mädchen ist traurig und fühlt sich allein gelassen. Vielleicht denkt es: Es dauert noch zwei Stunden, bis meine Mutter nach Hause kommt. Sie wünscht sich Geborgenheit und Trost von einem Menschen. Als Freundin oder Freund würden wir sie gerne trösten, ihr vielleicht einen warmen Tee kochen oder mit ihr spielen.

- Auf dem zweiten Foto sehen wir ein kleines Mädchen in großer Not. Das Mädchen sieht herzzerreißend aus und weckt unmittelbar Mitleid in uns. Es schaut mit großen, ängstlichen Augen auf eine große Hand, die es vielleicht schlagen wird. Ihr werden Schläge mit der Hand angedroht und wir sehen an dem Auge, dass das Kind schon verletzt worden ist. Das Kind wirkt hilflos und hat große Angst vor weiteren Schlägen. Dem Mädchen wird von einer erwachsenen Person Gewalt angetan. Das Mädchen wünscht sich, dass dieser Mensch Mitleid mit ihr hat und sofort aufhört, ihr weh zu tun. Es möchte vielleicht sagen: „Nein, bitte hör auf, mich zu schlagen." Als Freundin oder Freund würden wir uns in dieser Situation vielleicht schützend vor das Mädchen stellen und schreien: „Nein, nicht schlagen. Sehen sie denn nicht, dass sie Angst vor ihnen hat und sie ihr weh tun?" Wir würden versuchen, sie vor weiterer Gewalt zu beschützen und vielleicht so schnell wie möglich mit ihr aus der Wohnung laufen oder vor der Tür einer Nachbarin laut um Hilfe schreien, damit sie das Mädchen beschützt und vielleicht die Polizei anruft.

- Das dritte Foto zeigt drei Schülerinnen in einem Klassenraum. Ein Mädchen blickt uns entsetzt und hilfesuchend an. Das Mädchen tut uns leid. Zwei andere Mädchen tuscheln hinter ihrem Rücken über sie, erzählen Gemeinheiten über sie und lachen sie aus. Das Mädchen wird vielleicht von den beiden anderen Mädchen gemobbt. Das Mädchen fühlt sich hilflos. Es weiß sich nicht selber zu helfen und wünscht sich, dass wir Mitleid mit ihr haben und ihr helfen, damit die Mädchen aufhören, sie seelisch zu verletzen. Sie möchte vielleicht sagen: „Siehst du nicht, wie gemein die beiden zu mir sind? Sie quälen mich mit ihrem gemeinen Verhalten. Hilf mir bitte." Wir möchten dem Mädchen am liebsten sofort helfen und die beiden zur Rede stellen: „Was fällt euch ein? Hört sofort auf, so gemein hinter ihrem Rücken zu tuscheln. Seht ihr nicht, wie entsetzt sie über euer gemeines Verhalten ist?" Wir möchten, dass sie Mitgefühl mit dem Mädchen haben und möchten vielleicht auch der Lehrerin sagen, sie soll die beiden Mädchen sofort ermahnen, aufzuhören mit ihrem Tuscheln. Wir bitten die Lehrerin, mit der ganzen Schulklasse darüber zu reden, wie gemein es ist, ein Kind zu mobben und dass sie solch ein Verhalten in ihrer Klasse nicht duldet.

- Das vierte Foto zeigt eine Prügelei auf einem Schulhof. Ein älterer Junge will mit der Faust auf den Rücken eines Jungen boxen, der zusammengekrümmt auf dem Boden liegt. Der geschlagene Junge hält sich hilfesuchend am Bein des anderen fest und schützt seinen Kopf vor einem Boxhieb. Uns tut der Junge auf dem Boden leid. Er hat Angst und fühlt sich hilflos. Der ältere kräftigere Junge hält ihn am Zeug fest und beugt sich über ihn. Das Einzige, was der hilflose Junge in dieser Situation tun kann, um sich selbst zu helfen, ist, sich zusammen zu krümmen und seinen Kopf vor weiteren Schlägen zu schützen, weil sein Kopf der verletzlichste Körperteil ist. Er wünscht sich, dass der ältere Junge seine Hilflosigkeit fühlt und Mitleid mit ihm hat und aufhört, ihn zu schlagen. Er möchte vielleicht flehentlich sagen: „Nein, bitte hör auf. Du tust mir weh." Wir möchten dem Jungen am liebsten sofort helfen und den anderen anschreien: „Hör sofort auf, den Jungen zu schlagen. Siehst du nicht, dass er hilflos auf dem Boden liegt? Du tust ihm weh. Was fällt dir ein, lass ihn sofort los." Wir sollten uns aber nicht selber in Gefahr bringen, wenn der ältere Junge stärker ist als wir und wir befürchten müssen, dass er uns auch schlägt, wenn wir ihm zu nahe kommen. Wenn der ältere Junge trotzdem nicht aufhört, rufen wir so schnell wie möglich Hilfe herbei von Personen, die sich in der Nähe befinden, am besten einen Lehrer oder eine Lehrerin: „Bitte, helfen sie ihm, ein Junge wird da drüben zusammen geschlagen." Wenn wir solch eine Prügelei außerhalb der Schule auf der Straße oder in einem Park sehen, sollten wir mit dem Handy - wenn möglich - so schnell wie möglich die Polizei anrufen und sagen: „Kommen sie bitte schnell her. Hier wird ein Junge von einem älteren zusammen geschlagen" und genau den Ort sagen, wo dies passiert. Wir können auch einen anderen mit einem Handy bitten, die Polizei zu rufen, wenn wir selber kein Handy haben.

4. Plakat zum Thema „Mitleid und Hilfe in Not"

Die SchülerInnen gestalten aus den Fotos sowie Zeitungsausschnitten ein Plakat und schreiben dazu, wie sie sich verhalten möchten, wenn Kinder leiden, weil sie krank sind oder ihnen Gewalt angetan wird. Hier könnte auch angesprochen werden, dass es eine bedrückende Erfahrung eigener Hilflosigkeit ist, Menschen in Not aus ganzem Herzen helfen zu wollen, es aber nicht zu können, weil man das Gefühl hat, die eigenen Hände seien gebunden. Wir machen solche Erfahrungen, wenn wir im Fernsehen z.B. Bilder von Kindern sehen, die in Afrika Hunger leiden oder die bei einem Erdbeben ihre Eltern verloren haben. Die Schüler-Innen sollten mit solchen Erfahrungen nicht allein gelassen werden, sondern ihnen sollten Wege aufgezeigt werden, welche Möglichkeiten zu helfen es gibt. Das Plakat wird im Klassenraum aufgehängt.

Modul 6

Sachanalyse: Gefühle beeinflussen immer unser Verhalten.

Obwohl unsere Gefühle sehr bedeutsam sind, antworten wir auf die so häufig gestellten Warum-Fragen wie: „Warum hast du mich in der letzten Zeit nicht einmal angerufen?" meist mit Gedanken. Wir sagen z.B.: „Weil mich meine Arbeit so sehr in Anspruch genommen hat." Nur selten antworten wir, dass ein Gefühl unser Verhalten beeinflusst hat: „Ich hatte

Angst, dass du mir Vorwürfe machst. Darum habe ich das Telefonat immer wieder hinaus gezögert." Wenn wir doch mitunter so antworten, dann geht unser Gesprächspartner häufig nicht auf unser Gefühl ein, sondern lenkt das Gespräch von ihm weg auf seine Gedanken.

Der Einfluss von Gefühlen auf unser Denken und Verhalten wurde lange Zeit von der Psychologie unterschätzt. Erst in den letzten Jahren haben Emotionen eine Aufwertung erfahren. Heute weiß man, dass Gefühle all unsere Verhaltensweisen und Gedanken lenken. So vernünftig unsere Gedanken und Absichten auch seien mögen, ohne Gefühle würden wir sie nicht entwickeln und erst Recht nicht in Handlungen umsetzen können. Sprachlosigkeit in Bezug auf Gefühle wird ihrer Bedeutung nicht gerecht.[33] Deshalb sollten wir sie uns so oft wie möglich bewusst machen und kommunizieren.

Positive Gefühle haben eine belebende, motivierende Wirkung auf unser Verhalten. Sie spornen z.B. zu höheren Leistungen an und lassen Anstrengungen leichter erscheinen. Vieles fällt uns zu, worum wir uns in einer anderen Gefühlslage hätten bemühen müssen. Außerdem wirken sich gute Gefühle positiv auf unsere zwischenmenschlichen Beziehungen aus, da sie „ansteckend" sein können. Zuneigung und Liebe z.B. sind meist mit einer fürsorglichen Haltung verbunden. Wenn wir uns anderen gegenüber fürsorglich und verständnisvoll verhalten, führt dies dazu, dass wir auch von ihnen gemocht oder geliebt werden.[34]

Negative Gefühle verbrauchen viel Kraft, weil sie meist gegen etwas gerichtet sind. Deutlich wird dies z.B. beim Traurig sein. Trauer ist eine gefühlsmäßige Reaktion darauf, dass wir etwas Wertvolles - z.B. einen lieben Menschen - verloren haben. Wir erleiden diesen Verlust und ertragen ihn. Traurigkeit ist etwas Schweres, Erdrückendes, Lähmendes und Betäubendes. Große Trauer drückt uns nieder. Alles, was wir tun, fällt uns nun schwer.

Manche Menschen trauern so sehr, dass sie nicht mehr nur unter dem Verlust eines Menschen, sondern unter ihrer Traurigkeit selber leiden, weil ihr Gefühl sie nicht mehr verlässt und mit der Zeit auch nicht schwächer wird. Sie sind unfähig, andere Gefühle zuzulassen, weil sich um alles, was sie umgibt, ein Schleier der Traurigkeit legt. Wenn Gefühle diesen problematischen Charakter annehmen, bedürfen sie einer besonderen Aufmerksamkeit und die Menschen brauchen Hilfe, z.B. durch eine Therapie. Einerseits werden sie vielleicht psychisch krank. Andererseits leiden auch ihre Beziehungen darunter, weil diese Menschen, solange sie dieses ungelöste emotionale Problem mit sich haben, meist nicht die Kraft aufbringen, durch ihr Verhalten für gute zwischenmenschliche Beziehungen zu sorgen und sich vielleicht abkapseln oder sich sogar vor ihren nächsten Angehörigen zurückziehen.

Für ihr seelisches Wohlergehen sind sie - wie alle Menschen - aber auf gute zwischenmenschliche Beziehungen angewiesen. Ihr eigenes emotionales Problem hat schließlich soziale Probleme zur Folge und es wird für sie immer schwieriger, einen Ausweg zu finden. Diese Menschen müssen lernen, mit ihrer Traurigkeit so umzugehen, dass sie langsam vergeht und sie wieder befriedigende Bindungen zu anderen Menschen eingehen können. Ohne fremde Hilfe schaffen dies einige nicht. Dasselbe gilt für alle intensiven Gefühle. Weil es eines unserer wichtigsten Bedürfnisse ist, gute zwischenmenschliche Kontakte aufzubauen und zu pflegen, müssen wir lernen, mit unseren Gefühlen so umzugehen, dass sie unseren Beziehungen nicht schaden. Leider verlieren wir dieses Ziel manchmal aus den Augen, besonders, wenn wir uns streiten, und Gefühle wie Ärger oder Wut die Oberhand gewinnen.

Wir wissen eigentlich noch zu wenig darüber, wie wir mit intensiven Gefühlen der Trauer, der Angst, der Schuld, der inneren Einsamkeit oder z.B. Verlassenheit umgehen können, damit sie schwächer werden oder ganz weggehen und unsere Beziehungen zu anderen Menschen nicht belasten. Oft gelingt es uns, sie zu verdrängen und nicht mehr zu spüren. Unbewusst beeinflussen sie dennoch weiterhin unser Verhalten und Fühlen. Wenn es für Erwachsene schwer ist, mit ihren Gefühlen „richtig" umzugehen, wie viel schwieriger ist dies für Kinder und junge Heranwachsende.

Unsere Gefühle wecken in uns immer eine „Neigung, sich der Emotion entsprechend zu verhalten".[35] Wenn wir Mitleid mit jemandem empfinden, erzeugt dieses Gefühl unmittelbar in uns den Wunsch, ihm tatkräftig zu helfen und die leidvolle Lage dieses Menschen zu verbessern oder zu beenden. Wir äußern anderen Menschen unsere Gefühle also nicht nur durch körpersprachliche Signale, indem wir sie benennen und mit anderen vertrauensvoll über sie sprechen. Wir drücken sie auch immer in einem bestimmten Verhalten aus. Dieser vierte Gefühlsausdruck soll in diesem Modul thematisiert werden.

Welche unmittelbare Neigung, uns zu verhalten, wir haben, können wir am besten herausfinden, indem wir uns fragen: Was möchte ich jetzt sofort am liebsten tun? Wenn ich jemanden leiden sehe, habe ich Mitleid mit diesem Menschen? Möchte ich mich am liebsten sofort schützend vor ihn stellen?

Tatsächlich gibt es noch andere Möglichkeiten, einem notleidenden Menschen zu helfen. Wir können z. B. eine andere Person um Hilfe bitten oder die Polizei verständigen. Wir können ihn versorgen und - wie der barmherzige Samariter - unmittelbar erste Hilfe leisten. Bevor wir etwas tun, können wir ihn fragen, was er sich von uns wünscht. Welche konkrete

Handlung in dieser Situation sozial wünschenswert und hilfreich ist, müssen wir entweder schon gelernt und verinnerlicht haben und deshalb das Richtige tun oder durch Überlegung und Lernen heraus finden. Der Maßstab, den wir anlegen wollen, um Verhaltensweisen als hilfreich oder nicht hilfreich beurteilen zu können, ist immer, ob sie einer zwischenmenschlichen Beziehung nützlich sind und der Befriedigung der Bedürfnisse dienen oder ob sie ihr schaden.

Was wir Erwachsenen aufgrund eigener Lernerfahrungen wissen, können wir bei unseren Kindern nicht einfach voraussetzen. Uns ist bewusst, dass es immer mehrere Möglichkeiten - gute und schlechte - gibt, uns unseren Gefühlen entsprechend zu verhalten. Welche für uns selber und für unsere Mitmenschen sozial wünschenswert und welche nicht wünschenswert sind, müssen Kinder erst lernen. Sie haben in ihrem Leben bisher vielleicht nur eine Möglichkeit kennen gelernt, z.B. auf Gewalt mit Gegengewalt zu reagieren, und die ist sozial unangemessen.

Leider wissen auch wir Erwachsene nicht immer, welche Verhaltensmöglichkeiten uns unsere Emotionen nahelegen. Es gibt unendlich viele, sich mitunter nur in Nuancen unterscheidende Gefühle (wie z.B. Traurigkeit und Verzweiflung), über die wir uns selten oder gar keine Gedanken machen. Wenn wir über sie nachdenken würden, dann könnten sie uns Überraschendes und Bedeutsames über unsere Psyche mitteilen. Gleichzeitig würden wir staunen, wie reich die deutsche Sprache an Wörtern und Redewendungen ist, mit denen wir emotionale Vorgänge genau und bildhaft beschreiben können. Beim Verfassen dieser Unterrichtsmaterialien hat mich dieser Reichtum immer wieder in Erstaunen versetzt.

Wir wissen z.B. dass unsere Angst uns raten kann, wenn wir in einer Gefahrensituation sind: „Geh der Gefahr aus dem Weg, vermeide die Gefahr!" oder „Lauf so schnell, wie du kannst, weg!" oder „Beweg dich nicht!" oder „Beseitige die Gefahr!" Angst warnt uns und schützt uns vor Gefahren. Sie gibt uns eine innere Richtschnur an die Hand, an der wir uns orientieren können. Sie ist - wie alle anderen Gefühle auch - ein sinnvolles Gefühl, weil sie uns darüber informiert, dass unser Bedürfnis nach Sicherheit, Vertrauen oder vielleicht körperlicher Unversehrtheit bedroht ist, und wir etwas tun müssen, um uns vor der Gefahr zu schützen.[36] Angst erzwingt oder determiniert aber kein bestimmtes Verhalten [37]. Wir sind frei und können aus verschiedenen Handlungsmöglichkeiten wählen: wir vermeiden die gefährliche Situation oder wir verlassen sie, wir erstarren vor Angst in ihr oder wir bewältigen sie. Um herauszufinden, welche Verhaltensweise in einer konkreten Situation hilfreich ist, müssen wir nach ihrer Bedeutung fragen.

Nehmen wir an, eine Mutter liegt schwer krank im Bett. Ihre Tochter hat große Angst, dass sie sterben könnte. Wie kann sie mit ihrer Angst umgehen? Vor lauter Angst, sie sterben sehen zu müssen, vermeidet sie es, ihr Zimmer zu betreten. Durch diese Vermeidungshaltung wird ihre Angst vor dem Verlust der Mutter immer stärker. Sie entwickelt eine Angst vor der Angst.

Vielleicht traut sie sich aber auch in ihr Zimmer. Die Angst, sie könnte sterben, treibt sie augenblicklich zur Flucht an. Sie läuft aus dem Zimmer heraus. Auch hierdurch wird ihre Angst immer stärker.

Vielleicht wagt sie es, sich an ihr Bett zu setzen. Beim Anblick des Gesichts der kranken Mutter erschreckt sie so sehr, dass sie vor Angst erstarrt. Sie ist innerlich wie gebannt, unfähig, sich von der Stelle zu bewegen, unfähig, einen klaren Gedanken zu fassen. Ihre Angst hat sie fest im Griff. Wenn sie aus dieser Angststarre heraus handelt, dann nur noch so, dass sie funktioniert, dass ihre Handlungen wie nach einem Schema ablaufen.

Eine vierte Möglichkeit, mit Angst umzugehen, ist, sie zu bewältigen, indem sie sich mit ihr auseinandersetzt, sich ihr stellt und lernt, sie zu ertragen. Indem sie sich voller Angst in die angstauslösende Situation, an das Krankenbett ihrer Mutter begibt und es aushält, ihr beisteht statt wegzulaufen, lernt sie langsam, mit ihrer Angst umzugehen. Sie gewöhnt sich nach und nach an die Situation und lenkt ihre Gedanken vielleicht von sich weg und auf ihre Mutter zu. Was kann sie tun, um ihr beizustehen? Sie kann ihre Hand halten, ihr tröstliche Worte spenden, ihr sagen, wie sehr sie sie liebt und dass sie sie nicht verlieren möchte. Aus der Konfrontationstherapie wissen wir, dass Angst schwächer wird, wenn Menschen eine angstauslösende Situation aushalten und Gedanken, die ihre Angst verstärken, überwinden und an ihrer Stelle vertrauensvollere Gedanken denken. Diese vierte Verhaltensweise ist die für die Mutter und die Tochter hilfreichste.

Wie sie sich angesichts ihrer kranken Mutter tatsächlich verhält, steht ihr frei. Wir müssen an dieser Stelle freie Handlungen von Affekthandlungen unterscheiden, die im Zustand hochgradiger Erregung begangen werden und quasi deterministisch, also unfrei erfolgen.

Unsere Gefühle motivieren (bewegen) uns, uns unserem Gefühl entsprechend zu verhalten. Sie zeigen uns aber nicht im Vorhinein, wie wir uns in einer Situation sozial hilfreich verhalten können. Dazu müssen wir uns die Bedeutungen und möglichen Konsequenzen der verschiedenen Verhaltensmöglichkeiten bewusst machen.

Dies soll ein zweites Beispiel verdeutlichen: Wenn wir uns schämen, weil wir eine Regel verletzt haben, dann kann uns dieses Gefühl innerlich antreiben zu lügen und jegliche Schuld abzustreiten. Mit diesem Verhalten glauben wir, uns aus unserer misslichen Lage befreien zu können. Tatsächlich gelingt uns dies ja auch oft. Allerdings steht zwischen dem Menschen, den wir belügen, und uns in Zukunft diese Lüge. Und es kann schwerwiegende Konsequenzen für uns selbst und unser Zusammenleben haben, wenn wir unsere Beziehung zu einem Menschen auf einer Lüge aufbauen.

Wir können uns auch demütig verhalten: Wir senken vielleicht den Kopf, erröten und vermeiden Blickkontakt. Dieses Verhalten soll den anderen Menschen besänftigen und ihn von Bestrafungen absehen lassen. Wir können uns auch reuig zeigen, unseren Fehler ehrlich eingestehen und uns aufrichtig dafür entschuldigen. Dieses Verhalten kann dazu dienen, einen guten und wahrhaftigen zwischenmenschlichen Kontakt wieder herzustellen.

Welches Verhalten ist möglich, wenn wir uns ärgern und streiten? Wir ärgern uns, wenn wir uns ungerecht, gemein oder unfair behandelt fühlen. Unser Ärger motiviert uns, uns gegenüber demjenigen zu wehren, der uns diese Ungerechtigkeit zufügt. Wie bei den anderen Gefühlen auch, haben wir verschiedene Möglichkeiten, mit unserem Ärger umzugehen:

Wir können uns wehren, indem wir den anderen laut beschimpfen und zurückbeleidigen oder tätlich angreifen und Gegengewalt anwenden. Mit diesem Verhalten schaden wir uns selbst und der Beziehung zu diesem Menschen.

Wir können uns mit bestimmten Gedanken und gewaltsamem Verhalten in Wut hineinsteigern und einen Wutanfall bekommen und außer uns geraten. Bei einem Wutanfall verlieren wir - für kurze Zeit - teilweise oder völlig die Kontrolle über uns selbst. Nach einem Wutanfall fühlen wir uns meistens schlecht und schämen uns für unser Verhalten. Am liebsten möchten wir es ungeschehen machen. Ein Wutausbruch führt fast nie dazu, dass der andere sein Verhalten ändern wird und wir uns wieder besser verstehen.

Wir können versuchen, unsere Wut an Gegenständen abzureagieren, wie uns Befürworter der so genannten Katharsis-Hypothese raten. Diese Theorie wurde jedoch schon vor längerer Zeit widerlegt. Studien amerikanischer Psychologen haben gezeigt, dass Probanden, die ihre Wut an einem Sandsack ausließen, anschließend aggressiver waren als vorher. Diese Erkenntnis lässt sich verallgemeinern: Wenn wir unsere Wut offen ausleben, wird sie nicht schwächer, sondern noch stärker.[38]

Wir können uns bewusst sagen: „Wenn ich jetzt aus Ärger etwas sage oder tue, dann bereue ich das bestimmt hinterher. Deshalb ist es besser, dem anderen erst einmal aus dem Weg zu gehen." Dieses Verhalten hilft uns, die Kontrolle über uns zurück und Abstand zu der Situation zu gewinnen. Wir können versuchen, uns auf andere Gedanken zu bringen, unseren Stress durch sportliche Betätigung abbauen oder uns mit verschiedenen Entspannungstechniken beruhigen.

Wir unterdrücken unseren Ärger nicht, sondern lenken ihn in richtige Bahnen, indem wir z.B. laut und deutlich sagen: „Hör sofort auf, mich zu schupsen. Du hast kein Recht, mich zu schupsen. Was fällt dir ein. Ich ärgere mich darüber." Mit diesem Verhalten setzen wir dem anderen Grenzen und weisen die Ungerechtigkeit mit unseren Worten zurück.

Oder wir sagen: „Ich möchte mit dir einmal in Ruhe sprechen. Ich ärgere mich über dich." Mit diesem Verhalten möchten wir herausfinden, was sich hinter unserem Ärger und dem Verhalten des anderen verbirgt. Warum ärgere ich mich? War es wirklich ein feindseliger Angriff gegen mich? Hat er es absichtlich getan? Oder war es vielleicht nur Unwissenheit, Unbeholfenheit oder ein Versehen? In einem Gespräch möchten wir dem Konflikt auf den Grund gehen und uns selber und den anderen besser verstehen und uns versöhnen. Dass es diese verschiedenen Verhaltensmöglichkeiten gibt und welche Bedeutung sie jeweils haben, lernen die Schülerinnen mit diesen Unterrichtsmaterialien.

Im zweiten Teil, in dem wir uns mit zwischenmenschlichen Konflikten beschäftigen, thematisieren wir zwei gegensätzliche Verhaltenswiesen, mit negativen Gefühlen und unbefriedigten Bedürfnissen umzugehen, nämlich gewaltlos oder gewaltsam. Wir nennen sie „Giraffen-Verhalten" und „Wolfs-Verhalten". Die Verwendung dieser Metaphern hat den Vorteil, dass wir die eben beschriebenen verschiedenen Verhaltensmöglichkeiten gut unter sie subsumieren können.

Sozial nicht wünschenswertes Verhalten

Die SchülerInnen lernen mit Hilfe dieser einprägsamen Tiermetaphern, dass wir Menschen uns leider manchmal wie „Wölfe" benehmen und einen Streit anzetteln, den wir mit gewaltsamen Mitteln austragen und dass wir leider oft auf „Wölfe" wie „Wölfe" reagieren und Gegengewalt ausüben. Mit beiden Verhaltensweisen schaden wir uns selber und unserer Beziehung zu dem anderen Menschen.

Sozial wünschenswertes Verhalten

Die SchülerInnen lernen danach, dass sie auf einen „Wolf" auch wie eine „Giraffe" reagieren können: Sie wenden entweder die so genannte „Stopp-Regel" an, damit der „Wolf" sofort aufhört, sich wie ein „Wolf" zu benehmen (vgl. „Wir führen die Stopp-Regel ein.") Oder sie bitten um ein Streitschlichtungsgespräch, damit eine Streitschlichterin oder ein Streitschlichter ihnen hilft, ihren Streit gewaltlos zu lösen. (vgl. „Wir führen die Streitschlichtung ein.") Oder sie sagen zu dem „Wolf": „Ich möchte gerne einmal in Ruhe mit dir sprechen und mich mit dir um eine gute Lösung für unserer Problem streiten (vgl. „Wir reagieren auf einen „Wolf" wie die „Giraffen".) Sozial wünschenswertes Verhalten zeigen sie, wenn sie sich bei einem Streit beide wie zwei „Giraffen" benehmen. Dabei bitten sie sich gegenseitig mit viel Gefühl, ihre Bedürfnisse zu erfüllen (vgl. Modul 14).

Gefühle wirken sich nicht nur auf unser Verhalten aus, sie haben auch großen Einfluss auf unsere Entscheidungen. Dazu ein Beispiel: Ich frage mich: „Soll ich heute Nachmittag meinem Freund beim Umzug helfen oder mir lieber das Fußballspiel ansehen?" Was ich tun werde, hängt entscheidend von meinen Gefühlen ab: Vielleicht ruft die bloße Vorstellung, meinen Freund im Stich zu lassen, in mir ein Schuldgefühl hervor und die Aussicht auf einen Fernsehabend Vorfreude.

Wenn mein Schuldgefühl schwerer wiegt als meine Vorfreude auf das Fußballspiel, dann werde ich mich dafür entscheiden, meinem Freund zu helfen. Mit dieser Entscheidung vermeide ich, ein Schuldgefühl zu bekommen. Wenn ich mir vorstelle, wie es ist, meinem Freund zu helfen, dann freue ich mich darauf, denn der gemeinsame Umzug wird uns Spaß machen und unsere Freundschaft noch vertiefen. Mein Freund wird sich über meine Hilfe freuen und mir bestimmt dankbar sein.

Wir können uns im Vorhinein, vor einer Handlung vorstellen, antizipieren, wie wir uns bei einem bestimmten Verhalten fühlen werden und treffen danach unsere Entscheidungen.[39] Unsere Gefühle sind also in gewisser Weise ein innerer Kompass, der uns hilft, uns richtig zu verhalten. Wie erwerben wir diesen inneren Kompass? Die Antwort lautet: mit Hilfe unseres emotionalen Gedächtnisses.

Emotionales Gedächtnis

Der Sitz unseres emotionalen Gedächtnisses in unserem Gehirn ist der Mandelkern, die Amygdala. In ihm sind emotionale Erinnerungen an bedeutsame Erlebnisse vor allem aus unserer Kindheit gespeichert.[40] Wenn wir als Kinder oder Jugendliche in gleichen Situationen immer wieder ein bestimmtes Gefühl erlebt haben, dann speichert unser emotionales Gedächtnis diese Verknüpfung von Gefühl und Situation. Geraten wir dann wieder in diese (oder eine ähnliche) Situation hinein, so erregt dieses Ereignis in unserem Gehirn den Mandelkern und erzeugt in uns wieder dasselbe Gefühl wie früher. Es bedarf nur eines kleinen äußeren Anstoßes, einer kleinen Aufmerksamkeit, auf die uns ein Ereignis hinlenkt, und schon erleben wir das gleiche Gefühl wie in früheren ähnlichen Situationen. Vielleicht ist es der Glanz der Lichter am Weihnachtsbaum, der in uns ein Gefühl tiefen Glücks oder ein Gefühl tiefen Schmerzes erzeugt, weil wir in unserer Kindheit dieses Glück oder diesen Schmerz zu Weihnachten öfter erlebt haben. Wir spüren es vielleicht an der Rührung, die uns einfach überfällt oder der Wehleidigkeit, die wir fühlen und die uns weh tut. Manchmal ist es auch ein einziges, bedeutsames Erlebnis, ein so genanntes Schlüsselerlebnis, das sich tief in unser emotionales Gedächtnis einprägt. Wenn uns irgendetwas in einer gegenwärtigen Situation unbewusst an dieses Ereignis erinnert, kommt dasselbe Gefühl wieder in uns hoch, das wir damals gespürt haben. Meist wissen wir nicht, warum wir dieses Gefühl jetzt haben, weil wir uns an das prägende Erlebnis aus der Kindheit selbst nicht mehr erinnern. Wir fühlen uns nur einfach glücklich oder wehleidig, ohne wirklich sagen zu können, warum. Unser emotionales Gedächtnis begleitet uns ein Leben lang.

Im Mandelkern speichern wir unsere Lebenserfahrungen und die mit ihnen einhergehenden Gefühle. Sie hinterlassen tiefe Spuren in unserem emotionalen Gedächtnis und können jederzeit wieder durch ähnliche Ereignisse lebendig werden. Wir müssen das Ereignis nicht tatsächlich noch einmal erleben, damit es die gleichen Gefühle wie früher weckt. Schon die bloße Vorstellung, dass dieses Ereignis wieder eintreten könnte, kann die Erinnerung an die Gefühle von damals wecken: Damals habe ich mich schuldig gefühlt, weil ich meinen Vergnügungen nachgegangen bin, anstatt meinem Freund zu helfen. Beinahe wäre unsere Freundschaft dadurch zerstört gewesen. Ich will das nicht noch einmal erleben. Mein emotionales Gedächtnis schützt oder warnt mich innerlich davor, den gleichen Fehler noch einmal zu machen und meine Freundschaft aufs Spiel zu setzen.

Mit unseren Gefühlen bewerten wir schon als Kleinkinder Situationen daraufhin, welche Bedeutung sie für sie haben. Wird in einer Situation mein Bedürfnis von meiner Mutter oder meinem Vater erfüllt, missachtet oder verletzt? Wenn Kinder die Erfahrung mehrmals machen, dass in bestimmten Situationen immer wieder ein bestimmtes Bedürfnis von ihrer Mutter oder ihrem Vater erfüllt, missachtet oder verletzt wird, dann speichern sie diese Erfahrungen und Bewertungen auch in ihrem emotionalen Gedächtnis.

Kinder lernen schon früh zwischen ihren eigenen und den Gefühlen anderer Menschen zu unterscheiden und einen Zusammenhang zu entdecken zwischen den eigenen Verhaltensweisen und den Gefühlen, die sie in anderen Menschen hervorrufen: Wenn ich lieb bin und tue, was meine Mutter sagt, z.B. mein Zimmer aufräume, dann freut sich meine Mutter. Sie lächelt mich an, nickt mir freundlich zu und hat lobende Worte für mich. Wenn ich weine, dann ist meine Mutter auch traurig und hat Mitgefühl mit mir und nimmt mich in den Arm und tröstet mich. Wenn ich frech bin und vor Wut herumtobe, dann beachtet mich meine Mutter nicht, dann tut sie so, als wäre ich gar nicht vorhanden. Wenn ich meine Mutter belüge, dann ärgert sie sich über mich und schimpft mich aus. Oder, wenn ich mit einer „Vier" in der Klassenarbeit nach Hause komme, dann ist mein Vater besonders wütend und schimpft. Er zeigt mir, dass ich in seinen Augen ein „Versager" bin und gibt mir zu verstehen, dass ich ein faules oder dummes Kind bin.

Je bedeutsamer die Situationen sind, in denen Kinder solche Erfahrungen immer wieder machen, umso tiefere Spuren hinterlassen sie in ihrem emotionalen Gedächtnis. Sie lernen an den Reaktionen ihrer Eltern, welche Gefühle und Verhaltensweisen ihre Gefühle und Verhaltensweisen bei ihren Eltern auslösen, ob sie böse oder ärgerlich, zufrieden oder mitfühlend mit ihnen sind und sie lernen, welches Verhalten sich ihre Eltern von ihnen wünschen und welches sie ablehnen.

Je liebevoller und verständnisvoller Eltern auf ihre Kinder reagieren, sie für eine gute Tat loben und z.B. mit einem zustimmenden Lächeln oder etwas anderem Schönen beschenken, um so eher werden diese bereit sein, sich nach den Wünschen ihrer Eltern und sozial angemessen zu verhalten, weil sie mit ihrem Verhalten die Erwartung verbinden können, dass sich ihre Eltern dann über sie freuen und wichtige Bedürfnisse von ihnen befriedigen: dass sie sie lieben, sie loben, ihnen Zuneigung und Aufmerksamkeit schenken, zärtlich zu ihnen sind, ihnen Geborgenheit geben, mit ihnen spielen … (vgl. „Welche Bedürfnisse hast du?").

Wenn Eltern immer wieder in bestimmten Situationen auf das Verhalten ihrer Kinder mit Ärger, Wut, Enttäuschung oder mit psychischer Gewalt, z.B. Liebesentzug, Zurückweisung, Ablehnung, massiver Kritik oder unangemessen harten Strafen oder sogar mit körperlicher

Gewalt reagieren, dann suchen Kinder für sich nach Auswegen, wie sie sich vor diesen Reaktionen ihrer Eltern schützen können. Sie entwickeln bestimmte ängstliche oder im anderen Extrem aggressive Verhaltensweisen. Sie ziehen sich vor der Gewalt ihrer Eltern ängstlich und hilflos in ihre innere Welt zurück und sind auch anderen Menschen gegenüber sehr schüchtern, trauen sich vieles nicht selber zu, stehen meistens abseits, trauen sich nichts zu sagen oder wenn doch, dann mit leiser, ängstlicher Stimme. Ihr Rückzug in der elterlichen Wohnung soll sie davor schützen, noch größere seelische oder körperliche Verwundungen durch die Eltern davon zu tragen.

Andere Kinder schützen sich vor noch schlimmeren Verletzungen durch ihre Eltern, indem sie selber aggressiv sind und der Gewalt ihrer Eltern mit ihrem aggressiven Verhalten vorbeugen. Bevor ihnen ihre Eltern noch mehr weh tun, geraten sie in Wut hinein, schreien, trampeln auf dem Boden herum und irgendwann, wenn sie alt genug sind, beugen sie der Gewalt ihrer Eltern vor, indem sie sich nicht mehr gefallen lassen. Bevor die Eltern losschreien können, schreien sie sie an. Bevor der Vater losschlagen kann, schlagen sie ihn. Sie sind in bestimmten Situationen, die sie an Gewalterfahrungen mit den Eltern erinnern, alarmiert und reagieren sofort aggressiv, auch gegenüber anderen Menschen.

Emotionales Schema

Wenn Kinder, Jugendliche oder auch Erwachsene in bestimmten Situationen immer wieder gleich reagieren, dann sprechen Psychologen von einem „emotionalem Schema"[41]. „Schemata sind gespeicherte Lebenserfahrungen in Form von automatischen Bewertungs- und Verhaltensweisen, die bestimmte unangenehme oder bedrohliche Erlebnisse verhindern sollen."[42]

Schemata haben den Vorteil, dass wir in ihnen die Erfahrung gespeichert haben, in welchen Situationen wir uns durch welches Verhalten schützen konnten, damit uns nicht noch Schlimmeres passiert. Sobald uns jetzt etwas in einer Situation an frühere ähnliche Situationen erinnert, in denen wir leidvolle Erfahrungen mit unseren Bedürfnissen gemacht haben, wissen wir die Situation augenblicklich - ohne nachdenken zu müssen - einzuschätzen und durch das Gefühl, das wir mit erinnern, ihre Bedeutung für unsere Bedürfnisse zu erfassen. Wir schützen uns vor weiteren Verletzungen, indem wir uns quasi automatisch genauso wie früher in solchen quälenden Situationen verhalten.

Wenn ein emotional vernachlässigtes Kind in bestimmten wiederkehrenden Situationen von seinen Eltern ständig massiv kritisiert und abgelehnt worden ist, dann prägt sich in sein emotionales Gedächtnis das tiefe Gefühl ein, minderwertig und nichts wert zu sein. Es hat vielleicht gelernt, weiteren Verletzungen durch seine Eltern dadurch auszuweichen, dass es sich in eine Phantasiewelt begibt und sich heraus träumt aus der Realität. Wenn es sich diese wiederkehrenden Erfahrungen in einem Schema zu eigen macht, dann wird es in ähnlichen Situationen immer wieder so handeln und sich schon bei den kleinsten Anzeichen einer drohenden Kritik oder einer drohenden Zurückweisung in seine innere einsame Welt zurückziehen.

Schon bei kleinen, wiederaufflackernden Streitigkeiten mit seinen Eltern wird es sich zurückziehen, weil schon mit dem kleinsten Streit die Gefühle wieder aufleben, die es immer gehabt hat, wenn es sich angesichts seiner unbarmherzigen Eltern gedemütigt, minderwertig, schlecht oder wertlos vorkam.

Solange dieses Kind noch klein und abhängig von seinen Eltern ist, ist sein Gefühl der Minderwertigkeit und auch sein Rückzugsverhalten für es selber sinnvoll und vielleicht sogar überlebenswichtig, weil es sich auf diese Weise vor weiteren, noch schlimmeren Verletzungen seines Bedürfnisses nach Wertschätzung, Vertrauen oder einer liebevollen Bindung zu seinen Eltern schützen kann.

Wenn das Kind jedoch älter ist, ist es nicht mehr angemessen, auf Kritik z.B. seiner Erzieherinnen oder LehrerInnen mit starken Minderwertigkeitsgefühlen und einem sozialem Rückzug zu reagieren. Die Situationen, in denen es die Eltern gequält haben, und die Situationen, in denen es vielleicht im Kindergarten oder in der Schule kritisiert wird, sind nicht mehr dieselben. Solange das Kind durch seinen inneren Rückzug und seine soziale Isolation dasselbe Verhalten wie in seiner frühen Kindheit zeigt, kann es keine positiven Erfahrungen mit einem angemessenen und selbstbewussteren Umgang mit Kritik machen. Mit seinem Verhalten schneidet es sich von möglichen positiven Erfahrungen ab.[43] Wenn Kinder emotionale Schemata entwickelt haben, und sich so verhalten, dass sie sich selber oder ihren Beziehungen zu anderen Menschen schaden, dann benötigen sie dringend die Hilfe eines Psychotherapeuten.

Wir können aus diesen Überlegungen lernen, noch genauer auf das Verhalten unserer SchülerInnen zu achten. Falls Kinder selbst- oder fremdschädigende Verhaltensweisen in der Schule zeigen, wissen wir nun, dass bei ihnen ein tiefer innerer, emotionaler Konflikt vorliegen kann, mit dem nur ausgebildete Therapeuten richtig umgehen können.

Unterregulierte Gefühle

Bei manchen Kindern beobachten wir immer wieder, dass sie schon die kleinste Enttäuschung als Katastrophe empfinden. Sie fangen bitterlich an zu weinen oder leben ihre Wut über ein einfaches: „Nein, das darfst du jetzt nicht!" hemmungslos aus. Sie verhalten sich grundsätzlich extrem. Sie brechen leicht in Tränen aus. Sie ersticken in Tränen und sind in ihrer Traurigkeit einfach untröstlich. Sie steigern sich in Wutanfälle hinein, werfen sich auf den Boden und schreien um sich herum. Sie gehen ganz in ihrer unbändigen Freude oder ihrem Übermut auf und lassen sich scheinbar durch nichts stoppen. Sie vergraben sich in ihrer Angst und lassen sich nicht helfen. Sie beschäftigen sich nur mit sich selbst. Diese Kinder leben all ihre Gefühle intensiv aus. Von außen betrachtet, steht ihr Verhalten in keinem Verhältnis zu der Situation, in der sie sich jeweils befinden.[44]

Es liegt oft an schwierigen familiären Verhältnissen, wenn Kinder ihr Verhalten nicht regulieren können und extreme Verhaltensweisen der Trauer und der Wut, der Freude und des Übermuts, der Angst oder des inneren Rückzugs und der Beschäftigung mit sich selbst zeigen. Wenn Kinder sich so verhalten, haben sie vermutlich in entscheidenden Situationen ihres noch jungen Lebens die Erfahrung gemacht, dass sie mit ihren aufwühlenden, intensiven Gefühlen allein gelassen wurden. Obwohl sie vielleicht etwas Einschneidendes, Bedeutungsvolles oder vielleicht sogar Traumatisches erlebt haben, waren ihre Eltern oder andere wichtige Bezugspersonen nicht für sie da. Sie hätten unmittelbar einfühlsam und verständnisvoll auf die Gefühle ihrer Kinder reagieren müssen, stattdessen haben sie sie mit ihren Gefühlen zu oft und zu lange allein gelassen und ihnen nicht geholfen, mit ihren Gefühlen hilfreich umzugehen und ihre Erlebnisse zu verarbeiten.

Kinder, die in „globale", intensive Gefühle der Trauer, der Angst, der Freude oder Wut versinken, verlieren die Kontrolle über sich und ihre Gefühle. Sie werden von ihren Gefühlen überwältigt und weggerissen. Diese Kinder haben vermutlich immer wieder die Erfahrung gemacht, dass ihre Gefühle bei ihren Eltern gar keine oder zu selten verständnisvolle Reaktionen hervorrufen konnten. Die Eltern haben sie im wörtlichen Sinne nicht - oder nicht oft genug - aufgefangen. Vielleicht fallen die Verhaltensweisen dieser Kinder deswegen so extrem aus, weil sie durch ihr auffälliges Verhalten das Herz ihrer Eltern anrühren wollen, auch wenn sie nur erreichen, dass sie ausgeschimpft werden. Weil sie das Herz ihrer Eltern nicht anders betreffen können - und weil sie es nicht anders gelernt haben -, schreien sie sie vielleicht an! Diese Kinder möchten zu Recht ihre Selbstwirksamkeit spüren, fühlen, dass sie bei ihren Eltern etwas bewirken können. Anschreien, Beleidigen, Treten sind bei diesen

Kindern häufig der verzweifelte Versuch, das Herz der Eltern anzurühren. Statt Verständnis bekommen sie leider meistens Aggressionen von den Eltern zurück.

Eltern können intensiven Gefühlen ihrer Kinder vorbeugen, indem sie möglichst unmittelbar auf ihre körpersprachlichen Signale reagieren. Vielleicht ist ein kleines Kind wütend, weil es Hunger hat und zeigt seinen Missmut durch einen bösen Blick. Wenn die Mutter sofort auf diese körpersprachliche Botschaft reagiert, zeigt sie ihrem Kind: Ich verstehe dich: „Ich weiß, du hast Hunger. Das Essen ist gleich fertig" oder „Du musst noch zehn Minuten warten. Dann bekommst du etwas zu essen." Das Kind spürt, dass sein Gefühlsaudruck von seiner Mutter unmittelbar verstanden wird und eine Reaktion bei ihr hervorruft. Je öfter und einprägsamer das Kind die Erfahrung macht, dass seine körpersprachlichen Signale unmittelbar verstanden werden und es mit seinen Gefühlen seine Mutter oder seinen Vater beeinflussen und bei ihnen rasche Reaktionen hervorrufen kann, um so weniger hat es einen Grund, in intensive Gefühle der Wut oder der Trauer zu fallen. Durch die raschen Reaktionen der Eltern auf seine Gefühle lernt es mit der Zeit, immer feinere körpersprachliche Signale oder sprachliche Signale auszusenden. Es lernt z.B., dass ein düsterer Blick genügt, damit seine Mutter versteht, dass es im Moment ärgerlich ist, weil sein Spielzeug kaputt gegangen ist. Es braucht jetzt keinen Wutanfall zu bekommen. Es kann schon mit einfachen Gesten ausdrücken, wie es ihm geht und dass es sich etwas von seiner Mutter wünscht. Das bedeutet nicht, dass die Eltern immer unmittelbar ein Bedürfnis des Kindes befriedigen müssen. Im Gegenteil: Kinder müssen lernen, ihre Bedürfnisse aufzuschieben oder mitunter ganz auf ihre Befriedigung zu verzichten. Aber die Reaktionen der Mutter zeigen, dass sie sich in die Gefühle ihres Kindes einfühlen kann und Verständnis für sie hat.

Kinder können also lernen, durch das unmittelbare Feedback ihrer Eltern immer nuancenreichere und feinere Interaktionen herzustellen, egal welches Gefühl sie haben: Sie bekommen immer eine unmittelbare Reaktion.[45] Ein strahlendes Lächeln genügt, und meine Mutter versteht, dass ich glücklich bin und lächelt zurück. Mein Weinen genügt, und meine Mutter versteht, dass ich traurig bin: Sie nimmt mich in den Arm und tröstet mich. Sie spürt meine Angst vor der Dunkelheit, nimmt mich in den Arm und spricht mit mir über das Gespenst, das nachts in mein Zimmer kommt. Sie hilft mir, das Gespenst zu verscheuchen.

Wichtig für das Zusammenleben mit anderen Menschen ist, dass Kinder lernen, ihrem Ärger und ihrer Wut nicht durch gewaltsames Verhalten freien Lauf zu lassen. Das erreichen Eltern dadurch, dass sie gerade auch Verständnis für diese Gefühle zeigen. Kinder, die sich ärgern oder wütend sind, wollen Recht bekommen. Ihre Eltern können ihnen diese Genugtuung verschaffen, indem sie sagen: „Du hast Recht, dass du wütend bist. Ich wäre an deiner Stelle auch wütend, wenn ich gestoßen oder beleidigt würde." Die Eltern müssen aber gleichzeitig deutlich zeigen, dass sie Gewalt nicht tolerieren. Sie können z.B. sagen: „Aber du hast kein Recht, deine Wut in der Weise zu zeigen, dass du zurücktrittst. Du musst dich gegen das Kind anders wehren."

Kinder sollen ihren Ärger und ihre Wut nicht aufstauen und - z.B. aus Angst vor Sanktionen - hinunterschlucken, sondern lernen, sich gegen Ungerechtigkeiten zu wehren, indem sie diese Gefühle möglichst prompt und gewaltlos äußern. Sie sollen sagen können: „Ich bin wütend. Hör sofort auf, mich zu treten. Du hast kein Recht, mich zu verletzen."

Manche Eltern verwechseln bei ihren Kindern leider immer noch Durchsetzungsvermögen mit Gewalt, weil sie selber nicht wissen, wie man sich anderes als mit Gewalt zur Wehr setzen kann. Sie fordern ihre Kinder deshalb dazu auf, sich gegen andere Kinder in der Schule zu wehren, indem sie sie z.B. zurückschlagen sollen. Diese Eltern müssen selber erst lernen, wie man Konflikte konstruktiv lösen kann, ohne Gewalt anzuwenden. Darauf gehen wir in den nächsten Modulen ein.

Auch Eltern machen Fehler und können sich nicht immer einfühlsam und verständnisvoll verhalten. Sie sollten ihren Kindern gegenüber jedoch ehrlich zugeben, dass auch sie nicht immer perfekt, nicht immer geduldig und verständnisvoll reagieren können. Wenn sie ihr Kind ungerecht behandelt haben, sollten sie sich aufrichtig bei ihm entschuldigen und ihm erklären, warum sie sich jetzt so verhalten haben. Sie verhalten sich außerdem vorbildlich, wenn sie ihren Kindern zeigen, dass sie ihr Verhalten bereuen und ihren Fehler wieder gut machen wollen.

Beim Lernen emotionaler und sozialer Kompetenzen müssen ihnen ihre Eltern helfen, indem sie Vorbild sind. Denn Kinder orientieren sich an dem Verhalten ihrer Eltern und ahmen es nach. Eltern sollten deshalb nicht selber vorleben, was sie ihren Kindern verbieten. Gewalt in der Familie ist auf keinen Fall zu tolerieren. Sie verletzt das Selbstwertgefühl des Kindes und vermittelt ihm außerdem die Erfahrung, dass Konflikte mit Gewalt gelöst werden können. Wenn ein Kind Gewalt am eigenen Leibe verspürt, lernt es, Gewalt als ein Mittel anzusehen, mit dem man Macht über andere Menschen ausüben kann.

In der Schule bemerken wir leider immer wieder Kinder, die auffällige Verhaltensweisen zeigen. Viele dieser Kinder leiden an einer Aufmerksamkeits-Störung (ADS) ohne oder mit einer Hyperaktivitäts-Störung. Diese zweite Störung wird ADHS genannt. „In Deutschland sind zwischen drei und zehn Prozent aller Kinder betroffen, Jungen noch häufiger als Mädchen. Damit gehört ADHS zu den häufigsten Störungen im Kindes- und Jugendalter."[46]

Kinder mit ADHS zeigen Auffälligkeiten in drei Verhaltensbereichen. Die Kernsymptome sind Unaufmerksamkeit (eingeschränkte Konzentrationsfähigkeit, eingeschränkte Daueraufmerksamkeit, erhöhte Ablenkbarkeit), Hyperaktivität (allgemeine motorische Unruhe) und Impulsivität (mangelnde kognitive / emotionale Impulskontrolle). Eine Diagnose, ob ein Schüler oder eine Schülerin an ADS oder ADHS erkrankt ist oder nicht, können nur Fachleute stellen, z.B. Kinderärzte, Ärzte für Kinder- und Jugendpsychiatrie oder Psychologen, die als Kinder- und Jugendtherapeuten arbeiten.

Für LehrerInnen, BetreuerInnen und SchulsozialarbeiterInnen gibt es Beobachtungskriterien, die ihnen im Falle eines Anfangsverdachts helfen, das Verhalten eines Kindes sicherer zu beurteilen und den Eltern gegebenenfalls das Aufsuchen eines Facharztes zu empfehlen.

In der Broschüre „Der aufmerksamkeitsgestörte / hyperaktive Schüler in der Schule, Arbeitsmaterial für die Hand des Lehrers", hrsg. vom Freistaat Sachsen, Staatsministerium für Kultus, werden unter „Verhaltensauffälligkeiten" als „wesentliche / mögliche Störungsbilder" für ADHS genannt:

„Kindern und Jugendlichen mit ADS fehlen die Möglichkeiten, das eigene Verhalten zu reflektieren. Sie verstehen oft die Reaktionen der Umwelt nicht (mangelnde Kritikfähigkeit). Sie wirken unbekümmert, reagieren rückblickend mit Bedauern und Reue, versichern Besserung, verstehen jedoch die Auswirkungen ihrer Tat nicht eigentlich, geraten bei nächster Gelegenheit in die gleiche Situation (…)

Der Schüler befindet sich permanent in Unsicherheit, da trotz Anstrengung dem Schüler selten etwas gelingt … Wutausbruch: Um Aufmerksamkeit zu erhalten, kaspert und provoziert er, gerät so in einen Teufelskreis. Häufig besteht die Neigung zu aggressiven Verhaltensmustern und Stimmungsschwankungen/Verstimmtheit, welche soziale Beziehungsstörungen und die „Schwarz-Schaf-Position" oft zur Folge haben. Insgesamt wirkt der Schüler sehr unausgeglichen, zerfahren, ist leicht erregbar, reagiert auf geringe Frustrationen wie auf eine mittlere Katastrophe, kann sich schwer auf Veränderungen einstellen (auch nicht auf positive). Distanzstörungen werden offensichtlich. Es fehlt das Gefühl für den „kritischen Abstand" zu anderen Menschen. Diese Schüler kommen schnell in

Kontakt, haben aber Schwierigkeiten, echte Bindungen aufzubauen, haben keine Scheu gegenüber Erwachsenen, gehen bei Späßen zu weit, obwohl sie selbst hochgradig empfindlich sind, sind im Umgang mit anderen oft Grenzen verletzend, aber meist nicht hinterhältig oder bösartig. Entweder zeigen sie ein tollkühnes Draufgängertum (Fehleinschätzen von Gefahren) oder enorme Ängstlichkeit (übermäßig, starkes, häufiges Klammern an Mutter/Lehrerin). Nicht/kaum vorhandenes Unrechtsbewusstsein (die eigene Handlung betreffend) und fehlendes schlechtes Gewissen sind für die Umwelt des Schülers oft schwer nachvollziehbar, ebenso wie das scheinbare Desinteresse an der eigenen äußeren Erscheinung. Der Schüler hat Selbstwertprobleme durch geringes Selbstvertrauen, er erlebt sich schlechter als andere, verdeckt dies durch eine übertriebene Selbsteinschätzung (extrem gut oder extrem schlecht). Daraus resultieren auch die Probleme, sich in eine Gruppe einzugliedern: geringes Regelverhalten, kaum Kooperationsbereitschaft (gleichwertige), verfügen nicht über angemessene Problemlösungen (reagieren impulsiv mit Aggressionen - Streit, Schläge -), geraten entweder in „Anführer - oder Prügelknabenposition".[47]

Falls LehrerInnen diese und darüber hinaus gehende wichtige Beobachtungen bei einigen SchülerInnen machen, die zum Krankheitsbild ADHS gehören, sollten sie den Eltern „eine fachärztliche und psychologische Abklärung und Unterstützung" empfehlen. Ansprechpartner für Eltern können sein: „Kinderneuropsychiater, sozialpädiatrische Zentren, schulpsychologische Beratungsstellen, Erziehungs- und Familienberatungsstellen, Psychotherapeuten, Praxen für Ergotherapie, Mototherapie, Physiotherapie, Elternselbsthilfegruppen und Förderschulen für Erziehungshilfe."[48]

Um LehrerInnen den Umgang mit ADHS-Kindern, und den Kindern den Schulalltag zu erleichtern, stellt die Broschüre zahlreiche Hilfen bereit. Sie hier zu erwähnen, würde den Umfang dieser Unterrichtsmaterialien sprengen.

Was wir mit unseren Materialien leisten können, ist im Blick auf SchülerInnen mit dem Krankheitsbild ADHS nicht so sehr viel. Denn diese Kinder benötigen speziell auf sie zugeschnittene, individuelle therapeutische Hilfen. Dennoch kann es uns gelingen, die Empathie-Fähigkeit auch dieser Kinder unterstützend zu fördern, ihr Sozialverhalten zu verbessern und ihnen zu helfen, sich besser in ihre Gruppe oder ihren Klassenverband zu integrieren sowie Freundschaften mit anderen Kindern zu schließen und zu erhalten.

Zu diesem Modul gehören keine Arbeitsblätter, denn es möchte nur eine Sachanalyse geben und inhaltlich zum Teil II dieser Materialien überleiten.

Teil II: Die Bedeutung von Bedürfnissen und Gefühlen in Konflikten

<u>Modul 7</u>

Sachanalyse: Wir können konstruktiv oder destruktiv mit Verletzungen umgehen.

Konflikte entstehen dadurch, dass Menschen intensive negative Gefühle haben: Meistens empfinden sie Ärger oder Wut, weil sie den Eindruck haben, ein anderer habe durch sein Verhalten ein Bedürfnis von ihnen nicht beachtet, bedroht oder sogar verletzt. Viele zwischenmenschliche Beziehungen tragen in sich ein mehr oder weniger großes Konfliktpotenzial.

Harmlose Streitanlässe

Manchmal bedarf es nur eines kleinen äußerlichen Anstoßes, vielleicht einer nicht ernst gemeinten Äußerung, die wir als Beleidigung auffassen, oder einer wegwerfenden Handbewegung, die wir als Geringschätzung deuten, dass wir uns schlecht fühlen: wir ärgern uns oder sind wütend, weil wir das Verhalten des anderen ungerecht oder gemein finden (vgl. Modul 4: „Wann und warum fühlen wir uns schlecht?"). Vielleicht erinnern wir uns im nächsten Moment an Verletzungen, die wir schon früher durch diese Person erlitten haben. Wir kommen von diesen Gedanken nicht mehr los und schließlich kocht noch mehr Ärger oder Wut in uns hoch. Wenn unsere Gefühle, hervorgerufen durch einen scheinbar harmlosen Anlass, aus uns herausbrechen, dann kommt plötzlich alles „auf den Tisch", was wir uns bisher - um des lieben Friedens willen -, zu denken verboten haben, was aber unter der Oberfläche schon längere Zeit in uns rumorte.

Konflikten ausweichen

Häufig weichen wir auch Konflikten in einer Beziehung aus, obwohl sie latent vorhanden sind. Wir ärgern uns oft über eine Person, sind über sie enttäuscht oder haben Angst vor ihr. Unsere Gefühle wühlen uns auf. Wir trauen uns aber nicht, sie zu zeigen oder anzusprechen. Vielleicht, weil wir das Gefühl haben, zu abhängig und einem Konflikt mit dieser Person nicht gewachsen zu sein. Einem autoritären Chef zu sagen, man ärgere sich über ein bestimmtes Verhalten von ihm, erfordert Mut, weil sein rigider Umgang mit seinen Angestellten Kritik vielleicht nicht duldet. Wenn wir es riskieren würden, ihn zu kritisieren, dann steht vielleicht unser Job auf dem Spiel. Aus Angst wagen wir es nicht, ihm unseren Ärger zu zeigen. Manchmal trauen wir uns einen Konflikt mit einer bestimmten Person auch nicht zu, weil wir bei ihr immer „den Kürzeren" ziehen mussten und Angst haben, auch dieses Mal zu verlieren. Wir sind oft in unserem Leben konfliktscheu und tragen in den Beziehungen zu anderen Menschen viele ungelöste Konflikte mit uns herum.

Anlässe für Konflikte

Manchmal tun andere etwas, das uns augenblicklich verletzt und Angst in uns erzeugt. Vielleicht erleben wir in einer zunächst harmlosen Situation, dass sich zwei Kollegen hinter unserem Rücken plötzlich einen Blick zuwerfen, der Geringschätzung ausdrückt. Wir sind betroffen, weil dieser Blick unser Bedürfnis nach Wertschätzung verletzt. Wir befürchten in der Beziehung zu diesen beiden Menschen, dass noch weitere und vielleicht noch schlimmere Verletzungen auf uns warten.

Oder jemand tut etwas, was wir als Bedrohung empfinden und wir haben Angst vor den Konsequenzen, die uns verletzen würden: „Wenn du nicht um fünf Uhr Zuhause bist, dann fahre ich ohne dich weg." Es kann auch sein, dass jemand eine Meinung zu etwas äußert, und wir ärgern uns darüber, weil wir ganz und gar nicht derselben Meinung sind. Oft tun andere etwas, was uns Angst macht, weil es uns seelisch oder körperlich verletzt oder worüber wir uns im nächsten Augenblick ärgern oder wütend sind, weil wir es als gemein oder ungerecht empfinden.

Wenn wir einem Konflikt nicht ausweichen und so tun, als wäre nichts geschehen, sondern auf die Verletzung oder Ungerechtigkeit eingehen, dann haben wir zwei Möglichkeiten, den Konflikt auszutragen: destruktiv oder konstruktiv.

Destruktiver Umgang mit Gefühlen

Selbst wir Erwachsenen haben selten gelernt, Konflikte „konstruktiv" auszutragen. Viel eher bilden wir schon als Kinder die Vorstellung heraus, dass ein Konflikt nur dann für uns gut ausgeht, wenn wir aus ihm als der Stärkere hervorgehen und der andere als der Schwächere, wenn wir dem anderen „einmal richtig unsere Meinung gesagt" und alles ausgesprochen haben, worüber wir in der Vergangenheit schon so oft verärgert waren, und der andere Schuldgefühle bekommt.

Wir verwenden viel Kraft darauf, ihn zu beleidigen, zu beschimpfen und seelisch zu verletzen, ihm argumentativ nachzuweisen, wie gemein und verständnislos er uns gegenüber ist und dass wir uns zu Recht über ihn ärgern, enttäuscht oder wütend sind. Mit einer

Wuthandlung zahlen wir ihm heim, was er uns angetan hat und empfinden darin sogar eine Genugtuung. Je größer unsere Enttäuschung, Hilflosigkeit oder Wut über einen anderen Menschen ist, desto verletzender sind wir vielleicht in der Wahl unserer Worte oder Gesten. Vielleicht üben wir ihm gegenüber nicht nur seelische, sondern sogar körperliche Gewalt aus.

Weil aggressives Verhalten mit dem Bewusstsein der Macht und Stärke über andere verbunden ist und Lust und Befriedigung verschafft, wird es für manche Jugendliche geradezu zum Selbstzweck. Sie provozieren andere zu Handlungen, auf die sie wiederum aggressiv reagieren können. Bei äußerst aggressiven Jugendlichen kann man diese Beobachtung machen.

Didaktische Überlegungen

Konflikte in der Schule

In Klassenzimmern und auf dem Schulhof erleben wir täglich Streit zwischen Kindern. Besonders bei kleinen Kindern beginnt er meist mit Albernheiten oder Rangeleien, die nicht ernst gemeint waren. Vielen Kindern macht es Spaß, andere Kinder zu ärgern, zu schupsen, zu beleidigen, zu stören und mit ihnen einen Streit anzuzetteln. Sie sind oft übermütig oder latent aggressiv und sagen, wenn man sie fragt: „Das ist doch nur Spaß."

1. Das Katze und Maus-Spiel von „Tom und Jerry"

Auf Kinder und Jugendliche strömen heutzutage in unvorstellbarem Ausmaß Bilder von Gewalt ein. Dieser tägliche - oft ungewollte - Konsum von Bildern aus Zeitungen und Zeitschriften, auf Handys, aus Fernsehsendungen und Computerspielen, die Gewaltszenen darstellen, hat prägenden Einfluss auf sie.

Was sich unsere SchülerInnen - nicht nur im Privatfernsehen -, sondern in der ARD regelmäßig anschauen können, ist die Zeichentrickserie „Tom und Jerry". Welches Kind kennt sie nicht: Tom, den faulen Kater, und Jerry, die pfiffige Maus? Die beiden pflegen eine innige Feindschaft und machen sich gegenseitig das Leben schwer: Sie hauen aufeinander los, so oft sie nur können, stellen dem anderen Fallen, verfolgen und zerquetschen ihn, zerstören ihm das Trommelfell und strecken ihm die Zunge raus.

Die Kinder sollen sich Bilder aus der Serie anschauen und sie beschreiben. Anschließend beantworten sie Fragen: Wie gefallen euch die Geschichten von Tom und Jerry? Ist das, was wir sehen, immer lustig? Die beiden tun einander doch ständig weh? Ist das auch lustig? Was unterscheidet die Zeichentrickfiguren Tom und Jerry von richtigen Tieren? Wenn Tom Jerry mit Pistolenschüssen durchlöchert, dann ist sie höchstens für eine Sekunde verletzt und läuft dann quick lebendig weiter durch die Gegend. Richtige Tiere würden Schmerzen haben und wahrscheinlich unter Schmerzen sterben.

Tom und Jerry haben kein wirkliches Schmerzempfinden. Manchmal tun sie so, als wären sie für einen Moment erschrocken oder verletzt. Doch nach jedem Angriff schütteln sie sich einfach aus und sind wieder quick fidel. Dann starten sie zum Gegenangriff. Sie denken sich eine neue List aus, mit der sie es dem anderen heimzahlen können. Dieses Ausschütteln und wieder quick fidel sein ist das, was wir so lustig an den beiden finden. Wirkliche Tiere reagieren ganz anders. Sie würden verletzt liegen bleiben und brauchten ganz bestimmt fremde Hilfe, um sich von den Misshandlungen des anderen zu erholen und wieder gesund zu werden.

Die SchülerInnen sollen lernen, dass in der Zeichentrickserie Gewalt verharmlost und der Eindruck vermittelt wird, es sei spaßig, den anderen von morgens bis abends zu ärgern und zu piesacken. In der Serie ist alles nur Spaß. Im wirklichen Leben in der Schule finden wir manches auch lustig, in Wahrheit ist es aber schon bitterer Ernst.

2. Wo hört der Spaß auf und fängt Gewalt an?

Mit der Geschichte von Andre und dem Mädchen möchten wir die SchülerInnen dort abholen, wo sie sind. In die Interpretation können sie ihre eigenen Schulerfahrungen und wir Erwachsenen unser Verständnis von den Gefühlen einfließen lassen.

Zunächst lesen die SchülerInnen die Geschichte. Anschließend beantworten sie Fragen, die hier - zur besseren Übersicht - jeweils eingeschoben sind.

- Kennt ihr das auch, dass etwas in der Schule als Spaß beginnt und plötzlich für ein Kind bitterer Ernst wird?

Unsere Kinder erleben in der Schule leider täglich solche Szenen, wie sie in der Geschichte beschrieben sind. Bis zu einem gewissen Grad können sie die Albernheiten ihrer MitschülerInnen auch als Spaß empfinden. Oft wird für ein Kind daraus jedoch plötzlich bitterer Ernst: Das Gefühl des Spaßes schlägt von einer Sekunde auf die andere in Angst um, die das Kind fühlt, weil es innerlich verletzt wird. Nehmen wir an, einem Kind wird von einem anderen im

Winter mit einer Hand voll Schnee der Kopf eingeseift. Zunächst findet es das lustig und lacht mit. Doch plötzlich spürt es bei dem, was ihm widerfährt, dass das andere Kind es ernst meint, dass es böse wird. Das Kind hält für eine Sekunde den Atem an und bekommt es plötzlich mit der Angst zu tun. Es fühlt, dass das andere ihm Gewalt antut. Dieses Kind macht eine Gewalterfahrung.

Gewalterfahrungen und Angst

In ihrem Innern fühlen Kinder und Erwachsene sehr fein, ob ein anderer etwas noch lustig oder plötzlich ernst meint. Sie fühlen einen Stich in der Herzgrube und spüren, die Handlung des anderen ist böse, sie ist blanke Gewalt. Bezogen auf unsere Geschichte können wir fragen:

- Welches Gefühl hat Sandra wohl, als sich Andre plötzlich von hinten auf sie stürzt, sie zu Boden wirft und ihr den Arm umdreht?

Sandra hat sicherlich Angst, weil sie in einer Gefahrensituation ist und Andre sie seelisch und körperlich verletzt. Bestimmt fühlt sie sich auch hilflos.

Die meisten Menschen - ganz bestimmt Kinder - haben Hemmungen, anderen blanke Gewalt anzutun. Ihre Gewalthandlungen bleiben gehemmt. Aber es gibt Menschen, aus deren Handlungen plötzlich Bosheit hervorbrechen kann. Wenn uns dies widerfährt, im Angesicht des Bösen, z.B. durch einen plötzlichen Schlag ins Gesicht von einer Person, der wir bisher vertraut haben, erfahren wir einen unermesslichen Schrecken, sind wir entsetzt, reißen unsere Augen auf, starren diesen Menschen an und erstarren für Sekunden vor Angst.

Wenn die Bedrohung durch diese Person nicht aufhört und wir Angst vor weiteren, noch schlimmeren Verletzungen haben müssen, empfinden wir die Übermacht der anderen Person über uns. Wir fühlen uns ihr ausgeliefert und hilflos. Der liebe Gott hat uns mit Eigenschaften ausgestattet, die uns einen natürlichen Ausweg aus einer Gefahrensituation ermöglichen, den wir sogar bei Tieren beobachten können. Unsere Angst und unsere Hilflosigkeit drücken sich unbewusst in körpersprachlichen Signalen aus. Diese unbewussten Zeichen - vielleicht unser Jammern oder Weinen - signalisieren der anderen Person, dass wir Angst haben und hilflos sind.

- Woran könnt ihr erkennen, dass Sandra Angst hat und sich hilflos fühlt?

Sandra schreit auf vor Schmerzen und weint herzzerreißend. Sie zittert am ganzen Körper und flüchtet in eine Ecke des Raumes. Dabei hält sie ihren schmerzenden Arm fest, als wollte sie ihn vor weiteren Verletzungen schützen.

- Und wie reagiert Andre darauf?

Er sieht, was mit Sandra los ist und schaut nach einer Weile weg. Er weiß nicht, was er tun soll. Wie Sandra hoffen die meisten Menschen darauf, dass ihre Angst und Hilflosigkeit die andere Person berührt und sie von weiteren Gewalthandlungen absehen lässt. Damit dies geschieht, muss diese Person empathisch sein, Mitleid mit ihnen haben, muss der Gefühlsausdruck des ängstlichen Menschen ihr Herz anrühren. Andre muss dies erst noch lernen.

Menschen, die gefühlskalt sind, lassen nicht ab von ihrer Gewalt. Sie haben kein Herz, das sich erbarmt. Wenn ängstliche Menschen solchen Personen ausgeliefert sind und keine Möglichkeit zur Flucht sehen, dann vergrößert sich ihre Angst und Hilflosigkeit unter Umständen ins Unermessliche. Sie fühlen sich noch ausgelieferter und hilfloser, weil sie keine weitere Chance haben, mit der Situation so umgehen, dass ihre Angst aufhört. Manche Menschen sind traumatisiert, weil sie sich in einer Gefahrensituation befunden haben, die ihre psychischen Belastungsgrenzen überstieg. Die Angst, vielleicht sogar zu sterben, hatte sie so eisern im Griff, dass sie sie nie mehr verlässt. Sie kann jederzeit durch Erlebnisse wachgerufen werden, die sie an das frühere traumatisierende Erlebnis erinnern.

Eltern, die ihr Kind hart anfassen oder ungehalten auf es reagieren, sollten spüren, wann ihr Kind Angst vor ihnen hat. Sie sollten augenblicklich Mitleid empfinden und es ihm fühlen lassen: „Oh je, ich habe so laut geschimpft. Du hast ja Angst vor mir. Das wollte ich nicht. Es tut mir leid. Ich höre sofort auf, zu schimpfen. Du brauchst keine Angst vor mir zu haben. Komm mal her in meinen Arm." Durch diese einfühlsame Reaktion lernt das Kind, seiner Angst zu vertrauen und als ein Gefühl zu verstehen, mit dem es eine positive Reaktion bei seinen Eltern hervorrufen kann: „Wenn ich meinen Eltern zeige, dass ich Angst vor ihnen habe, dann werden sie mich in den Arm nehmen und mir zeigen, dass sie Mitleid mit mir haben und es ihnen leid tut. Sie werden mir dann keine Angst mehr machen."

Angst als Mittel der Erziehung

Manche Eltern reagieren aber nicht so. Sie lassen sich von der Angst ihrer Kinder nicht berühren, sie setzen sie sogar als Mittel der Erziehung ein. Sie denken, meine Kinder sollen ruhig Angst vor mir haben, dann tun sie wenigstens das, was ich von ihnen verlange. Wenn Kinder die Erfahrung machen, dass ihre Eltern ihnen bewusst Angst machen wollen, und sie ihnen ausgeliefert und hilflos sind, dann ziehen sie sich vielleicht anfangs ängstlich vor ihnen zurück. Irgendwann erwacht jedoch der Gedanke, dass ihre hartherzigen Eltern ungerecht und gemein zu ihnen sind. Kein Mitleid mit der Angst zu haben, ist vielleicht eine noch größere Ungerechtigkeit, als die eigentliche Handlung, die den Kindern Angst bereitet hat.

Wenn Kinder empfinden, dass die Eltern gemein zu ihnen sind, dann regt sich in ihnen ein Unrechtsbewusstsein. Sie sehen die Handlung ihrer Eltern plötzlich aus einer anderen Warte. Sie bewerten nun, was sie bisher als schicksalhaft erlitten haben. Sie haben plötzlich das Gefühl, dass ihre Eltern ihnen gegenüber Macht und Überlegenheit bewusst ausspielen wollen und sie sich selber als schwach und unterlegen fühlen sollen. Angst, Hilflosigkeit und Ärger oder Wut liegen nah beieinander und Angst und Hilflosigkeit können leicht in Ärger und Wut umschlagen, wenn wir den Gedanken denken: „Das hast du extra gemacht." Was wir denken, hat einen großen Einfluss darauf, was wir und wie intensiv wir etwas fühlen (vgl. Modul 11: „Der Einfluss unseres Denkens auf unsere Gefühle"). Sobald die Kinder denken, das Verhalten ihrer Eltern sei vorsätzlich feindselig, empfinden sie es als ungerecht und gemein, und eben das macht sie ärgerlich oder wütend. Die Kinder fangen nun an, mit ihrer Angst Schwäche und Unterlegenheit zu verbinden. Sie möchten sich aber nicht mehr schwach oder unterlegen fühlen. Sie wollen ihren Eltern „die Stirn bieten", sich auf ihre Augenhöhe begeben und sich gegen die Gemeinheit ihrer Eltern auflehnen. Vielleicht drehen sie irgendwann den Spieß sogar um und versuchen, ihre Eltern durch ihr aggressives Verhalten hilflos zu machen.

Wenn diesen Kindern von ihren autoritären oder gewalttätigen Eltern auch in Situationen, in denen sie Angst vor etwas anderem haben, immer wieder eingeflößt wird, dass Angst eine Schwäche sei, dass sie feige seien, wenn sie Angst hätten, dann teilen diese Kinder mit der Zeit diese Auffassung und fangen an, nach und nach all ihre Ängste als Schwäche auszulegen, die sie zu überwinden hätten. Sie müssen sich für ihre Eltern nach außen stark und unerschrocken und mutig geben.

Wenn sie diese Erfahrungen immer wieder machen, hören diese Kinder irgendwann gar nicht mehr auf ihre innere Angst, die sie nach wie vor in bestimmten Situationen erleben. Sie lassen sie vielleicht noch einige Sekunden zu. Doch dann überspielen sie sie oder schütteln sie von sich ab. Inzwischen haben sie gelernt, in Situationen, in denen sie verletzt werden, statt Angst und Hilflosigkeit Ärger oder Wut zu empfinden und diese Gefühle auszudrücken, indem sie nach außen Macht und Stärke demonstrieren oder vortäuschen.

In fast allen Kindern und auch Erwachsenen sind - im guten Sinne - durch den Respekt, den sie vor ihren Eltern und anderen Autoritätspersonen haben und - im negativen Sinne - durch ihre Angst vor ihnen, Hemmungen vorhanden, die sie daran hindern, ihre Aggressionen unkontrolliert und gewalttätig ausleben zu lassen. Bei manchen verhaltensauffälligen Jugendlichen ist davon aber leider nichts oder kaum noch etwas zu spüren. Sie haben im Laufe ihres Lebens gelernt, ihre ursprünglich tief sitzende Angst so unbarmherzig gegen sich selber in Ärger oder Wut umzuwandeln, dass sie auf den geringsten Angriff oder die kleinste Ungerechtigkeit sofort aggressiv und oft gewalttätig reagieren.

Bei einigen Kindern, die uns in der Grund- oder Förderschule anvertraut sind, sind solche Prozesse schon in Gang gesetzt, aber noch nicht abgeschlossen, bei anderen aber leider schon. Diese Jugendlichen bedürfen therapeutischer Hilfe, damit sie die Ursache ihrer Aggressionen, nämlich ihre ursprüngliche Angst z.B. vor der Übermacht und Gewalt ihrer Eltern, wieder erleben und sich mit ihr auseinandersetzen können.

Wir gehen konstruktiv mit Konflikten um.

Wenn unsere Kinder erfahren, dass beim Toben aus Spaß plötzlich Ernst geworden ist, dann kommen einige von ihnen meistens noch zu uns gelaufen und sagen: „Der hat gemeine Worte gesagt oder hat mich getreten oder geboxt." Genauso verhält sich Sandra in unserer Geschichte.

- Was tut Sandra nach wenigen Minuten?

Sie geht zitternd und aufgelöst in Tränen zu ihrer Lehrerin und sagt: „Andre hat mir den Arm umgedreht."

- Was bedeutet ihr Verhalten?

Sandra fühlt sich Andre gegenüber hilflos, d.h. sie weiß nicht, wie sie sich allein gegen ihn wehren kann. Deshalb geht sie zu ihrer Lehrerin und bittet sie um Hilfe. Ihr Hilferuf ist keine Schwäche, sondern zeigt, dass sie sich wehren kann, denn sie will es nicht auf sich beruhen lassen, dass Andre sie ängstigt und ihren Arm umdreht. Wir können nicht unmittelbar wissen, ob ein Kind, das in der Schule Hilfe suchend zu uns kommt, eine - wie oben beschriebene - Gewalterfahrung gemacht hat. Bestimmt empfinden aber viele Kinder bei den aggressiven Handlungen ihrer MitschülerInnen sehr oft Angst. Wir sollten auch in Betracht ziehen, dass einige Kinder auf Gewalt in der Schule möglicherweise mit einem „emotionalen Schema" reagieren: Die Situationen erinnern sie unbewusst an frühkindliche Erlebnisse und rufen in ihnen große Angst hervor; sie bewerten sie unmittelbar als Gefahr und reagieren automatisch so, wie sie es früher taten, wenn ihnen Gewalt angetan wurde (vgl. Modul 6: „Gefühle beeinflussen immer unser Verhalten.").

Wir sollten uns an dieser Stelle selber fragen, welche Erwartungen unsere Schülerinnen haben, wenn sie uns um Hilfe bitten.

- Was wünscht sich Sandra wohl von ihrer Lehrerin?

Ganz sicher wünscht sich Sandra Mitgefühl und Verständnis. Die Lehrerin könnte z.B. sagen: "Wo tut dir der Arm denn weh? Zeig mir mal die Stelle" und holt ihr vielleicht einen Eisbeutel zum Kühlen.

- Was würdet ihr euch an Sandras Stelle von eurer Lehrerin wünschen?

Die Antworten sind bestimmt sehr aufschlussreich und geben uns Auskunft darüber, was sich unsere SchülerInnen bei Streitigkeiten von uns Erwachsenen erhoffen und wie sie sich Konfliktlösungen vorstellen. Vielleicht fallen ihnen schon konstruktive Lösungen ein. In diesem Fall sollten wir sie aufgreifen und die Kinder darin bestätigen, dass sie selber einen guten Beitrag zur Konfliktlösung geleistet haben und sich bereits als sozial kompetent erweisen.

Wenn Kinder uns um Hilfe bitten, müssen wir an ihrem Körper und ihrer Seele „Erste Hilfe" leisten. Wir dürfen sie auf keinen Fall als störend zurückweisen. Was diese Kinder in diesem Augenblick nämlich tun, ist genau das, was wir unter einem konstruktiven Umgang mit Konflikten verstehen.

Die Kinder könnten das Kind, das sie verletzt hat, auch zurückbeleidigen, zurücktreten oder zurückschupsen. Dann würden sie sich destruktiv verhalten. Stattdessen kommen sie zu uns und sprechen ganz aufgeregt und empört über das, was sie gerade erlebt haben. Durch ihr Verhalten zeigen sie, dass sie ihre Gefühle der Hilflosigkeit, der Angst, des Ärgers oder der Traurigkeit schon gut regulieren können. Die Kinder kommen mit einer ganz klaren Erwartung zu uns. Sie erwarten nämlich, dass wir ihnen helfen und an ihrer Stelle auf die verletzende Äußerung oder Handlung des Mitschülers oder der Mitschülerin reagieren.

Wenn Kinder uns nicht mehr um Hilfe bitten, sollten wir uns um sie sorgen. Denn dann schauen sie sich häufig von anderen SchülerInnen ab, wie sie auf Beleidigungen und Beschimpfungen reagieren, wie sie solche Probleme lösen, nämlich oft destruktiv und mit seelischer oder körperlicher Gegengewalt, und sie ahmen es nach.

Der negative Einfluss älterer, gewaltbereiter MitschülerInnen auf jüngere ist meistens größer, als wir uns vielleicht eingestehen möchten. In Schulen, die Gewalthandlungen zulassen und nicht konsequent ahnden, sind die Jüngsten, die anfänglich Liebsten, Schüchternsten und Hilflosesten die besonders Leidtragenden. Sie werden oft von anderen MitschülerInnen solange gehänselt, bis sie plötzlich selber aus der Haut fahren. Wenn die älteren merken, dass sie übertrieben aggressiv reagieren, ärgern sie sie noch mehr, haben noch größere Lust, sie zu provozieren und ihnen anschließend ihre Gewalthandlungen heimzuzahlen. So entsteht eine Spirale aus Gewalt und Gegengewalt, bei dem jedes Kind das Gefühl hat, das andere hätte in Wahrheit angefangen und es sei selber im Recht, sich dagegen zu wehren. Viele Kinder erleben immer noch in vielen Schulen Tag für Tag solche Szenen von Gewalt und Gegengewalt.

Gefühle ernst nehmen

Wenn ein Kind zu uns kommt, dann dürfen wir es nicht enttäuschen. Wir müssen sein Gefühl ernst nehmen. Wenn ein Kind vor einem anderen Kind Angst hatte, dann hat es nämlich eine aufwühlende und im Umgang mit seiner Angst vielleicht verzweifelte Erfahrung gemacht. Und wenn es uns erzählt, was es erlebt hat, dann ist seine Angst noch einmal da, dann spürt es sie wieder.

Wir müssen mitfühlend und verständnisvoll auf seine Angst reagieren und dürfen sein Vertrauen nicht verletzen (vgl. Modul 5: „Ein Gespräch, das von Vertrauen, Mitgefühl und Verständnis geprägt ist."). Wir dürfen uns nicht lustig über sie machen, sie als etwas

Unwichtiges abtun oder ihm ausreden wollen. Wir dürfen auch nicht sagen, dass uns sein Streit mit einem anderen Kind auf die Nerven geht und es ihn selbst mit ihm austragen soll (vgl. Modul 5: „Eine Tante reagiert herzlos auf Elisabeths Gefühle."). Das Kind soll die Erfahrung machen, dass es menschlich und keine Schwäche ist, verängstigt zu sein, und wir Mitgefühl mit ihm haben. Nur, wenn Kinder diese Rektion immer wieder an sich selber erleben, lernen sie, Mitgefühl mit anderen Menschen zu haben! Grobheit angesichts von Angst treibt jedem Menschen - besonders aber Kindern und Jugendlichen - die Fähigkeit aus, Mitgefühl mit anderen zu empfinden.

Kinder, die uns um Hilfe bitten, fühlen sich hilflos. Wir sollten ihren Hilferuf zum Anlass nehmen, ihnen vorzuleben, wie sie konstruktiv mit Konflikten umgehen können. Wir könnten z.B. sagen: „Es ist gut, dass du zu mir gekommen bist. Wenn man Angst vor jemanden hat, ist es richtig, sich einem Menschen anzuvertrauen und mit ihm über seine Angst zu sprechen. Es gibt bestimmt eine Lösung, damit du keine Angst mehr haben brauchst. Ich will nicht, dass du in unserer Schule Angst vor einem Mitschüler oder einer Mitschülerin haben musst, und die anderen Lehrpersonen an unserer Schule wollen das auch nicht."

Nicht nur verängstigte, auch ärgerliche und wütende Kinder wenden sich oft voller Empörung an uns, weil sie sich von anderen ungerecht oder gemein behandelt fühlen. Auf die Frage: „Was ist denn bloß geschehen?", geraten sie nicht selten in einen Redeschwall hinein, der sie von sich wegreißt. Damit sie sich beruhigen und ihre Gefühle besser kontrollieren, sollten wir versuchen, ihren Redeschwall zu unterbrechen und ihre Gedanken auf Tatsachen lenken: „Ganz ruhig. Ich höre dir ja zu. Ich habe etwas Zeit. Fang noch mal von vorne an zu erzählen. Was genau ist geschehen?" Kinder, die sich in ihrem Kopf Fakten zurechtlegen müssen, leiten wir behutsam dazu an, ihre Gefühle zu regulieren.

Wir sollten erwidern, dass sie zu Recht wütend sind: „Wenn ich an deiner Stelle gewesen und geboxt worden wäre, wäre ich auch wütend. Alle Menschen ärgern sich oder sind wütend, wenn sie sich ungerecht, gemein oder unfair behandelt fühlen." Gerade, weil unsere SchülerInnen dieses Gerechtigkeitsgefühl haben, kommen sie zu uns und erwarten, dass wir für sie Verständnis und Mitgefühl mit ihnen haben. Diese Erwartung haben sie auch an ihre MitschülerInnen, die ihnen eine Ungerechtigkeit zugefügt haben. Im Hinblick auf unsere Geschichte stellt sich nun die Frage:

- Was wünscht sich Sandra von Andre wohl?

Sie wünscht sich bestimmt, dass er sich bei ihr entschuldigt.

3. Ich entschuldige mich - die vier E`s.

Aus der Geschichte von Annika und Julie lernen die SchülerInnen, was es bedeutet, sich aufrichtig zu entschuldigen: Wir nehmen eine Entschuldigung nur an, wenn wir spüren, dass sie vom Herzen kommt und es dem anderen leid tut, uns verletzt zu haben. Dann beruhigt sie uns und gibt uns ein Gefühl der Besänftigung. Wir fühlen, zwischen uns und dem anderen ist alles wieder gut und sind bereit, wieder positiv über ihn zu denken und an das Gute in ihm zu glauben.

Mitleid und Mitgefühl lassen sich nicht erzwingen, erst recht nicht, wenn man dem anderen Menschen Vorwürfe macht und Schuldgefühle in ihm weckt. Damit erreicht man eher das Gegenteil: der andere wird sein Herz verschließen oder anfangen, sich zu verteidigen. Wenn Julie Annika ihre Traurigkeit fühlen lässt, wird sie ihr Herz anrühren und Annika wird Mitgefühl mit ihr haben.

Gewalt vorbeugen

Kinder, die uns um Hilfe bitten, möchten, dass wir dafür sorgen, dass sie in Zukunft nicht mehr von ihren MitschülerInnen verletzt werden. Vielleicht erwarten sie, dass wir sie beschützen. Wir können uns aber in der Schule nicht die ganze Zeit beschützend vor sie stellen. Wir müssen etwas anderes tun, nämlich ihnen zeigen, dass wir Gewalt an unserer Schule grundsätzlich nicht dulden.

Wenn sich Kinder mit gewaltsamen Mitteln in der Schule streiten, sollten wir jedes Mal unmissverständlich und beherzt einschreiten und sie auffordern, sofort aufzuhören: „Schluss jetzt, hört sofort auf, euch zu streiten. Auseinander jetzt. An dieser Schule dulden wir keine Gewalt." Wenn sie dann z.B. erwidern: „Aber der hat mich beleidigt oder getreten", dann sollten wir z.B. antworten: „Du hast ein Recht, dich darüber zu ärgern. Aber du hast kein Recht, ihn ebenso zu beleidigen oder zurückzutreten."

Die konstruktive Lösung von Konflikten verlangt auch von uns Erwachsenen sehr viel ab. Statt uns nach einem erlernten und immer wieder gefestigten Schema von Gewalt und Gegengewalt zu verhalten, müssen wir eine Zäsur machen und uns sagen: „Bis hierhin und nicht weiter." Oder „Schluss jetzt. So geht das nicht weiter. Ich will Konflikte nicht mehr gewaltsam austragen." Wir müssen aus dem Machtkampf aussteigen, aufhören, der Stärkere sein zu wollen und den anderen zum Verlierer machen zu wollen.

4. Wir führen die Stopp-Regel ein.

Die Stopp-Regel ist ein wirksames Mittel, um Gegengewalt und eskalierenden Auseinandersetzungen in der Schule Einhalt zu gebieten.[49] Sie muss jedoch konsequent von allen Kindern und allen Lehrpersonen beachtet werden und bei Verstößen immer zu Konsequenzen führen, sonst verliert sie ihre Bedeutung. Mit der Einführung der Stopp-Regel erfahren die SchülerInnen, dass ihre LehrerInnen sie wirksam und entschlossen vor gewaltsamen Übergriffen ihrer MitschülerInnen schützen wollen und Gewalt an der Schule nicht tolerieren.

Immer, wenn ein Kind einem anderen Kind Gewalt antut, kann sich dieses Kind wehren, indem es die Stopp-Regel anwendet. Es braucht keine Gegengewalt anzuwenden. Mit dem Stoppzeichen signalisiert es: „Für mich hört der Spaß hier auf. Ich fühle, du tust mir jetzt weh." Die SchülerInnen lernen mit diesem Arbeitsblatt die vier Schritte der Stopp-Regel kennen. Mit der Stopp-Regel helfen wir den SchülerInnen, anderen Kindern Grenzen zu setzen. Ihre Anwendung wird sie selbstsicherer gegenüber gewaltbereiten MitschülerInnen machen, die mit ihnen bewusst oder unbewusst einen Streit anfangen wollen.

5. Rollenspiele zur Stopp-Regel

Dieses Arbeitsblatt gibt den SchülerInnen die Gelegenheit, zu klären, durch welches Verhalten es in ihrer Schule häufig zu Streitigkeiten kommt, und die Stopp-Regel einzuüben. In Rollenspielen können sie lernen, ihre eigenen Grenzen zu spüren und zu sagen: „Stopp, hör sofort auf (z.B. mich zu beleidigen …). Wenn ich „Stopp" sage, bedeutet das für dich, du hast jetzt meine Grenze überschritten. Das ist kein Spaß mehr, sondern Ernst. Du tust mir weh." Und sie sollen lernen, die Grenzen anderer Kinder zu respektieren und der Aufforderung sofort nachzukommen. Dazu müssen sie zu sich selbst sagen: „Schluss jetzt, ich höre jetzt auf, dich zu ängstigen oder zu ärgern oder traurig zu machen."

6. Arbeitshilfe: Wodurch kommt es oft zum Streit?

Auf diesem Blatt habe ich Streitanlässe in der Schule formuliert. Die SchülerInnen können darauf ankreuzen, welche Verhaltensweisen sie kennen, und an Beispielen die Stopp-Regel einüben.

7. Was muss ein Kind tun, wenn es gegen die Stopp-Regel verstößt?

Die Stopp-Regel ist nur dann wirkungsvoll, wenn ein Verstoß gegen die Regel immer Konsequenzen hat. Auf ein Plakat sollen die SchülerInnen schreiben, womit ein Kind sein Fehlverhalten wieder gutmachen kann. Anregungen hierzu stehen auf diesem Arbeitsblatt.

8. Welche Regeln wollen wir beachten, damit wir die Stopp-Regel gar nicht anwenden müssen?

Es ist an dieser Stelle äußerst sinnvoll, dass sich die SchülerInnen Regeln ausdenken, die sie einhalten wollen, damit es in ihrer Schule erst gar nicht zu Grenzüberschreitungen und gewaltsamen Handlungen kommen kann.

9. Eine wahre Geschichte

Wo hört der Spaß auf und fängt Gewalt an? Zur Vertiefung dieses Lernschrittes können die SchülerInnen diese Geschichte lesen und anschließend ihre eigenen Erlebnisse austauschen.

Wir führen ein Gespräch mit den streitenden Kindern.

Lehrpersonen machen immer wieder die Erfahrung, dass zwei Kinder sich häufiger gewaltsam streiten. In diesem Fall sollten sie ihren Streitigkeiten auf den Grund gehen. Dies ist nicht zwischen Tür und Angel möglich. Vielmehr müssen sie eine Gesprächssituation schaffen, in der beide Kinder ihre Verletzungen ausdrücken und auf gegenseitiges Verständnis und Mitgefühl hoffen können.

Um sie zu einem solchen Gespräch hinzuführen, können sie z.B. sagen: „Ich möchte zu euch beiden gerecht sein und euch beide verstehen. Kommt bitte nach dem Unterricht zu mir. Wir sprechen dann einmal in Ruhe miteinander." Die beste Möglichkeit, beide Kinder anzuhören, ist, mit ihnen ein Streitschlichtungsgespräch zu führen. In ihm geben sie den SchülerInnen durch verständnisvolles und einfühlsames Nachfragen die Gelegenheit, sich auszusprechen und das jeweils andere Kind zu verstehen sowie gemeinsam nach einer Lösung für ihren Streit zu suchen, mit der beide zufrieden sind (vgl. Modul 12: „Wir führen die Streitschlichtung ein.").

Modul 8

Sachanalyse: Tiefere Ursachen für Konflikte

Die Ursachen für Konflikte liegen zumeist in unbefriedigten Bedürfnissen. In den meisten Situationen wissen wir nicht, welches Bedürfnis unbefriedigt oder befriedigt ist.[50] Wir müssten uns dazu z.B. fragen: Warum fühle ich mich im Moment eigentlich so wohl? Was geschieht zwischen mir und meinem Freund, dass ich mich so fühle? Ist es vielleicht mein Bedürfnis nach Ruhe oder nach Geborgenheit oder Anerkennung, was der andere befriedigt? Meistens stellen wir uns solche Fragen nicht. Wir fragen auch den anderen in der Regel nicht, warum er sich wohlfühlt: „Du wirkst auf mich so, als würdest du dich im Moment wohlfühlen. Stimmt das? Warum fühlst du dich jetzt so wohl?"

Für unser Zusammenleben wäre es ein großer Gewinn, in entscheidenden Augenblicken zu wissen, welche Bedürfnisse befriedigt sind, weil wir unsere Beziehungen dann intensiver erleben und uns näher kommen würden. Wir könnten unsere Zufriedenheit und Freude offener und dankbarer kommunizieren und darüber hinaus Situationen selber herbeiführen, von denen wir wissen, dass wir in ihnen gute Gefühle haben werden.

Nicht nur für unsere guten Gefühle kennen wir meistens nicht den tieferen Grund. Noch seltener wissen wir, warum wir in einer Beziehung unzufrieden oder sogar unglücklich sind. Wir müssten uns auch dann in uns einfühlen, um herauszufinden, welche Bedürfnisse nicht beachtet, bedroht oder sogar verletzt sind: Wünsche ich mir (mehr) Zuneigung oder Respekt, Freundschaft oder Aufmerksamkeit, Verständnis oder Vertrauen oder vielleicht Geborgenheit oder Zärtlichkeit? Die wenigsten Menschen haben gelernt, sich ihrer unbefriedigten Bedürfnisse bewusst zu werden und sie offen anzusprechen. Sie kennen ihre eigenen und die Bedürfnisse ihrer Mitmenschen nicht und sind deshalb auch nicht in der Lage, sie in Worte zu fassen und zu kommunizieren. Sie spüren lediglich, dass in ihrer Beziehung etwas nicht „stimmt" und mäkeln oder nörgeln vielleicht an dem anderen herum, weil sie unzufrieden sind.

Unbefriedigte Bedürfnisse und Verhalten

Unsere unbefriedigten Bedürfnisse haben Auswirkungen auf unser Verhalten und unsere Sprache. Die SchülerInnen sollen in diesem Modul drei Verhaltensweisen kennen lernen, die von unbefriedigten Bedürfnissen herrühren und zu zwischenmenschlichen Konflikten oder sogar zum Ende einer Beziehung führen können:

1. Obwohl wir selber im Moment nicht wissen, welches Bedürfnis wir eigentlich haben, hoffen wir darauf, dass ein anderer Mensch errät oder spürt, was wir uns von ihm wünschen, und er unser Bedürfnis von sich aus erfüllt. Wenn er dies nicht tut, wenden wir uns traurig von ihm ab.
2. Obwohl wir selber im Moment nicht wissen, welches Bedürfnis wir eigentlich haben, fordern und erzwingen wir von einem anderen Menschen, dass er errät oder spürt, was wir uns wünschen, und unser Bedürfnis von sich aus erfüllt. Wenn er das nicht tut, werden wir gewalttätig und verletzen ihn und sagen z.B. „Ich will aber, dass …"
3. Obwohl wir selber nicht wissen, welche Bedürfnisse wir eigentlich haben, wenden wir uns traurig von einem Mitmenschen ab. Wir geben ihm nicht mehr die Chance, unsere Bedürfnisse zu befriedigen und geben stattdessen anderen Menschen, was wir uns für uns selber wünschen.

Was bedeuten diese Verhaltensweisen für unsere Beziehung zu anderen Menschen?

Zu 1. Häufig hoffen wir, dass ein anderer Mensch in uns hineinschaut und errät oder spürt, was wir uns im Augenblick von ihm wünschen, obwohl wir selber nicht wissen, welches Bedürfnis er mit seinem Verhalten befriedigen soll. Wenn der andere Mensch uns nicht gibt, was wir uns wünschen, wenden wir uns enttäuscht von ihm ab.

Ein Beispiel: Wir denken: „Mein Mann müsste doch spüren, dass ich morgen meine Mutter besuchen möchte. Warum fährt er mich nicht hin und will stattdessen ins Fußballstadion gehen?" Wir wissen selber nicht, welches Bedürfnis wir mit dem Besuch der Mutter befriedigen möchten. Gleichwohl hoffen wir, dass unser Mann es errät und befriedigt. Wir sind enttäuscht, weil er nicht spürt, was wir uns wünschen. Häufig wiederkehrende Enttäuschungen können zur Folge haben, dass Menschen eines Tages eine solche Beziehung ganz in Frage stellen und sich von diesem Menschen sogar trennen.

Zu 2. In Problemfamilien, aber auch in „gesunden" Familien, wissen die Familienmitglieder häufig nicht, welche unerfüllten situativen Bedürfnisse sie haben. Dennoch fordern oder erzwingen sie, dass die anderen erraten, was sie wollen. Wenn z.B. die Eltern nicht spüren und tun, was ihre Kinder unbewusst erwarten, versuchen diese ihren Willen oft mit Gewalt durchzusetzen; sie protestieren hoch emotional gegen das Verhalten ihrer Eltern z.B. mit Wutausbrüchen oder im anderen Extrem, indem sie so tun, als wären ihnen ihre Eltern und das, was sie sagen und tun, gleichgültig oder egal.

Besonders aggressiven Jugendlichen kommen in solchen Familien manchmal erschreckend respektlose Sätze über die Lippen wie: „Ihr könnt mich mal." Sie geben ihren Eltern damit zu verstehen, dass sie sich von ihnen in ihrem Innern häufig nicht verstanden gefühlt haben und jetzt ganz auf ihr Verständnis verzichten. Sie selber kannten ihre Bedürfnisse nicht und konnten sie nicht kommunizieren, und ihre Eltern waren unfähig, sie zu erraten und zu befriedigen.

Wenn Jugendliche sagen, dass sie auf das Verständnis ihrer Eltern verzichten, dann zeigen sie, dass sie ihnen nicht mehr wichtig sind, ihnen nichts mehr bedeuten. Und das ist es, was die Eltern verletzt und kränkt.

Einer der Gründe, warum solche Familien in Konflikte geraten oder sogar ganz auseinander brechen, ist ihre Sprachlosigkeit angesichts ihrer nicht befriedigten Bedürfnisse und ihr Unvermögen, gemeinsam nach Wegen zu suchen, wie diese erkannt und befriedigt werden können. Nach Marshall B. Rosenberg sind Aggressionen „missglückte Versuche, Bedürfnisse auszudrücken".

Zu 3. Wenn wir von einem nahestehenden Menschen nicht mehr Gutes erhoffen, als wir bisher bekommen, dann sind wir in einer solchen Beziehung meistens enttäuscht und ziehen uns zurück. Wir sind vielleicht sogar so sehr enttäuscht, dass wir dem anderen keine weiteren Chancen mehr geben, uns Gutes zu tun. Manche Menschen finden einen Ausweg darin, zufriedener, entspannter oder glücklicher zu werden, wenn sie andere finden, denen sie Gutes tun können. Sie verzichten auf die Befriedigung ihrer eigenen Bedürfnisse, vergraben sich aber nicht in ihrer enttäuschenden Beziehung, sondern lösen ihr Problem, indem sie sich anderen Menschen zuwenden und ihnen geben, was sie sich für sich selber wünschen. Sie schenken ihnen z.B. ihre Liebe, Zuneigung oder Fürsorge, weil sie unbewusst annehmen, dass sie diese Bedürfnisse auch haben.

Dieses altruistische, selbstlose und uneigennützige Verhalten können wir mit dem Philosophen Immanuel Kant „moralisches Handeln" nennen, wenn es ohne jede Neigung rein aus Achtung vor dem Sittengesetz erfolgt. Ich meine, es ist nicht gut für einen Menschen, im Sinne Kants altruistisch zu handeln und ganz von seinen eigenen Interessen und Neigungen abzusehen. Wir dürfen und sollen von unseren Handlungen durchaus auch positive Rückwirkungen auf uns erwarten, ohne gleich egoistisch zu sein. Allerdings ist es ein Unterschied, ob wir anderen Gutes tun mit der alleinigen Intention, von ihnen etwas zurück zu bekommen, z.B. Dankbarkeit oder Anerkennung. - Dieses Verhalten wäre egoistisch. - Oder, ob wir etwas tun, in der ehrlichen Absicht, anderen Gutes zu tun. Dann verhalten wir uns moralisch gut. Wenn die anderen Menschen uns dafür dankbar sind, dann sollten wir ihre Dankbarkeit selbstverständlich als ein Geschenk annehmen und uns herzlich darüber freuen. Wenn wir das nicht könnten, wenn wir für ihre Dankbarkeit unempfänglich wären, dann könnten wir uns vermutlich überhaupt nicht über andere Menschen freuen, und was wäre unser Leben ohne diese Gefühle wert?

Bei vielen altruistischen Menschen bleibt bestimmt eine Grundtraurigkeit oder Enttäuschung zurück, wenn in ihren engsten persönlichen Beziehungen grundlegende Bedürfnisse von ihnen unbefriedigt bleiben. Sie geraten vielleicht sogar in einen inneren emotionalen Konflikt hinein, den sie allein nicht lösen können. Manche werden zu depressiven Menschen, die sich für andere aufopfern und irgendwann innerlich ausgebrannt sind. Wer immer nur gibt, und nichts Entscheidendes zurück bekommt, ist irgendwann völlig erschöpft. Depressive Menschen haben in gewisser Weise keinen Zugang mehr zu ihren Bedürfnissen. Es gibt nichts, worüber und worauf sie sich noch freuen können oder, was sie zufrieden oder glücklich macht. Ihre Seele verstummt und sie sehen alles in düsteren Farben. Diese Menschen müssen lernen, wieder einen Zugang zu ihren Gefühlen und Bedürfnissen zu finden und dadurch wieder anfangen zu leben.

Didaktische Überlegungen

Die SchülerInnen sollen sich Situationen vorstellen, in denen Kinder die oben beschriebenen Verhaltensweisen zeigen, und sie in Rollenspielen darstellen. Anschließend beantworten sie die Fragen.

Rollenspiele:

1. Einige Kinder spielen Tischtennis. Wie verhält sich Michael?

Zu 1. Obwohl Michael selber nicht weiß, welches Bedürfnis er genau hat, hofft er darauf, dass die anderen Kinder erraten oder spüren, was er sich wünscht. Weil die anderen Kinder ihn nicht beachten und sein Bedürfnis nicht erraten, geht er traurig weg und ist mit seiner Traurigkeit allein.

Zu 2. Michael erwartet und fordert von den Kindern, dass sie erraten oder spüren, was er von ihnen will. Weil die anderen nicht tun, was er von ihnen erwartet, wird er gewalttätig und beleidigt sie.

Zu 3. Michel ist traurig, dass die anderen Kinder sein Bedürfnis nicht erraten. Er geht traurig weg, wendet sich dann aber Mert zu und gibt ihm, was er sich unbewusst für sich selber gewünscht hat.

2. Timo hat die beste Mathearbeit geschrieben.

Zu 1. Obwohl Timo selber nicht weiß, welches Bedürfnis er genau hat, hofft er darauf, dass seine Eltern es erraten oder spüren und ihm geben, was er sich unbewusst wünscht. Weil die Eltern ihn nicht beachten, geht traurig weg und ist mit seiner Traurigkeit allein.

Zu 2. Timo erwartet und fordert von seinen Eltern, dass sie erraten oder spüren, welches Bedürfnis er hat. Weil sie ihm nicht geben, was er unbewusst erwartet, wird er gewalttätig und verletzt sie.

Zu 3. Timo ist traurig, dass seine Eltern sein Bedürfnis nicht erraten. Er geht traurig weg, wendet sich dann aber seiner Schwester Claudia zu und gibt ihr, was er sich unbewusst von seinen Eltern gewünscht hat.

3. Elisabeths kleiner Hund ist gestorben.

Zu 1. Obwohl Elisabeth selber nicht weiß, welches Bedürfnis sie genau hat, hofft sie darauf, dass ihre Mutter errät oder spürt, was sie sich unbewusst wünscht. Weil ihre Mutter sie nicht beachtet, geht sie traurig weg und ist mit ihrer Traurigkeit allein.

Zu 2. Elisabet erwartet und fordert, dass ihre Mutter ihr unbewusstes Bedürfnis errät oder spürt und ihr von sich aus gibt, was sie erwartet. Weil sie das nicht tut, wird Elisabeth gewalttätig und beleidigt sie.

Zu 3. Elisabeth ist enttäuscht, dass ihre Mutter ihr Bedürfnis nicht errät. Deshalb geht sie traurig in ihre Zimmer und weint. Am nächsten Tag gibt sie ihrer Freundin, was sie sich unbewusst für sich selber gewünscht hat.

Auf dem Arbeitsblatt befinden sich noch weitere Rollenspiele. Die SchülerInnen sollen herausfinden, dass die Kinder Traurigkeit und Streit hätten vorbeugen können, indem sie sich bewusst gemacht hätten, was sie sich von den anderen wünschen (diesen Lernschritt erarbeiten die SchülerInnen in Modul 1) und sie bitten können, ihr Bedürfnis zu erfüllen (vgl. dazu „Wir üben das „Giraffen-Verhalten" in Rollenspielen" (Modul 14).

Modul 9

Sachanalyse: Wir benehmen uns wie „Wölfe" und zetteln einen Streit an.

„Wolfs-Verhalten" und „Giraffen-Verhalten" nach Dr. Marshall B. Rosenberg

In den 70er Jahren des vergangenen Jahrhunderts hat der amerikanische Psychologe Dr. Marshall B. Rosenberg das Modell der „Gewaltfreien Kommunikation (GFK)" entwickelt.[51] Er unterscheidet zwei Kommunikationsstile. Um sie veranschaulichen, verwendet er Tiermetaphern: Gewaltsam ist unsere Kommunikation, wenn wir uns wie „Wölfe" verhalten, gewaltlos, wenn wir uns wie „Giraffen" benehmen. Wegen ihrer Anschaulichkeit können auch jüngere SchülerInnen diese unterschiedlichen Kommunikationsstile gut verstehen.

Der eine Kommunikationsstil „Wir verhalten uns wie Wölfe" beschreibt modellhaft, wie wir uns häufig benehmen. In den Rollenspielen in Modul 8 haben die SchülerInnen dieses Verhalten in den Szenen 2 schon kennen gelernt. Nun sollen sie vertiefend darauf eingehen und dieses Verhalten als „Wolfs-Verhalten" deuten.

Der Kommunikationsstil „Wir verhalten uns wie Giraffen"[52] verdeutlicht, welche Kommunikation wünschenswert ist, was wir tun sollen. Die Frage: „Was sollen wir tun?" ist die Grundfrage der Ethik. Rosenberg gibt darauf eine Antwort, die wir überzeugend finden: Wir sollen unsere Mitmenschen bitten, unsere Bedürfnisse zu erfüllen, Rücksicht auf ihre Bedürfnisse nehmen und sie erfüllen. Auf diesen zweiten Kommunikationsstil gehen die Unterrichtsmaterialien später ein.

Didaktische Überlegungen

1. Plakat: Leider verhalten wir uns manchmal wie „Wölfe.

„ Manchmal fordern oder erzwingen wir von anderen, dass sie erraten oder spüren, was wir von ihnen wollen und uns geben, was wir wollen, obwohl wir selber nicht wissen, welches Bedürfnis wir befriedigen möchten. Wenn die anderen das nicht tun, werden wir ärgerlich oder wütend. Wir setzen unseren Willen mit Gewalt auf Kosten anderer durch und benehmen uns wie „Wölfe". „Wölfe" sind Lebewesen, die kein großes Herz für andere Tiere haben. Wenn Wölfe etwas nicht bekommen, dann knurren sie andere Tiere aggressiv an, schnappen zu, verletzen oder töten sie. Der Ausdruck „Wölfe" (gemeint sind natürlich nicht richtige

Wölfe!) steht für Menschen, die anderen weh tun. Meistens zetteln sie mit ihrem Verhalten einen Streit an."

Die SchülerInnen besprechen den Text und lassen die Bilder auf sich wirken. Anschließend gestalten sie mit ihnen ein Plakat. In einem weiteren Übungsschritt sollen sie unter „Wolfs-Sprache" schreiben, was „Wölfe" Verletzendes sagen. Sie können sich dazu noch einmal die Rollenspiele aus Modul 8 anschauen und daraus Beispiele entnehmen.

Ärger, Wut und „Wolfs-Sprache"

Ein Charakteristikum des „Wolfs-Verhaltens" ist die gewaltsame Sprache, die „Wölfe" benutzen.[53] Im Allgemeinen nehmen wir an, dass Sprache die beste Möglichkeit der Verständigung zwischen Menschen ist und Sprache und Gewalt sich ausschließen - auch und gerade in diesen Unterrichtsmaterialien setzen wir auf die Kraft der Sprache, um gewaltlos miteinander umgehen zu können. Leider bilden Sprache und Gewalt keine Gegensätze. Vielmehr können wir andere Menschen mit unserer Sprache genauso tief verletzen wie mit gewaltsamen Handlungen. Wir alle haben schon erfahren, dass Worte wie Waffen wirken und uns einen Stich versetzen können und setzen diese Waffen leider selber oft gegen andere ein. Fast immer kommen verletzende Wörter aus unserem Mund, wenn wir uns ärgern, ungehalten, nervös oder wütend sind. Wir drücken diese Gefühle sprachlich aus, indem wir uns Schimpfwörter einfallen lassen, die wir anderen entgegen schleudern.

Diese Wörter heißen Schimpfwörter, weil wir mit ihnen andere beschimpfen und beleidigen wollen. Indem wir andere Menschen beschimpfen oder beleidigen, drücken wir ihnen unsere Geringschätzung oder Nichtachtung aus. Beschimpfungen werden immer als Kränkungen empfunden, weil sie die Würde eines Menschen verletzen. Sie verletzen sein Bedürfnis nach Respekt und Wertschätzung.

Die SchülerInnen lernen Schimpfwörter häufig durch andere Kinder oder Erwachsene. Und ihre Eltern sind meistens entsetzt, wenn ihre Kinder plötzlich Zuhause Wörter gebrauchen, die in der Familie niemals fallen würden, weil sie sich nicht gehören. Oft sprechen Kinder auch Schimpfwörter aus, ohne ihre Bedeutung zu kennen. Sie haben aber erfahren, dass sie mit ihnen eine bestimmte Reaktion - meistens Verärgerung - hervorrufen können und deshalb gebrauchen sie sie, ohne diesen Zusammenhang zu verstehen.

Als „Wölfe" benutzen wir neben Schimpfwörtern auffällig oft verletzende „Du-Sätze". Das

Subjekt in diesen Sätzen ist der andere Mensch, dem wir meistens ein negatives Prädikat, also eine negative Eigenschaft zu- oder eine positive Eigenschaft absprechen. Diese Sätze haben die bezwingende, strenge Form von Urteilen. In ihnen beurteilen oder bewerten wir den anderen Menschen. Wir behaupten etwas über ihn, wozu wir in der Regel kein Recht haben. Wir sprechen ihm eine Eigenschaft zu oder ab, die ihm in Wahrheit gar nicht zukommt oder nicht abgesprochen werden kann. Deshalb empfinden wir „Du-Sätze" fast immer als ungerecht. Manchmal stimmt es auch, was wir dem anderen zu- oder absprechen. In diesen Fällen hört der andere Mensch aber nicht auf die Wahrheit der Aussage, sondern auf die Intention, die mit der Aussage verbunden ist, und empfindet diese als böse und ungerecht. Er spürt, der andere will mich mit dieser Aussage kränken und das ist entscheidend, nicht, ob die Aussage wahr oder falsch ist. Die SchülerInnen können unter „Wolfs-Sprache" außerdem Schimpfwörter und beleidigende „Du-Sätze" schreiben, die sie selber benutzt oder bei anderen Kindern gehört haben.

Ärger, Wut und „Wolfs-Verhalten"

Unter die Überschrift „Wolfs-Verhalten" sollen die SchülerInnen Verhaltensweisen subsummieren, die charakteristisch für „Wölfe" sind. Sie können sie den Rollenspielen aus Modul 8 Beispiele entnehmen wie „schreien", „beleidigen", „aus dem Zimmer laufen und die Tür hinter sich zuknallen", „schimpfen", „mit dem Fuß gegen die Tür treten" und noch weitere Beispiele benennen.

Das Ziel dieses Unterrichtsschrittes ist, dass die SchülerInnen in konkreten Situationen erkennen, wann sie selber oder ihre Mitmenschen wie „Wölfe" sprechen und sie sich oder andere sich wie „Wölfe" benehmen und einen Streit anzetteln. Aufgrund der bildhaften Sprache können sich die SchülerInnen gut einprägen, was typische sprachliche Ausdrucksweisen und Verhaltensweisen eines „Wolfs" sind. Das Plakat sollte gut sichtbar im Klassenzimmer aufgehängt werden. Später kommen weitere Plakate hinzu.

2. „Wölfe" üben Gewalt aus.

Mit diesem Arbeitsblatt und den beiden erschütternden Fotos sollen die SchülerInnen lernen, dass wir mit „Wolfs-Verhalten" und „Wolfs-Sprache" seelische oder körperliche und seelische Gewalt auf andere Menschen ausüben. Seelische Gewalt bedeutet, dass wir die Seele eines Menschen verletzen, körperliche Gewalt, dass wir den Körper und die Seele eines Menschen verletzen.

Modul 10

Sachanalyse: 1. Wir reagieren auf einen „Wolf" wie ein „Wolf".

Wir erleben tagtäglich in der Schule, dass Kinder von anderen Kindern seelisch oder körperlich verletzt werden. Diese Verletzungen berühren die Kinder mehr oder weniger tief. Sie können sich etwas, aber auch tief verletzt und gekränkt fühlen. Wie ich oben schon beschrieben habe, kommen manche Kinder dann zu uns und bitten uns um Hilfe. Wir wollen ihnen helfen und Gegengewalt vorbeugen, indem wir an der Schule die Stopp-Regel und die Streitschlichtung einführen.

Bis diese Instrumente greifen, spielen sich in unseren Schulklassen, auf dem Pausenhof oder auf dem Heimweg der SchülerInnen leider weiter Gewaltszenen ab, in die unsere Kinder selbst verwickelt sind oder die sie bei ihren MitschülerInnen beobachten müssen: Ein Kind hat ein anderes verletzt und das andere reagiert darauf seinerseits verärgert oder wütend. Was diese Reaktion bedeutet, lernen die Schülerinnen mit dem nächsten Arbeitsblatt.

Didaktische Überlegungen

1. Plakat: Wir sind beide gewalttätig.

Leider reagieren wir manchmal auf einen „Wolf" wie ein „Wolf" und sind beide gewalttätig. Dann befindet sich das Gewitter direkt über uns.

Die SchülerInnen lesen das Arbeitsblatt und gestalten mit ihm ein zweites Plakat. Vorher sprechen sie darüber, woran es liegt, dass sie sich selbst und andere Kinder oft wie zwei „Wölfe" streiten. Die SchülerInnen sollen lernen, dass aggressives, gewaltsames Verhalten bei den meisten Menschen Ärger oder Wut auslöst. Denn wenn sich uns gegenüber jemand wie ein „Wolf" benimmt, fühlen wir uns selber ungerecht, gemein oder unfair behandelt, weil der andere ein Bedürfnis von uns nicht beachtet, bedroht oder verletzt hat (vgl. Modul 4: „Wann und warum fühlen wir uns schlecht?"). Wie alle Gefühle erzeugen Ärger und Wut immer eine Neigung, uns ihnen gemäß zu verhalten. Oft möchten wir unserer Wut am liebsten freien Lauf lassen und dem anderen heimzahlen, was er uns angetan hat. Und tatsächlich greifen wir in vielen Situationen zur Gegengewalt und verletzen den anderen seelisch und /oder körperlich zurück: wir schreien zurück, beleidigen zurück, treten zurück… Da unser Verhalten den anderen Menschen noch wütender macht, reagiert er wieder wie ein „Wolf" und daraus entsteht schließlich eine Spirale aus Gewalt und Gegengewalt. Wir müssen uns aber nicht gewaltsam verhalten. In Wahrheit gibt es noch andere Möglichkeiten, mit Ärger oder Wut umzugehen. Viele SchülerInnen und auch Erwachsene haben in ihrem Leben nur diese eine gelernt. Was wir gelernt haben, können wir auch wieder verlernen und andere Verhaltensweisen einüben.

Die SchülerInnen sollen zunächst überlegen: „Was tun „Wölfe", wenn sie auf einen „Wolf" wie ein „Wolf" reagieren?" und ihre Antworten auf das Plakat schreiben. Unsere Wut hat auch Einfluss auf unsere Sprache. Wir verwenden viel Energie und Erfindungskraft darauf, den anderen mit Schimpfwörtern zurückzubeleidigen oder mit „Du-Sätzen" zurückzuverletzen und sagen z.B.: „Du bist doof." Oder „Du verstehst mich sowieso nie." Die SchülerInnen sollen überlegen: „Was sagen „Wölfe" zu „Wölfen"? Welche Schimpfwörter benutzt du, wenn du auf einen „Wolf" wie ein "Wolf" reagierst? Welche hast du schon oft bei anderen gehört? Welche Sätze hast du oder haben andere schon benutzt, mit denen ein anderes Kind zurückbeleidigt und zurückverletzt wird?" Mit diesen und ähnlichen Fragen können wir die Kinder dort abholen, wo sie sind. Wir geben ihnen damit die Möglichkeit, ihr eigenes Verhalten und Sprechen und das ihrer MitschülerInnen in Streitsituationen zu beschreiben. Auch diese Antworten schreiben sie auf das Plakat.

2. Rollenspiele mit Handpuppen

Die Kinder sollen sich ein Rollenspiel aussuchen, in dem ein Kind einen Streit anzettelt und ein anderes wie ein „Wolf" reagiert und der Klasse diesen Streit vorspielen. Dabei lernen sie, dass diese Streitigkeiten leider auf beiden Seiten mit gewaltsamen Mitteln ausgetragen werden. Zwischen den Streitenden findet mit Worten und Taten ein Machtkampf statt, der solange andauert, bis einer gekränkt oder verletzt aufgibt und der andere als der vermeintlich Stärkere „gesiegt" hat. Meistens ist der vermeintlich „Stärkere" der Frechere oder Gewalttätigere. Zum anschließenden Gespräch eignen sich zum Beispiel folgende Fragen:

- o Welche Erfahrungen hast du mit Streitigkeiten an eurer Schule gemacht?
- o Wie geht dein Streit mit anderen Kindern meistens aus? Wie gehen Streitigkeiten zwischen anderen Kindern an eurer Schule meistens aus?
- o Wie fühlst du dich, nachdem du dich gewaltsam mit einer Mitschülerin oder einem Mitschüler gestritten hast? Geht es dir danach noch schlechter als vorher oder besser?

Sachanalyse: 2. Was geschieht, wenn wir uns wie „Wölfe" streiten?

Wir wollen nun das „Wolfs-Verhalten" und die „Wolfs-Sprache" einmal genauer untersuchen. Was geschieht, wenn wir uns wie „Wölfe" streiten? Dann denkt jeder, er habe einen sehr guten Grund, z.B. ärgerlich, enttäuscht oder wütend zu sein. „Der andere hat ja angefangen." Wir haben nicht nur einen Grund, sondern können sogar viele Gründe anführen.

Jede Schülerin und jeder Schüler und auch jeder Erwachsene ist in der Lage, mehrere Vorfälle zu nennen, bei denen wir uns über einen anderen geärgert und verletzt gefühlt haben. Die Erinnerungen an tiefe - bisher vielleicht noch nie ausgesprochene - Enttäuschungen oder Verletzungen reichen bei vielen Menschen oft weit in die Vergangenheit zurück, aber niemand kann wirklich genau sagen, wie die Streitigkeiten eigentlich angefangen haben, wer sich als erster wie ein „Wolf" benommen hat. Wir denken aber, dass wir das genau wissen. Wir sind davon überzeugt, der andere hat letzten Endes an unseren Streitigkeiten Schuld.

Es macht überhaupt keinen Sinn, bei einem Streitgespräch in der Vergangenheit zu forschen und nach den „letzten" Ursachen für unsere gestörte Beziehung zu suchen, wenngleich das viele Menschen tun, weil wir uns mit diesen Gedanken gegenseitig in weitere Vorwürfe und Rechthaberei verstricken. Solch ein Streit kann noch endlos fortdauern, weil sich jeder immerzu an weitere Vorfälle erinnert, die er dem anderen noch vorwerfen und nachtragen kann.

Didaktische Überlegungen

1. Das Eisbergmodell, 1. Teil

Was bei einem solchen Streit zwischen zwei „Wölfen" geschieht, lässt sich gut an dem Modell des „Eisbergs"[54] zeigen. Einen Streit können wir mit einem Eisberg vergleichen: Ein kleiner Teil befindet sich über dem Wasserspiegel und ist sichtbar: Das, was wir tun und was wir sagen und das, was der andere tut und sagt. Der weitaus größte Teil des Eisbergs befindet sich unter Wasser und ist zunächst unsichtbar.

Wenn wir wie „Wölfe" sprechen und uns wie „Wölfe" verhalten, dann streiten wir uns oberflächlich: „Wir achten und reagieren immer auf das, was der andere Beleidigendes oder Verletzendes sagt, auf seine Schimpfwörter und verletzenden „Du-Sätze" und verletzen ihn zurück mit Schimpfwörtern und verletzenden „Du-Sätzen". Und wir reagieren auf das, was er tut, z.B. laut schimpfen, boxen oder treten, indem wir zurückschimpfen, zurückboxen oder zurücktreten.

Weil wir uns ganz darauf konzentrieren, was der andere in diesem Streitgespräch gerade Verletzendes tut und sagt, und überlegen, was wir dem anderen daraufhin wieder vorwerfen können, vergessen wir in einem solchen Streit oft den Anlass. Wir wissen gar nicht mehr, worüber wir uns eigentlich streiten, weil wir uns am meisten an die letzten Schimpfwörter oder Beschuldigungen erinnern und darauf reagieren wollen.

Diese gegenseitige Rechthaberei kann in einen Machtkampf übergehen, bei dem jeder versucht, daraus als derjenige hervorzugehen, der Recht hat. Wir wollen mit unseren Vorwürfen und unserer Kritik den anderen zum Verlierer machen und darin eine Genugtuung empfinden. Wir wollen uns bestätigt fühlen, dass wir wirklich gute Gründe haben, über den anderen enttäuscht zu sein, schlecht über ihn zu denken oder uns über den anderen zu ärgern. Und er soll Schuldgefühle deswegen bekommen. Diese Intention gibt uns oft eine unbeschreibliche Kraft, einen Streit verbissen bis zum Ende durchzufechten. Wir verbeißen uns - bildlich gesprochen - in den Streit, geradezu wie ein Wolf in sein Opfer.

An früherer Stelle haben wir schon besprochen, wie sich Gefühle auf das Verhalten auswirken können (vgl. Modul 6: „Gefühle beeinflussen immer unser Verhalten."). Nehmen wir z.B. unsere Wut: Wie jedes Gefühl ist unsere Wut nicht per se ein untrüglicher Wegweiser für ein „richtiges" Verhalten. Ob ein Verhalten „richtig" oder „falsch", d.h. sozial angemessen oder unangemessen ist, lässt sich nur mit dem Verstand beurteilen. Aus dem Gefühl allein heraus erschließt sich uns das nicht. Mit unserer Wut sind auch keine unmittelbaren Handlungszwänge verbunden, die uns nur so und nicht anders handeln lassen. Sie legt uns mehrere Handlungsmöglichkeiten nahe, so dass wir frei sind in unserem Handeln.

2. Überlege, bevor du wie ein „Wolf" reagierst.

Die SchülerInnen sollen lernen, dass es notwendig ist, zwischen dem Erleben von Wut und dem daraus folgenden Verhalten eine Weile nachzudenken, um die richtige Handlung auswählen zu können:[55]

1. Wenn dich jemand wie ein „Wolf" verletzt hat und du willst auf die Verletzung durch ihn reagieren, was möchtest du durch dein Verhalten erreichen? Kreuze an und begründe deine Meinung.

a) Du möchtest deiner Wut freien Lauf lassen und dem anderen heimzahlen, was er dir angetan hat. ( )

b) Du möchtest, dass der andere aufhört, sich dir gegenüber wie ein „Wolf" zu benehmen und dass er dein Bedürfnis befriedigt. ( )

Diese Gedanken sollen den SchülerInnen helfen, sich ihrer eigentlichen Absicht bewusst zu werden. Gleichzeitig regulieren sie mit ihnen ihre Gefühle und steuern bewusst ihr Verhalten. Wenn sie das Zweite möchten, durch welches Verhalten können sie dies am ehesten erreichen? Nicht, indem sie sich selber wie „Wölfe" benehmen. Mit „Wolfs-Verhalten" werden sie in der Regel das Gegenteil bewirken: Der andere Mensch setzt sich zur Wehr, verteidigt sein Verhalten und gibt ihnen die Schuld dafür. Er wird sein Verhalten, das sie verletzt hat, nicht ändern, sondern sich darin eher noch bestätigt fühlen.

Bevor sie gewaltsam wie „Wölfe" reagieren, sollten die SchülerInnen außerdem überlegen, welche Auswirkungen gewaltsames Verhalten auf sie selber und auf den „Wolf" haben kann:

2. Welche Auswirkungen hat es auf dich und den „Wolf", wenn ihr euch beide gewaltsam streitet? Kreuze an und begründe deine Meinung.

Die SchülerInnen sollen lernen,

o   dass sie ihren Streit nicht zur beiderseitigen Zufriedenheit lösen und ihre Bedürfnisse befriedigen können, wenn sie sich gewaltsam streiten

o   dass ihre Beziehungen durch gewaltsames Verhalten Schaden leiden und sie vielleicht sogar zu Feinden werden, die sich gegenseitig misstrauen

o   dass sie sich nicht wie „Wölfe" streiten dürfen, wenn sie diese negativen Konsequenzen vermeiden wollen.

3. Brückengrafiken - wie können Streitigkeiten ausgehen?

Die SchülerInnen sollen sich bildlich vorstellen, wie Streitigkeiten enden können, wenn sie sich diese Grafiken anschauen. Ihre Aufgabe besteht darin, die Bilder in die richtigen Reihenfolgen zu legen. Insgesamt sind drei Aufeinanderfolgen möglich:

1. Wenn sie sich gewaltsam wie „Wölfe" streiten, endet ihr Streit meistens, indem sie sich voneinander entfernen und sich anschließend spinnefeind sind.
2. Es gibt zum Glück Auswege aus gewaltsamen Streitigkeiten. Dazu müssen sie aus dem bisherigen Machtkampf aussteigen und den Willen zur Versöhnung aufbringen. So können sie mit Hilfe eines dritten Menschen die Brücke zwischen sich wieder zusammen bauen und sich vertragen.
3. Wir können die Brücke zwischen sich auch allein wieder zusammen bauen und sich vertragen. (Auf die zweite und die dritte Verhaltensweise gehen wir in den Modulen 12 und 13 ein.)

Modul 11

Sachanalyse: Der Einfluss unseres Denkens auf unsere Gefühle

Ich möchte an dieser Stelle etwas weiter ausholen, weil der Zusammenhang von Denken und Fühlen sehr wichtig ist und wir ihn uns möglichst oft bewusst machen sollten. Bei allem, was wir erleben, ist immer auch unser Verstand beteiligt, indem er das Verhalten unserer Mitmenschen und unser eigenes interpretiert. Was wir in einer bestimmten Situation über uns selbst und über einen anderen denken, hat großen Einfluss darauf, was wir fühlen und wie intensiv wir etwas fühlen.[56] Wenn wir gut über jemanden denken, dann haben wir positive, wenn wir dagegen schlecht über ihn denken, dann haben wir negative Gefühle. Zu jedem Gefühl gehören Gedanken, die das Gefühl mit hervorrufen. So gibt es z.B. Angst auslösende Gedanken, Wut auslösende, Freude auslösende und z.B. Vertrauen auslösende Gedanken.

Vertrauen auslösende Gedanken

Wenn wir einen Menschen sehr mögen und uns oft mit Dankbarkeit daran erinnern, was er uns Gutes getan oder gesagt hat, dann sind wir auch in einer konkreten Situation zuversichtlich, dass er uns Gutes tun und ein Bedürfnis von uns befriedigen wird. Wir haben Vertrauen zu ihm und denken über ihn gut.

Natürlich können wir über einen lieben Mitmenschen mitunter enttäuscht sein oder uns über ihn ärgern, und er ist gar nicht so gut zu uns, wie wir es erhofft haben. Niemand ist zu jeder Zeit gut. Das wäre einfach zu viel verlangt. Aber er kann, bei allem, was er sagt und tut, es gut mit uns meinen. Darauf können wir im Tiefsten unseres Innern vertrauen. Wir sollten Kindern und Erwachsenen, die uns lieb und teuer sind, ruhig immer wieder sagen, dass wir es gut mit ihnen meinen. Dann werden sie sich dieses Denken selbst zu eigen machen und uns mehr und mehr vertrauen können. Aber wir dürfen ihr Vertrauen nicht verletzen.

Etwas Gutes tun und es gut meinen sind manchmal verschieden. Ein anderer kann uns durch sein Verhalten oder eine Äußerung einen Schaden zufügen und es gleichzeitig gut mit uns meinen. Seine Absicht oder Intention war gut. Die Wirkungen seines Verhaltens auf uns erleben wir jedoch subjektiv als schlecht. Nehmen wir an, eine Mutter sagt zu ihrer 14jährigen Tochter: „Ich möchte, dass du um 21 Uhr wieder Zuhause bist", dann meint die Mutter es gut; ihre Tochter wird dies jedoch voraussichtlich als Einschränkung ihrer Freiheit empfinden und sich über ihre Mutter ärgern. Auch wenn es der Tochter schwer fällt, sie muss ihrer Mutter glauben, dass sie es gut mit ihr meint, wenn sie ihr einen längeren Ausgang verbietet, und darf nicht schlecht über sie denken. Die Mutter andererseits sollte ihre Tochter überzeugen. Sie könnte z.B. sagen: „Was ich mir von dir wünsche, ist in Wahrheit nicht schlecht, sondern gut für dich: Du musst spätestens um halb zehn im Bett liegen, sonst bist du Morgen in der Schule todmüde und kannst dich nicht konzentrieren. In deinem Alter braucht ein Kind noch viel Schlaf." Oder „Wenn deine Freundin mit 14 Jahren schon bis 22 Uhr ausgehen darf, dann kümmern sich ihre Eltern nicht richtig um sie. Sie erlauben ihr Dinge, die für ein 14jähriges Mädchen nicht gut sind."

Wenn einem Kind von seiner Mutter gesagt wird, dass sie aus einem guten Willen heraus handelt, dann muss das Kind „über seinen eigenen Schatten springen" und seiner Mutter glauben, dass sie es gut mit ihm meint und darf ihr ihr Verhalten nicht nachtragen. Es muss sogar lernen, so sehr „über seinen eigenen Schatten zu springen", dass es seinen Ärger oder seine Wut überwindet. Das Kind hat kein Recht, unfreundlich zu ihr zu sein. Wenn es lernt - entgegen seiner Wut und seiner anfänglichen Neigung, ihr jetzt am liebsten Vorhaltungen zu machen - Verständnis für seine Mutter aufzubringen, dann lernt es, sich moralisch zu verhalten. Es denkt nicht mehr egoistisch nur an sich selbst, sondern lenkt seine Gedanken von sich weg hin zu seiner Mutter und versucht nachzuvollziehen, warum es für es gut ist, früher zu Hause zu sein. Das Kind lernt, auf etwas zu verzichten, was es sich im Augenblick dringend wünscht, weil es wieder gut über seine Mutter denkt. Mit seinen positiven Gedanken verfliegt seine Wut und es ist wieder zufrieden.

Falls es sich bei dem Gebot, um 22 Uhr zu Hause zu sein, nicht um eine Anweisung handelt, die dem Schutz der Tochter dient und ohne Diskussion befolgt, sondern um eine Regel, die von Zeit zu Zeit überprüft werden sollte und die Tochter verärgert sagt: „Das ist ungerecht", dann sollte die Mutter das Gerechtigkeitsgefühl ihrer Tochter aufgreifen und darauf eingehen.

Sie könnte z.B. antworten: „Ich möchte gerecht sein. Was findest du ungerecht daran, um 22 Uhr zu Hause sein zu müssen?" Die Mutter zeigt damit, dass sie bereit ist, einen moralischen Diskurs zu führen. In diesem Gespräch können beide lernen, die Fragen: „Was ist gerecht?" und „Was ist ungerecht?" argumentativ zu beantworten. Wenn beide die Einsicht gewinnen, dass die Regel nicht mehr altersgemäß und somit ungerecht ist, dann sollten sie sie auch ändern und miteinander eine längere Ausgehzeit vereinbaren. Auf diese Weise spürt die Tochter den guten Willen ihrer Mutter und denkt gut über sie. Ihr Ärger weicht einem positiven Gefühl.

Misstrauen auslösende Gedanken

In unserem Leben haben wir es leider nicht immer mit Menschen zu tun, die es gut mit uns meinen und uns Gutes tun wollen. Im Gegenteil: Alle Menschen machen im Laufe ihres Lebens schlechte Erfahrungen mit anderen Menschen und manche sogar so schlechte, dass sie ihren Glauben an „das Gute" im Menschen ganz verlieren und ihre Mitmenschen immer ängstlich und misstrauisch beäugen. Sie sind ständig auf der Hut, weil sie von anderen meistens nichts Gutes, sondern eher Schlechtes erwarten: Sie denken schlecht über andere und ihre Absichten und fühlen sich dabei schlecht: „Wann wird dieser Mensch mir wieder eins auswischen und mich absichtlich ärgern oder provozieren, weil er will, dass ich mich ärgere und sich darüber freut, wenn ich vor lauter Wut wieder aus der Haut fahre?"

Kinder in der Schule, die immer wieder von bestimmten MitschülerInnen geärgert oder provoziert werden, müssen notgedrungen den Eindruck gewinnen, dass ihre MitschülerInnen es darauf abgesehen haben, dass sie sich ärgern und in Rage geraten. Viele SchülerInnen ärgern andere mit Absicht. Es macht ihnen Spaß, andere zu provozieren. Dass ein Kind aufgrund seiner schlechten Erfahrung mit seinen MitschülerInnen dann fast ausschließlich schlecht über sie denkt und ihnen feindliche Absichten unterstellt, ist verständlich.

Auch Erwachsene denken über andere oft schlecht und unterstellen ihnen, wann immer sie irgendetwas tun, feindselige Absichten, weil sie mit ihnen in einer entscheidenden Situation ihres Lebens überhaupt keine guten Erfahrungen gemacht haben. Sie fühlen sich in ihrer Gegenwart unsicher und abhängig und liegen ständig auf der Lauer, ob ihnen erneut Böses widerfahren könnte.

Wenn wir jemandem misstrauen und als feindselig empfinden, dann fühlen wir, dass wir in seiner Seele ein Feind sind und er uns als Feind betrachtet. Egal, was der andere getan oder gesagt hat, wir denken im Nachhinein noch lange darüber nach, versinken ins Grübeln und erwägen misstrauisch hin und her, wie er es gemeint haben könnte. Hat er uns gegenüber eine feindliche Absicht gehegt? Wollte er uns verletzen oder war es nicht seine Absicht? Wenn wir anderen misstrauen, dann haben wir im Grunde ständig Angst vor ihnen.

Was ist eigentlich Vertrauen und was ist Misstrauen?

Wir können nie in einen anderen Menschen hineinschauen und sehen, welche Absicht er in Wahrheit hat. Wir sind darauf angewiesen, ihm zu glauben, was er sagt.

Vertrauen ist der Glaube, dass ein anderer Mensch es gut mit uns meint und uns Gutes tun möchte. Misstrauen ist der Glaube, dass ein anderer Mensch es schlecht mit uns meint und uns Böses will. In beiden Fällen können wir es nur glauben, aber nie wissen. Glauben bedeutet annehmen, vermuten, davon überzeugt sein.

Deshalb sind auch Gewissensprüfungen in Wahrheit nicht möglich. Ob ein Mensch eine gute oder eine böse Absicht hat, kann er nur selber wissen. Wenn wir Zweifel an seinem guten Willen haben, dann liegt es bei ihm, sich zu bemühen, Vertrauen wieder herzustellen. Er kann z.B. sagen: „Ich habe mich wirklich missverständlich ausgedrückt und verstehe, dass du meine Äußerung auch negativ auslegen konntest und deshalb enttäuscht von mir bist. Aber ich habe es wirklich nicht böse mit dir gemeint. Ich wollte dich nicht verletzen. Das kannst du mir glauben."

Manche Menschen reagieren unmittelbar verärgert, wenn ihnen Misstrauen entgegenschlägt. Sie wollen nicht in Betracht ziehen, ob sie vielleicht selber - absichtlich oder unabsichtlich - zu diesem Misstrauen beigetragen haben. Sie sind nicht bereit, Vertrauensarbeit zu leisten. Stattdessen verschließen sie sich und verstummen. Diese Reaktion ist ganz normal. Sie trägt aber nicht zu einem verständnisvolleren und harmonischerem Miteinander bei, sondern verhärtet die „Fronten". Beide stehen sich wie Feinde gegenüber, und der verletzte Mensch fühlt sich darin bestätigt, dass er dem anderen zu Recht von vornherein eine feindselige Absicht unterstellt hat. Weil er schlecht über ihn denkt, fühlt er sich auch schlecht.

Wir lernen daraus, wie wichtig es ist, miteinander zu sprechen, Missverständnisse auszuräumen und zu versuchen, sich gegenseitig zu verstehen. Nur so kann gegenseitiges Vertrauen wachsen und gefestigt werden.

Didaktische Überlegungen

1. Hilfe, ein Raser auf der Autobahn[57]

Die SchülerInnen lernen an dieser - und den nächsten drei - Geschichten, welchen großen Einfluss Gedanken auf Gefühle haben und dass sie mit ihren Gedanken ihre Gefühle verändern und regulieren können. Zunächst wird ihnen die Geschichte langsam vorgelesen.

Angst und Wut auslösende Gedanken

Wenn wir in der Situation des Vaters wären, würden wir vermutlich genauso denken und fühlen wie er: Zunächst macht uns das Verhalten des Autofahrers große Angst. Er bedrängt uns fürchterlich, so dass wir Angst bekommen, wir könnten die Kontrolle über unser Auto verlieren und gegen die Leitplanke rasen. Wir müssen uns doppelt auf das Fahren konzentrieren und sind vor lauter Angst, es könnte uns ein Unfall zustoßen, aufs Äußerste angespannt.

Nachdem die unmittelbare Gefahr überstanden und der Wagen an uns vorbeigezogen ist, fangen wir an zu denken: Wir denken schlecht über diesen Autofahrer: „Das ist ein Draufgänger und bringt uns hier extra in Gefahr." Dieser Gedanke erzeugt in uns Wut. Angst und Wut liegen immer nah beieinander.

Unmittelbar empfinden wir in jeder Gefahrensituation Angst. Sie alarmiert uns, sei vorsichtig, sonst passiert dir etwas Schlimmes, konzentriere dich. Wenn sich die Gefahr dann auflöst, sind wir zwar etwas erleichtert, aber wir bekommen es oft sogleich mit der Wut zu tun. Wir denken, das hat der extra gemacht und möchten am liebsten vor Wut laut losschreien.

Wir sind wütend, wenn wir uns ungerecht, gemein oder unfair behandelt fühlen. Etwas vorsätzlich Böses tun bedeutet, bewusst gemein, unfair oder ungerecht sein. Solches Tun verletzt unser Gerechtigkeitsgefühl. Nur weil wir Menschen als Menschen ein Gerechtigkeitsgefühl haben, d.h. ein Verständnis davon, ob etwas gut oder böse ist, können wir unsere eigenen Handlungen und Intentionen und die unserer Mitmenschen als gut oder böse

empfinden und uns über sie freuen oder darüber wütend werden. Ohne ein Gerechtigkeitsbewusstsein wären wir unfähig, Gut und Böse zu unterscheiden. Wir empfänden sie als einerlei. Es wäre uns egal, ob jemand etwas Gutes oder Schlechtes tut. Wenn uns etwas egal ist, dann ist es uns gleichgültig. Was uns gleichgültig lässt, hat für uns keine Bedeutung. Wir würden weder bei einer guten noch bei einer bösen Handlung etwas empfinden. Wir könnten uns also weder freuen noch wütend werden.

Für unsere Arbeit mit Schulkindern sollten wir daraus lernen, dass es ein gutes Zeichen ist, wenn sie sich über das ungerechte Verhalten ihrer MitschülerInnen empören. Es zeugt nämlich davon, dass sie ein Gerechtigkeitsgefühl haben. Und dies ist eine wichtige und unverzichtbare Voraussetzung dafür, dass wir unser Miteinander in der Schule und in der Gesellschaft sozial gestalten können. Wir sollten es bei unseren SchülerInnen weiter entwickeln, indem wir mit ihnen moralische Diskurse führen.

Die Geschichte zeigt uns darüber hinaus aber noch sehr viel mehr. Der Vater hat dem Autofahrer zu Unrecht feindselige Absichten unterstellt. Er bemerkt an der Heckscheibe des Autos ein Schild mit der Aufschrift „Notarzt". Durch die veränderte Wahrnehmung ändern sich auch seine Gedanken. Plötzlich denkt er gut über ihn: „Er rast so schnell, weil es sich um einen Noteinsatz handelt. Er will so schnell wie möglich bei einem Patienten sein." Diese Gedanken erwärmen das Herz des Vaters. Seine Wut verfliegt und weicht jetzt einem Gefühl des Bangens. Er sagt: „Hoffentlich passiert dem Fahrer und anderen Autofahrern nichts, denn er rast ja wirklich wie verrückt." Aber jetzt ist er nicht mehr wütend auf ihn.

Mit unseren Gedanken bewerten wir unsere eigenen Handlungen und Äußerungen und die anderer Menschen. Unsere Gedanken beeinflussen nachhaltig, was wir fühlen. Diesen Zusammenhang soll noch einmal das nächste Arbeitsblatt verdeutlichen. In diesen beiden Geschichten kann sich sicherlich jede Leserin und jeder Leser wiederfinden.

2. Mutter und Tochter

Den SchülerInnen werden beide Erzählungen vorgelesen. Sie unterscheiden sich darin, dass die Mutter in der einen schlecht und in der anderen gut über ihre Tochter denkt.

Die SchülerInnen sollen mit diesem Arbeitsblatt lernen, dass Menschen schlechte Gefühle haben, wenn sie schlecht über einen Menschen denken und gute, wenn sie gut über ihn denken. Außerdem können sie lernen, dass Traurigkeit in Ärger und sogar Wut und Freude in ein Glücksgefühl übergehen können.

Interpretation: Nehmen wir an, wir betreten das Kinderzimmer. Wir schauen uns um und denken: „Mein Kind hat sein Spielzimmer wieder nicht aufgeräumt. Im ersten Moment sind wir traurig und enttäuscht. Wenn wir dann aber denken: „Sie tut das extra. Sie will mich ärgern. Deshalb räumt sie ihr Zimmer nicht auf", dann entsteht aus anfänglicher Traurigkeit und Enttäuschung in uns Ärger. Je länger wir in diese Richtung denken und unserem Kind böse Absichten unterstellen, umso mehr verstärken wir unseren Ärger, so dass er schließlich sogar in Wut übergehen kann.

Oft springen unsere Gefühle in schwierigen Situationen hin und her: In einer Sekunde fühlen wir uns traurig, in einer anderen wütend, dann wieder fühlen wir uns traurig, je nachdem, welche Gedanken uns durch den Kopf gehen:

Wenn wir denken: „Was ist nur aus meiner kleinen lieben Tochter geworden? Früher war sie so ein artiges Mädchen", dann sind wir enttäuscht und traurig, weil wir das Gefühl haben, dieses liebe Mädchen verloren zu haben und trauern ihm hinterher. Dieses erste unmittelbare Gefühl und die mit ihm einhergehenden Gedanken sind sehr wichtig. Wir sollten sie uns bewusst machen, weil in ihnen der Schlüssel zum tieferen Verständnis unseres Problems mit unserer Tochter und seiner Lösung liegen kann.

Beim Erscheinen unseres Kindes lassen wir vielleicht unsere Wut an ihm aus und schimpfen: „Du hast dein Zimmer wieder nicht aufgeräumt. So geht das nicht weiter. Du bist ein böses Kind." Es sind solche Wut auslösenden Gedanken, die Traurigkeit und Enttäuschung sehr schnell in Wut umschlagen lassen.

Außer diesen Gedanken gibt es noch andere Gründe, warum wir beim Anblick des unaufgeräumten Spielzimmers plötzlich wütend werden können. Vielleicht sind wir schon verärgert und gereizt nach Hause gekommen. Wir haben in der Nacht zuvor vielleicht zu wenig geschlafen oder sind genervt, weil uns ein Kollege zu Unrecht kritisiert hat. Es bedarf nur eines nichtigen Anlasses und aus unserem Ärger entsteht Wut. Wenn wir in uns hineinhorchen und ehrlich zu uns selber sind, bemerken wir, dass unsere Wut überhaupt nichts mit dem Verhalten unseres Kindes zu tun hat. In diesem Fall ist es wichtig, dem Gefühl auf den Grund zu gehen und zu fragen: „Was ist eigentlich mit mir los, warum bin ich nur so verärgert?" Und wir sollten uns um eine Lösung bemühen: „Vielleicht muss ich besser ausschlafen und schöne Dinge für mich tun, die mich entspannen?" Oder: „Es wäre besser gewesen, den Konflikt mit meinem Kollegen an Ort und Stelle beizulegen, statt meinen Ärger mit nach Hause zu nehmen."

Es gibt Eltern, die bemerken leider fast ausschließlich Negatives an ihren Kindern: Sie empfinden sie als zu laut, zu impulsiv, zu frech, alles was sie tun, wirkt auf sie störend und sie beklagen sich darüber. Sie denken ständig schlecht über ihre Kinder und unterstellen ihnen, dass sie es darauf absehen, sie zu ärgern. Dass ihre Kinder oft nur übermütig oder ausgelassen sind, kommt ihnen gar nicht in den Sinn.

Es liegt meistens an uns selbst, was wir bei dem Verhalten anderer Menschen denken. Besonders unzufriedene oder cholerische Menschen unterstellen anderen immerzu feindselige Absichten und liegen deshalb die meiste Zeit im Streit mit ihnen. Sie finden überall ein „Haar in der Suppe". Und auch sehr unsichere und ängstliche Menschen befürchten bei fast jeder Gelegenheit, andere könnten ihnen absichtlich schaden oder sie verletzen wollen und fühlen sich unwohl und schlecht.

Wir müssen aber nicht ständig verärgert, unglücklich oder gereizt sein, sondern haben in vielen Situationen auch die Möglichkeit, uns gut zu fühlen, indem wir Positives an anderen Menschen wahrnehmen und gut über sie denken. Wir können dies lernen und einüben, indem wir bewusst unsere Aufmerksamkeit auf ihre positiven Verhaltensweisen und Eigenschaften lenken. Besonders unseren SchülerInnen gegenüber sollten wir diesen Vorsatz immer wieder beherzigen, wenn er in Vergessenheit geraten ist.

Freude auslösende Gedanken

Dass sich gute Gedanken positiv auf unsere Gefühle auswirken können, soll die zweite Geschichte zeigen. Wieder betreten wir unser Kinderzimmer. Seltsamerweise fühlen wir in der gleichen Situation jetzt etwas ganz anderes. Wie ist das möglich? Dieses Mal nehmen wir gelassen hin, dass das Zimmer nicht aufgeräumt ist. Stattdessen denken wir darüber nach, wie schön unser Kind gespielt hat und dass es vielleicht mit uns über sein Spiel sprechen möchte. Wir freuen uns beim Anblick der Spielsachen und fühlen uns einen Augenblick sogar stolz und glücklich, als wir etwas bemerken, was wir gar nicht erwartet hatten: Es hat ein so schönes Bild gemalt, dass wir erstaunt zu uns sagen: „Ich wusste gar nicht, dass mein Kind so begabt ist."

Es ist ganz normal, Vermutungen darüber anzustellen, ob ein anderer Mensch es gut oder schlecht mit einem meint, einem Gutes oder Böses will. Aber man sollte es bei bloßen Annahmen nicht belassen. Um unser Zusammenleben verständnisvoller zu gestalten, sollten wir unsere Vermutungen überprüfen.

Ganz gleich, ob wir einem Menschen in unserem Denken eine gute oder feindliche Absicht unterstellen, in unserem Denken liegt immer die Möglichkeit oder Gefahr einer

Fehlinterpretation: Wir können seine Handlungsweise und Äußerung richtig oder falsch deuten. Vielleicht hat er es tatsächlich schlecht gemeint und uns z.B. extra beleidigt. Vielleicht aber auch nicht. Wir haben es nur so aufgefasst. Wir unterstellen ihm eine feindselige Absicht und tun ihm damit Unrecht. Während unsere Gefühle niemals „richtig" oder „falsch", sondern immer berechtigt sind, kann sich unser Verstand irren.

Feedback einholen

Was wir in einer bestimmten Situation über einen anderen denken, lässt sich durch neue Einsichten korrigieren. Die kommunikativste und sozial wünschenswerteste Methode, die eigenen Gedanken daraufhin zu prüfen, ob sie richtig oder falsch sind, ist, sich ein Feedback einzuholen und z.B. zu sagen: „Ich bin enttäuscht über das, was du gerade gesagt hast. Ich habe den Eindruck, du wolltest mich absichtlich verletzen. Stimmt das, oder stimmt das nicht?" oder „Was hast du dir bei deinem Verhalten oder deiner Äußerung gedacht?"

Falls es unabsichtlich geschah, sind wir davon jedoch erst wirklich überzeugt, wenn an die Stelle unserer negativen Gefühle, unserer Traurigkeit oder unseres Misstrauens, positive Gefühle treten. Das bedeutet, wir sind nur bereit, über einen Menschen nicht mehr negativ zu denken und ihm wieder zu vertrauen, wenn wir auch fühlen, dass er es nicht schlecht mit uns meint. Die bloße kognitive Einsicht, dass wir ihn falsch verstanden haben, ruft in uns noch keine positiven Gefühle hervor. Irgendetwas an seinem Verhalten oder an seiner Äußerung muss auch unser Herz anrühren und uns besänftigen, damit wir uns wieder gut fühlen!

Wenn der andere Mensch zugibt, uns absichtlich verletzt zu haben, dann erwarten wir eine Entschuldigung. Wir fühlen uns danach aber auch dann nur wieder gut, wenn wir spüren, dass sie von Herzen kommt, dass der andere bereut, uns verletzt zu haben, und uns zu fühlen gibt, dass es ihm aufrichtig leid tut (vgl. Modul 7: „Ich entschuldige mich - die vier E`s.").

3. Geheimnis verraten

Auch an dieser Geschichte können die SchülerInnen lernen, mit welchen typischen „Wolfs-Gedanken" Wut entsteht.

4. „Wolfs-Gedanken", mit denen wir uns in Wut hineinsteigern.

Schreibt auf, mit welchen Gedanken wir Menschen uns oft in Wut hinein steigern. Nehmt dazu die Geschichten zu Hilfe. Hier einige typische Gedanken: „Das hast du extra gemacht." „Du wolltest mich ärgern." „Du bist gemein." „Du bist ein schlechter Mensch." „Das hast du extra getan. Du tust mir absichtlich weh." „Du bist böse." „Das lasse ich mir von dir nicht gefallen." „Jetzt werde ich dir aber zeigen, wer von uns beiden der Stärkere ist." „Die anderen sollen nicht denken, dass ich ein Schwächling oder Feigling bin."[58]

Modul 12

Sachanalyse: Wir führen die Streitschlichtung ein.

Kinder und auch wir als Erwachsene brauchen uns Ungerechtigkeiten und damit seelische oder körperliche Gewalt nicht gefallen lassen, weil sie ein dringendes Bedürfnis von uns verletzen. Wir haben zwar ein Recht, uns schlecht zu fühlen und dürfen uns streiten. Wir haben aber kein Recht, uns wie „Wölfe" zu verhalten und Gewalt oder Gegengewalt anzuwenden. Es gibt noch eine weitere konstruktive Möglichkeit, einen Konflikt auszutragen als das „Wolfs-Verhalten". Mit den Worten des amerikanischen Psychologen Rosenberg wollen wir diesen Kommunikationsstil das „Giraffen-Verhalten" nennen.

Nach Rosenberg streiten wir uns friedlich wie die „Giraffen", wenn wir unsere Enttäuschung, unsere Angst, unsere Hilflosigkeit, unseren Ärger oder unsere Wut in einer zwischenmenschlichen Beziehung in der „Sprache des Herzens" ausdrücken und uns bemühen, unseren Streit zur beiderseitigen Zufriedenheit zu lösen. In diesem und den beiden nächsten Modulen lernen die SchülerInnen das „Giraffen-Verhalten".[59]

Interpretation: Was müssen wir tun, damit wir uns wie die „Giraffen" gewaltlos streiten? Zu allererst müssen wir aus dem Machtkampf aussteigen, den wir bisher miteinander ausgefochten haben. Dies verlangt viel innere Stärke von uns ab, weil wir dem Menschen, mit dem wir uns streiten, ja innerlich Vorwürfe machen.

Wir können die Kraft dazu aufbringen, indem wir zu uns selber sagen: „Im Grunde deines Herzens bist du ein guter Mensch. Ich habe in so vielen Situationen mit dir erlebt, dass du mir Gutes getan hast. Ich spüre doch, dass du es in deinem Innern gut mit mir meinst. Es gibt zwischen uns aber ein Problem, über das wir beide nicht hinwegkommen und das als latenter oder offen ausgetragener Konflikt zwischen uns liegt. Deswegen können wir uns nicht uneingeschränkt vertrauen. Damit wir uns wieder richtig vertrauen können, müssen wir dieses Problem ansprechen und miteinander lösen."

Wenn wir denken: „Im Grunde deines Herzens bist du ein guter Mensch" und uns fragen: „Kannst du dich in diesem Augenblick vielleicht nicht anderes verhalten? Hast du vielleicht Gründe für dein Verhalten, die ich nicht kenne, aber gerne verstehen möchte?", dann denken wir nicht mehr wie die „Wölfe", sondern wie die „Giraffen".

Wir möchten uns für den anderen öffnen, uns überraschen und ins Staunen versetzen lassen. Wir möchten etwas erfahren und fühlen, was wir bisher noch nicht gewusst und noch nicht gefühlt haben. Wir möchten von den verletzenden Äußerlichkeiten weg in die Seele des anderen Menschen hineinschauen und unser Herz anrühren lassen.

Wir können die Kraft aufbringen, aus einem Machtkampf auszusteigen, wenn wir gleichzeitig an das Gute in uns selber glauben und auch zu uns sagen: „Im Grunde meines Herzens bin auch ich ein guter Mensch. Tief in meinem Innern spüre ich, dass ich es wirklich gut mit dir meine. Vielleicht habe ich einen Grund für mein bisheriges Verhalten, den ich selber nicht genau kenne und gerne verstehen möchte."

Wenn diese beiden Voraussetzungen erfüllt sind, dann sind wir auf gutem Weg, uns wie die „Giraffen" zu benehmen.

Didaktische Überlegungen

1. Das Eisbergmodell, 2. Teil

Was wir tun, wenn wir uns gewaltlos streiten, veranschaulicht der 2. Teil des Eisbergmodells. Die SchülerInnen lesen das Arbeitsblatt und interpretieren die Grafik.

Interpretation: Wenn wir uns zu Zweit auf diesen Tauchgang einlassen möchten, dann erwarten wir, unterhalb der Wasseroberfläche etwas Verborgenes, Unsichtbares zu entdecken und vorsichtig zu bergen. Wir wissen vorher nicht, was wir dort antreffen werden. Da wir beide in unbekannte Tiefen tauchen, müssen wir vorsichtig und behutsam miteinander umgehen und dürfen uns gegenseitig beim Tauchen nicht behindern oder sogar verletzen. Denn wir wollen ja beide wieder heil auftauchen. Im übertragenen Sinne ist dieser Tauchgang ein Eintauchen in die Tiefen unserer Seelen. Wir vertrauen beide darauf, dass der jeweils andere dieses Eintauchen auch wünscht und wir es gegenseitig gut mit uns meinen.

Bevor die SchülerInnen in Modul 13 lernen, wie sie einen Streit gewaltlos und ohne fremde Hilfe beilegen können, lernen sie in diesem Modul kennen, wie ein Streit mit Hilfe einer Streitschlichterin oder eines Streitschlichters gelöst werden kann.

Wir streiten uns mit Hilfe eines Streitschlichters oder einer Streitschlichterin friedlich wie die „Giraffen"

Manche SchülerInnen streiten sich mit anderen immer wieder. Für diese Kinder ist es eine große Hilfe, wenn sie sich an ihrer Schule an einen Streitschlichter oder eine Streitschlichterin wenden können, der oder die in dem Konflikt zwischen ihnen vermitteln kann. Mit den folgenden Arbeitsblättern lernen die SchülerInnen, was Streitschlichtungsgespräche sind und wie sie sich in der Rolle der Streitenden oder einer Streitschlichterin / eines Streitschlichters verhalten müssen. Mit den Übungsblättern können SchülerInnen, LehrerInnen, BetreuerInnen oder SozialarbeiterInnen zu Streitschlichterinnen oder Streitschlichtern ausgebildet werden.

2. Faltblatt: Aufgaben einer Streitschlichterin oder eines Streitschlichters

Bevor das eigentliche Gespräch beginnen kann, müssen verschiedene Aufgaben erfüllt werden. Welche das sind, können die SchülerInnen mit diesem übersichtlich gestalteten Faltblatt lernen. Die Streitschlichterin oder der Streitschlichter muss:

- die Streitenden einladen
- für einen geeigneten Raum sorgen
- die Streitenden freundlich begrüßen
- ihnen erklären, was eine Streitschlichtung ist
- Vertraulichkeit versprechen
- Regeln nennen, an die sich alle drei halten müssen.

Merkmale eines Streitschlichtungsgesprächs[60]

Interpretation: Wenn wir bisher häufig schlechte Erfahrungen mit Streitigkeiten in einer Beziehung gemacht haben, weil wir uns wie „Wölfe" benommen haben, ängstigt es uns vielleicht, in einem Streitschlichtungsgespräch unser Problem anzusprechen. Wir befürchten, bei unserem Partner - wie schon so oft in der Vergangenheit - wieder feindselige Absichten spüren zu müssen und dass er uns Böses will. Diese Erwartung macht uns vielleicht skeptisch, ob ein Streitschlichtungsgespräch überhaupt Gutes bewirken kann. Unserem Partner vertrauen wir nicht uneingeschränkt. Einem Dritten gegenüber ist solches Vertrauen aber möglich.

Vertrauensbildende Maßnahmen

Wir können einem Streitschlichter unvoreingenommen und ohne Argwohn begegnen. Stellvertretend für uns beide muss er jedoch die Rolle einer Vertrauensperson einnehmen. Er kann dies tun, indem er zeigt, dass er keine feindseligen Absichten hegt. Wir würden ihn sofort als feindselig empfinden, wenn er unser Verhalten kritisiert oder als gut oder schlecht bewerten würde. Wenn er sich dagegen jeder Bewertung enthält, dann zeigt er, dass das Vertrauen, das wir in ihn setzen, gut bei ihm aufgehoben ist.

Weitere vertrauensbildende Maßnahmen sind die Regeln, die in einem Streitschlichtungsgespräch gelten und von allen Gesprächspartnern beherzigt und befolgt werden müssen. Sie gewährleisten, dass keiner dem anderen - wie beim „Wolfs-Verhalten" - einen Schaden zufügen kann. Die 1. Regel lautet: „Wenn einer von uns etwas sagt, dann lassen wir ihn solange ausreden, wie er reden möchte. Wir unterbrechen ihn nicht." Die 2. Regel lautet: „Jeder hört dem anderen aufmerksam zu, solange er spricht." Die 3. Regel lautet: „Wir sagen nichts, was den anderen beleidigen oder verletzen könnte." Und die 4. Regel heißt: „Wir tun nichts, was den anderen schaden oder sie verletzen könnte."

Eine andere vertrauensbildende Maßnahme ist, dass ein Streitschlichter - genauso wie ein Richter - gerecht ist. Wir erwarten geradezu von ihm, dass er gerecht ist. Zwischen einem Richter und einem Streitschlichter besteht der größte Unterschied darin, dass es die Aufgabe eines Richters ist, die Schuldfrage zu stellen und in einem gerechten Urteilsspruch einen Täter schuldig zu sprechen. Wenn wir uns wie „Wölfe" benehmen, verhalten wir uns ähnlich wie vor Gericht: Bei all unserer gegenseitigen Rechthaberei führen wir ständig Gründe an, mit denen wir dem anderen Schuld aufladen möchten. Und nicht nur das: Wir wünschen uns sogar, dass er bestraft wird für das, was er uns angetan hat.

Die Aufgabe eines Streitschlichters besteht auch darin, Gerechtigkeit walten zu lassen, aber nicht durch einen Schuldspruch. Ihm darf es ausdrücklich nicht um die Frage der Schuld oder Unschuld gehen. Ein Streitschlichter verschafft unserem Gerechtigkeitsgefühl Genugtuung, indem er uns beide gleich behandelt und nicht dem einen mehr Verständnis und Sympathie und dem anderen weniger entgegenbringt. Gerechtigkeit bedeutet nämlich Gleichbehandlung.

Sie meint aber noch mehr: Wir verhalten uns anderen Menschen gegenüber gerecht, wenn wir jedem das zukommen lassen, was ihm zusteht und gebührt. In diesem Sinne verhält sich ein Streitschlichter gerecht, wenn er jedem von uns das Verständnis entgegenbringt, was er individuell verdient. Er behandelt uns also einerseits als Menschen gleich und andererseits als Individuen verschieden.

Das wichtigste Ziel eines Streitschlichtungsgesprächs ist es, nicht, - wie vor Gericht - Schuldgefühle, sondern echtes Mitgefühl und Verständnis füreinander zu wecken! Die Gefühle, Gedanken und verletzten Bedürfnisse, die in diesem Gespräch erinnert und wieder lebendig empfunden werden können, sollen das Herz des jeweils anderen anrühren und Reue und Bedauern wecken, aber kein Schuldgefühl.

Wenn ein Mensch den Eindruck hat, ein anderer habe es darauf abgesehen, in ihm Schuldgefühle hervorzurufen, dann wird er sich vor neuen Einsichten, die sein Denken und Fühlen positiv verändern könnten, eher verschließen und eine „Verteidigungshaltung" einnehmen, weil er glaubt, die Vorwürfe gegen ihn außer Kraft setzen zu müssen.

Damit dieser Eindruck erst gar nicht entstehen kann, sind die streitenden Partner dazu angehalten, ausschließlich in „Ich-Sätzen" zu sprechen. Jeder darf in sich hineinschauen und darüber sprechen, was ihn innerlich bewegt. Und die anderen müssen zuhören. Keiner darf über den anderen in „Du-Sätzen" sprechen, weil diese Aussagen fast immer Vorwürfe, Geringschätzung oder Kritik beinhalten.

Was können wir von einem Streitschlichtungsgespräch erhoffen?

Zunächst einmal können wir erhoffen, dass wir von dem Streitschlichter freundlich begrüßt werden und er uns in einem eigens dafür eingerichteten Raum - vielleicht mit beruhigender Musik - eine entspannte und angenehme Gesprächsatmosphäre bietet, in der wir vertrauensvoll und in Ruhe miteinander sprechen können.

Sodann können wir erwarten, dass der Streitschlichter uns Verständnis gegenüber aufbringt. Seine ganze Haltung ist dadurch geprägt, dass er uns wirklich verstehen möchte: Immer wieder stellt er Fragen und prüft sein Vorverständnis solange, bis wir selber den Eindruck haben, von ihm verstanden zu werden. Das, was wir in unserer Beziehung bisher vermisst haben, dass uns unser Partner versteht, das bekommen wir in einem Streitschlichtungsgespräch also von dem Streitschlichter zu spüren. Wir können auch erhoffen, dass der Streitschlichter einfühlsam ist und Mitgefühl mit uns haben möchte. Durch sein empathisches und mitfühlendes „aktives Zuhören" hilft er uns, uns in uns selber einzufühlen und uns unserer Gefühle, Gedanken und Bedürfnisse bewusst zu werden. Wir lernen uns selber und unseren Partner besser kennen, weil innerseelische Vorgänge erinnert, gefühlt und zur Sprache gebracht werden können. Jeder darf sich aussprechen. Weil wir aufmerksam zuhören und uns nicht unterbrechen dürfen, verstehen wir uns in diesem Gespräch vielleicht zum ersten Mal wirklich und fühlen mit dem anderen mit.

Beginn eines Streitschlichtungsgesprächs

Bevor der Streitschlichter mit uns in die Tiefen unseres Streits eintaucht, bittet er jeden von uns in einem ersten Schritt, sachlich zu beschreiben, was aus unserer Sicht zu dem Streit geführt hat, über den wir heute sprechen möchten. Wir sollen uns auf den unmittelbaren Streitanlass konzentrieren und frühere - wenn möglich - ruhen lassen. Wir denken also zu Beginn des Streitschlichtungsgesprächs darüber nach, was geschehen ist. Warum haben wir uns gestritten?

Wenn zwei Menschen ein und dasselbe Ereignis erleben, sagen wir einen Verkehrsunfall, dann werden beide einige Dinge gleich, andere unterschiedlich wahrnehmen. In einigen Beschreibungen decken sich ihre Wahrnehmungen, in anderen sind sie verschieden. Dieses Phänomen kennen wir aus Zeugenaussagen. Zusammengenommen ergeben die Wahrnehmungen von zwei Zeugen vielleicht ein annäherungsweise realistisches Bild von dem Vorfall, wenn die Widersprüche in ihren Aussagen zuvor ausgeräumt wurden. Dieses Beispiel zeigt, dass unsere Auffassung von einem Ereignis immer perspektivischen Charakter hat: Je nachdem, aus welcher Perspektive wir es betrachten, sehen wir unterschiedliche Dinge. Übertragen auf ein Streitschlichtungsgespräch bedeutet das: Wir müssen tolerieren, dass unser Streitpartner eine andere Sicht von dem Ereignis hat. Die Unterschiede in unseren Sichtweisen werden vollends deutlich, wenn wir den anderen mitteilen, was wir uns bei dem Ereignis gedacht haben.

In einem Streitschlichtungsgespräch ist das Ereignis, über das wir sprechen, meistens unser Verhalten, an dem unser Partner einen Anstoß genommen hat und sein Verhalten, an dem wir Anstoß genommen haben. In dem nachfolgenden Gespräch geht es um das Verhalten zweier Schülerinnen, nämlich von Andrea und Inge.

3. Eine Lehrerin führt mit Andrea und Inge ein Streitschlichtungsgespräch.

Mit diesem Arbeitsblatt lernen die SchülerInnen, wie in der Schule ein Streitschlichtungsgespräch verlaufen kann und welche fünf Schritte aufeinander folgen.

Sie lesen das Gespräch mit verteilten Rollen und beantworten Fragen:

- Was ist aus Andreas Sicht geschehen, dass sie sich gestritten haben? Was ist aus Inges Sicht geschehen, dass sie sich gestritten haben?
- Was hat Andrea gefühlt und gedacht? Was hat Inge gefühlt und gedacht?
- Welches Bedürfnis von Andrea war verletzt? Welches Bedürfnis von Inge war verletzt?
- Was wünscht sich Andrea von Inge? Was wünscht sich Inge von Andrea?
- Welche Bitte hat Andrea an Inge? Welche Bitte hat Inge an Andrea?
- Findest du auch, dass die Mädchen ihren Streit gut gelöst haben?
- Glaubst du, dass sich die Mädchen durch dieses Gespräch viel besser verstehen als vorher? Begründe deine Meinung.

Interpretation: Das Arbeitsblatt greift den Streit von Andrea und Inge (vgl. „Geheimnis verraten") noch einmal auf und zeigt an diesem Beispiel, wie ein zuvor mit gewaltsamen Mitteln ausge-tragener Streit mit Hilfe einer Lehrerin als Streitschlichterin friedlich und zur beiderseitigen Zufriedenheit gelöst werden kann. Dieses fiktive Gespräch zwischen der Lehrerin und Andrea und Inge thematisiert alle wesentlichen Aspekte eines Streitschlichtungsgesprächs in einer leicht verständlichen Sprache. Es wäre schade, es zu kürzen, weil jeder Aspekt bedeutungsvoll ist. Falls die Bearbeitung für die SchülerInnen jedoch eine Überforderung darstellen würde, kann der Text selbstverständlich gekürzt werden.

Wir vergegenwärtigen uns zunächst den Ausgangspunkt für dieses Gespräch: Andrea und Inge haben sich in der Schule gewaltsam gestritten. Durch das beherzte Eingreifen und Machtwort der Lehrerin wird der Streit beendet. Er ist damit aber nicht gelöst. Um ihn wirklich zu lösen, führt die Lehrerin mit Andrea und Inge ein Streitschlichtungsgespräch. Charakteristisch für viele SchülerInnen sind die Aussagen von Andrea und Inge, die andere habe den Streit angefangen sowie Inges Äußerung, sie fände es „ungerecht", was Andrea sagt.

Die Lehrerin geht zunächst bewusst auf das verletze Gerechtigkeitsgefühl ein und sagt: „Ich möchte gerecht sein und euch beide verstehen! Ich möchte keinen von euch vorziehen, sondern euch beide gleich behandeln! Bitte kommt nach der Schule zu mir, ich möchte einmal in Ruhe mit euch beiden sprechen." Die SchülerInnen sollen interpretieren, dass die Kinder bei diesen Worten wohl spüren, dass ihre Lehrerin ihr Gerechtigkeitsgefühl ernst nimmt. andererseits verlangen ihre Worte den Mädchen etwas ab, was sie unmittelbar wohl eher nicht gut finden, dass die Lehrerin nämlich nicht nur sie selbst, sondern auch das andere Kind verstehen möchte.

Erster Schritt: Jedes Mädchen erzählt, was aus seiner Sicht passiert ist.

Die Lehrerin gibt zunächst nacheinander beiden Mädchen die Gelegenheit zu beschreiben, wie es aus ihrer Sicht zu dem Streit gekommen und was dabei passiert ist. Nachdem das erste Mädchen seine Sicht geschildert hat, fragt die Lehrerin: „Hast du das Gefühl, alles erzählt zu haben, was wichtig ist?" Wenn sie mit „Ja" geantwortet hat, darf das zweite Mädchen erzählen. Wenn beide „Ja" gesagt haben, ist dieser Schritt abgeschlossen.

Zweiter Schritt: Jedes Mädchen erzählt, was es gefühlt und gedacht hat.

Nachdem beide Mädchen ihre Sicht von dem Streit erzählt haben, bittet sie die Streitschlichterin, ihr anzuvertrauen, was sie tief im Innern gefühlt und gedacht haben. Dabei können sie darauf vertrauen, dass ihr Vertrauen gut bei ihrer Lehrerin aufgehoben ist. Sie schenken ihr dieses Vertrauen, weil sie gut über die Streitschlichterin denken und von ihr annehmen, dass sie es gut mit ihnen meint.

In einem Streitschlichtungsgespräch hilft uns die Streitschlichterin einzutauchen in die Tiefen unseres Streites. Wir tauchen zunächst ab zu unseren Gefühlen und Gedanken.

Dazu müssen wir uns innerlich vorstellen: „Was habe ich gefühlt, als du das gesagt oder getan hast, was zu unserem Streit geführt hat? Und was habe ich dabei gedacht?" Die Streitschlichterin hilft uns, uns in uns einzufühlen, indem sie selber emphatisch ist und gute Fragen stellt. Diese Haltung des einfühlsamen aktiven Zuhörens und Nachfragens haben wir an anderer Stelle schon einmal beschrieben (vgl. Modul 5: „Ein Gespräch, das von Vertrauen, Mitgefühl und Verständnis geprägt ist"). Dieses Gespräch kann hier noch einmal nachgelesen werden. Die SchülerInnen haben im ersten Teil dieser Unterrichtsreihe nicht nur wichtige negative Gefühle, sondern auch ihre Bedeutung kennen gelernt (vgl. Modul 4: „Angst, Traurigkeit, Einsamkeit, Mitgefühl, Hilflosigkeit, Ärger, Wut"). Deshalb können sie die Fragen der Lehrerin nach den Gefühlen der beiden Mädchen und ihre Antworten unmittelbar verstehen, z. B. sagt die Lehrerin: „Ich merke, dass du jetzt immer noch sehr traurig bist und das tut mir so leid für dich. Alle Menschen sind traurig, wenn sie das Gefühl haben, etwas Wertvolles verloren zu haben. Hattest du auch das Gefühl, etwas Wertvolles verloren zu haben?"

Andrea: „Ja. Ich hatte in dem Moment das Gefühl, keine Freundin mehr zu haben. Ich hatte von einer Sekunde auf die andere das Gefühl, meine beste Freundin verloren zu haben. Inge war für mich immer der wichtigste Mensch gewesen, außer meinen Eltern und meiner Schwester. Ich fühlte mich auf einmal einsam und verlassen."

Die eine und selbe Situation ruft in uns meistens mehrere Gefühle hervor. Deshalb stellt die Lehrerin Vermutungen darüber an und fragt die Mädchen, ob ihr Eindruck stimmt:

Lehrerin: „Welche Gefühle hat das Verhalten von Inge sonst noch bei dir ausgelöst?"

Andrea: „Ich fühlte mich verletzt und hilflos."

Vielleicht sind wir im ersten Augenblick traurig, enttäuscht, ängstlich oder ärgerlich, je nachdem, was uns widerfahren ist. Im nächsten Moment fühlen wir uns fast immer hilflos, weil wir nicht wissen, wie wir mit unserem Gefühl umgehen können.

Das Gefühl, hilflos zu sein

Wenn wir hilflos sind, dann fühlen wir, dass wir uns alleine nicht zu helfen wissen, sondern auf die Hilfe eines Mitmenschen, auf seine Fürsorge oder sein Erbarmen angewiesen sind. Ich glaube, die Erfahrung der Hilflosigkeit eines Menschen (und eines Tieres) ist etwas, was unser Herz am Tiefsten berührt und Mitleid in uns weckt. Wenn wir die Hilflosigkeit eines anderen Menschen spüren, dann fühlen wir mit ihm seine innere Not. Diese Empfindung kann uns zu Tränen rühren. Sie erweichen unser Herz und machen uns offen und empfänglich für den leidtragenden Menschen.

Das Gefühl der inneren Not rührt manchmal auch den hilflosen Menschen selbst zu Tränen. Sie erweichen sein Herz und machen ihn offen für uns, aber auch zugleich sehr verletzlich! In dieser Situation können wir viel Falsches tun. Ganz verkehrt wäre es, in diesem Augenblick Schuldgefühle zu haben und das Gespräch auf sich zu lenken, weil Schuldgefühle unser Herz bestimmt wieder verhärten würden!

Wenn wir durch unser Verhalten dazu beigetragen haben, dass sich der andere Mensch verletzt und hilflos fühlt, sollten wir ihm unser Mitgefühl und Verständnis zeigen, Reue empfinden und ihn vielleicht in den Arm nehmen. Wir sollten uns aus ganzem Herzen entschuldigen, auch wenn wir überhaupt nicht die Absicht hatten, ihn so sehr zu verletzen. Wir könnten zum Beispiel sagen: „Ich habe dich ganz bestimmt nicht so sehr verletzen wollen. Ich habe nicht gewollt, dass du dich hilflos und allein gelassen fühlst. Aber ich verstehe jetzt, dass du dich so fühlen musstest. Ich an deiner Stelle hätte mich in diesem Moment auch verletzt und hilflos gefühlt. Es tut mir aufrichtig leid, dass du dich so fühlen musstest." In unserem Streitschlichtungsgespräch sagt Andrea zu Inge:

> Andrea: „Es tut mir leid, Inge, dass ich dich so verletzt habe. Ich wollte dich nicht im Stich lassen. Bitte entschuldige, dass ich dich ausgelacht habe und weggelaufen bin. Es tut mir leid, dass du dich von mir im Stich gelassen gefühlt hast."

Wenn wir uns hilflos fühlen, dann wünschen wir uns einen Menschen, der uns beisteht, uns nahe ist und zeigt, dass er nicht will, dass wir hilflos sind. Er sollte sagen: „Ich möchte dir helfen, so gut ich kann." Wenn seine Hilfe nicht möglich ist, so hoffen wir darauf, dass er uns erklärt, warum.

Dieses Gefühl des Beistandes, die Sicherheit, nicht mehr allein gelassen zu werden, ist etwas, was uns über unseren Schmerz hinweghilft und uns einander näher bringt. Allein, wenn wir den guten Willen eines Menschen spüren, uns zu helfen, dann sind wir meistens schon getröstet. Durch den sicheren Beistand, den wir empfinden, ist unser Bedürfnis nach Hilfe, Verständnis und Geborgenheit oder Bindung oft schon befriedigt. Mehr erwarten wir gar nicht. Leider zeigen wir in unseren zwischenmenschlichen Beziehungen nur selten, wenn wir uns hilflos fühlen. Weil wir es nicht anders gelernt haben, gestehen wir uns und unseren Mitmenschen unsere Hilflosigkeit in den meisten Situationen nicht ein. Wir haben gelernt zu denken, Hilflosigkeit sei eine Schwäche.

Dabei ist Hilflosigkeit ein Gefühl, das Menschen vielleicht am emotionalsten zu verbinden vermag. Sie zeigt dem anderen nämlich auch, wie sehr wir ihn brauchen, welche Bedeutung seine Hilfe und sein Beistand für uns haben. Das heißt nicht, dass er nun alle Problem für uns auch lösen muss. Ganz im Gegenteil: Wenn wir uns bei einem lieben und uns nahestehenden Menschen hilflos zeigen dürfen und er uns beisteht, dann macht er uns stark, unsere Probleme selber zu lösen. Vielleicht sollten wir sogar immer erst durch unsere Hilflosigkeit hindurchgehen, damit wir wirklich gute und befriedigende Lösungen für unsere Probleme finden können. Leider nutzen wir diese Möglichkeit viel zu selten. Stattdessen versuchen wir, unsere Hilflo-sigkeit zu verdrängen oder zu bewältigen, indem wir dem anderen Menschen die Schuld dafür geben, dass wir traurig, ängstlich oder verärgert über ihn sind. Wir denken

„Wolfs-Gedanken" und steigern uns mit diesen Gedanken in Wut hinein: „Du bist böse." „Du bist gemein." Du wolltest mich absichtlich verletzen." In unserer Wut und mit unseren Wutgedanken fühlen wir unsere Macht und Stärke über ihn und möchten sie auskosten.

Dritter Schritt: Jedes Mädchen erzählt, welches Bedürfnis verletzt worden ist.

In diesem Schritt dürfen die Mädchen sich in sich einfühlen und ihr verletztes Bedürfnis erinnern und die Verletzung wieder lebendig empfinden. Zunächst fragt die Lehrerin Andrea:

> Lehrerin: „Andrea, du musst jetzt noch einmal in dich selber hineinhorchen. Welches Bedürfnis von dir war verletzt?"
>
> Andrea: „Ich hatte mich danach gesehnt, einem Menschen vertrauen zu können. Als ich erfuhr, dass Inge mein Geheimnis verraten hat, fühlte ich mich in meinem Bedürfnis nach Vertrauen verletzt."

Die SchülerInnen haben im ersten Teil dieser Unterrichtreihe viele Bedürfnisse kennen gelernt und können sie darüber hinaus beim Namen nennen (vgl. Modul 1). Durch dieses Wissen sind sie in der Lage, in einem Streitschlichtungsgespräch zu kommunizieren, welches Bedürfnis von ihnen ein anderer Mensch in einer konkreten Situation nicht beachtet, bedroht oder verletzt hat.

Nachdem die Mädchen über ihre verletzten Bedürfnisse gesprochen haben, fragt die Lehrerin sie nach der Bedeutung dieser Bedürfnisse für sie. Außerdem möchte sie wissen, welche andere Möglichkeit es gegeben hätte als sich gewaltsam zu streiten, und was sie sich von dem anderen Mädchen in dieser problematischen Situation gewünscht hätten.

Wenn beide Mädchen den Eindruck haben, dass die Lehrerin ihre Gefühle, Gedanken und verletzten Bedürfnisse gut verstanden hat, dann fast die Lehrerin das bisherige Gespräch noch einmal zusammen.

Vierter Schritt: Beide Mädchen sagen, was sie sich von dem anderen Mädchen wünschen.

> Lehrerin: „Ich bitte euch, jetzt beide zu überlegen, wie ihr euer Problem für die Zukunft lösen wollt. Was wünscht ihr euch in Zukunft voneinander?" Andrea: „Ich wünsche mir, dass wir uns wieder vertrauen können und wieder gute Freundinnen

sind." Inge: „Und ich wünsche mir, dass du mir hilfst, wenn ich deine Hilfe brauche, und wir wieder gute Freundinnen sind."

Fünfter Schritt: Beide Mädchen formulieren eine Bitte an das andere Mädchen.

Lehrerin: „Worum möchtet ihr euch bitten, damit in Zukunft eure Bedürfnisse befriedigt werden können, sowohl deins Andrea als auch deins Inge? Formuliert jetzt eine Bitte an die andere."

Das Besondere an dem hier vorgestellten Streitschlichtungsgespräch ist, dass in ihm um die beste Lösung für einen Streit gestritten wird. Die beste Lösung ist diejenige, durch die beide Bedürfnisse befriedigt werden können. Es handelt sich bei dieser Lösung also weder um einen Verzicht, den der eine oder der andere Streitpartner zu erbringen hat, noch um einen Kompromiss, bei dem jeder der beiden Streitpartner ein bisschen zu verzichten hat. Was es bedeutet, dass die Mädchen Bitten aneinander formulieren, darauf gehe ich später noch näher ein (vgl. Modul 14: „Was tun die Mädchen auf den Fotos?"). Andrea und Inge hätten ihren gewaltsamen Streit sowie das Streitschlichtungsgespräch auch ganz verhindern können (vgl. Modul 14: „Andrea und Inge in der Turnhalle" und „Andrea vertraut Inge ihr Geheimnis an.").

4. Vereinbarung

Mit diesem Übungsblatt lernen die SchülerInnen, wie eine „Vereinbarung" aussehen kann.

5. Faltblatt: Wir führen ein Streitschlichtungsgespräch.

In diesem Faltblatt sind die sechs Schritte, die zu einem Streitschlichtungsgespräch gehören (einschließlich der „Vereinbarung"), noch einmal zusammengefasst. Es lässt sich leicht vervielfältigen und sogar als kleines Taschenheft mitnehmen. Falls die SchülerInnen in dieser Unterrichtsreihe zu Streitschlichtern oder Streitschlichterinnen ausgebildet werden sollen, ist es bestimmt eine große Hilfe sowie „Denkstütze".

6. Welche Schritte folgen bei einer Streitschlichtung nacheinander?

Mit dieser Übung können die SchülerInnen überprüfen, ob sie die einzelnen Schritte eines Streitschlichtungsgesprächs in ihrer Aufeinanderfolge gelernt haben.

7. Wir üben ein Streitschlichtungsgespräch: Mobbing.

Dieses Arbeitsblatt handelt von einem Konflikt, in den leider immer häufiger Schüler oder Schülerinnen geraten können, weil sie in der Schule gemobbt werden. Ich habe versucht, in die Rollenbeschreibungen möglichst typische Eigenschaften von gemobbten bzw. mobbenden Kindern einfließen zu lassen.[61]

Für die SchülerInnen besteht die Aufgabe darin, ein Streitschlichtungsgespräch mit Adile und Gül vorzubereiten und der Klasse vorzuspielen. Dazu sollen sie zwei Gruppen bilden. Die eine beschäftigt sich mit Adile, die andere mit Gül. Jede Gruppe ernennt ein Kind zum Streitschlichter oder zur Streitschlichterin. Sie sollen die Fragen, die sie an das Mädchen stellen wollen, auf ein Plakat schreiben. Die anderen SchülerInnen in den Gruppen überlegen gemeinsam, was Adile oder Gül darauf antworten könnten und schreiben die möglichen Antworten unter die Fragen. Wenn beide Gruppen denken, dass sie ihre Aufgabe gut gelöst haben, dann führen jeweils drei SchülerInnen der Klasse ihr (oder ihre) Streitschlichtungsgespräch(e) vor. Dabei dürfen sie die Fragen und Antworten ablesen.

8. Wir üben ein Streitschlichtungsgespräch: Beleidigungen.

Ebenso wie über Mobbing klagen unsere SchülerInnen oft darüber, dass sie oder ihre Eltern oder Geschwister von ihren MitschülerInnen in der Schule beleidigt wurden. Weil dieser Streitanlass so häufig anzutreffen ist, habe ich diese Streitgeschichte formuliert. Die Aufgabe der SchülerInnen ist dieselbe wie zuvor.

9. Wir führen und beobachten ein Streitschlichtungsgespräch.

Zur Übung sollen sich die SchülerInnen in Dreiergruppen Streitgeschichten ausdenken und die Rollen der Streitenden charakterisieren. Sie bereiten mit Fragen und Antworten ein Streitschlichtungsgespräch vor. Anschließend stellen sie ihr Gespräch in einem Rollenspiel dar.

Mit Hilfe dieses Arbeitsblattes sollen ihre MitschülerInnen beobachten, ob die Spielenden die wichtigsten Kriterien eines Streitschlichtungsgesprächs berücksichtigt haben. Das Übungsblatt soll ihnen als Beobachtungsbogen dienen, auf dem diese Kriterien noch einmal zusammengefast sind.

Modul 13

Sachanalyse: Wir reagieren auf einen „Wolf" wie die „Giraffen"

Die SchülerInnen sollen herausfinden, dass sie nicht unbedingt auf die Hilfe einer Streitschlichterin oder eines Streitschlichters angewiesen sind, um einen Konflikt gewaltlos zu lösen und dass es zwei andere Möglichkeiten gibt, sich konstruktiv zu streiten. Eine davon wollen wir den SchülerInnen in diesem Modul, die andere in Modul 14 vermitteln.

Zunächst lernen die SchülerInnen, sich einem „Wolf" gegenüber wie eine „Giraffe" zu verhalten.

Didaktische Überlegungen

1. Stille-Übung: Welche Eigenschaften mag ich an dir?

Um einem „Wolf" wohlgesonnen und nicht wie ein „Wolf" gegenüber zu treten, ist es für Schülerinnen eine Hilfe, vor einem Streitgespräch eine Weile in sich zu gehen und sich zu fragen: „Welche Eigenschaften mag ich an dir? In welchen Situationen hast du dich mir gegenüber immer gut verhalten? Wann habe ich gespürt, dass du es in deinem Innern gut mit mir meinst?" Wenn sie sich daran erinnern, wie gut der andere Mensch in der Vergangenheit zu ihnen war, dann sind sie ihm gegenüber wohlwollender eingestellt und eher bereit, sein „Wolfs-Verhalten" verstehen zu wollen.

2. Ein Mädchen streitet sich friedlich mit einem singenden Drachen.

Was das „Giraffen-Verhalten" gegenüber dem „Wolfs-Verhalten" auszeichnet, vermittelt die Geschichte auf diesem Arbeitsblatt sehr anrührend. Aus dieser schönen Geschichte[62] können die SchülerInnen lernen, was sie tun können, um nicht wie ein „Wolf" zu reagieren.

Sie lesen die Geschichte zunächst bis zu dem Satz: „In dem Dorf lebt ein kleines Mädchen …" Sie lernen die Reaktionen der Dorfbewohner auf den Drachen kennen. Sie sind ihnen bekannt, weil sie das „Wolfs-Verhalten" schon ausführlich besprochen haben: Die Dorfbewohner streiten sich mit dem Drachen so gewalttätig, dass die Brücke zwischen ihnen zerstört ist und sie sich spinnefeind sind.

Nun lesen die SchülerInnen die Geschichte weiter: „In dem Dorf lebt ein kleines Mädchen. Sie findet den Drachen auch sehr böse. Aber sie denkt: „Im Grunde deines Herzens bist du bestimmt ein guter Drache, auch wenn du dich in letzter Zeit ständig wie ein „Wolf" benimmst. Vielleicht kannst du dich nicht anders verhalten? Dann möchte ich gerne verstehen, warum du dich so böse benimmst."

Bevor das Mädchen mit dem Drachen spricht, überlegt sie sehr genau: „Was möchte ich mit meinem Gespräch erreichen? Möchte ich dem Drachen meine Meinung sagen, ihm viele Vorwürfe machen, damit er begreift, dass er die Schuld hat an diesem Streit? Oder möchte ich, dass er uns nachts wieder in Ruhe schlafen lässt und wir uns gegenseitig besser verstehen? Ich möchte, dass dieses schreckliche Streiten ein Ende hat und wir uns mit dem Drachen vertragen."

Sehr Wichtiges steht bereits in diesen Zeilen: Kinder können aus einem Machtkampf mit einem „Wolf" aussteigen, wenn sie an das Gute in ihm glauben. Darüber hinaus sollten sie vor einem Streitgespräch ernsthaft überlegen: „Was will ich eigentlich mit meinem Verhalten erreichen? Will ich nur destruktiv sein und dem anderen einmal richtig meine Meinung sagen und ihn zum „Verlierer" machen, oder möchte ich, dass der andere aufhört, sich mir gegenüber wie ein „Wolf" zu benehmen und dass er mein Bedürfnis befriedigt?" (vgl. Modul 10: „Überlege, bevor du wie ein „Wolf" reagierst.").

Das kleine Mädchen möchte den Streit friedlich lösen und sich mit dem Drachen versöhnen. Mit diesen Gedanken geht sie noch am selben Tag zu ihm hin und spricht in Ruhe mit ihm. Die SchülerInnen sollen lernen, dass sie aus einem Machtkampf aussteigen können, indem sie einen „Wolf" um ein ruhiges Gespräch unter vier Augen bitten. Nicht irgendein Gespräch, sondern nur eins mit besonderen Eigenschaften hilft, einen Streit so zu lösen, dass beide mit der Lösung ganz und gar zufrieden sind. Was ist in dem Gespräch zwischen dem Mädchen und dem Drachen so Besonderes geschehen?

Die SchülerInnen sollen zunächst ihren ersten Eindruck wiedergeben und erzählen: „Wie gefällt euch dieses Gespräch? Wie lösen das Mädchen und der Drache ihr Problem? Wie findet ihr diese Lösung?"

3. „Welche Gefühle, Gedanken und welches verletzte Bedürfnis habe ich? Welche hast du? Wie wollen wir unsere Bedürfnisse gegenseitig befriedigen?"

Mit Hilfe dieser beiden Arbeitsblätter sollen die SchülerInnen die Bedeutung des Textes erfassen, also sinnerschließend lesen. Gleichzeitig lernen sie die fünf Fragen kennen, die zu einer friedlichen Beilegung und Lösung eines Streites führen können. Es sind dieselben Fraugen, die auch in einem Streitschlichtungsgespräch beantwortet werden, nur mit dem Unterschied, dass sie jetzt anstelle einer Streitschlichterin oder eines Streitschlichters das Mädchen sich selber und dem Drachen stellt.

Interpretation: In dieser Geschichte sind das Mädchen und der Drache bereit, sich auf einen „Tauchgang" einzulassen und ihrem Streit auf den Grund zu gehen. Sie möchten von den verletzenden Äußerlichkeiten weg in ihre eigene Seele und die des andern schauen und ihr Herz anrühren lassen. Sie wissen nicht, was sich unterhalb der Wasser-oberfläche befindet, möchten sich dafür jedoch öffnen, sich überraschen und ins Staunen versetzen lassen. Sie wollen etwas erfahren und fühlen, was sie bisher nicht gewusst und gefühlt haben.

Zunächst fühlt sich das Mädchen in sich selber ein. Dazu stellt sie sich Fragen. Mit ihnen taucht sie in ihre Seele ein zu ihren Gefühlen, Gedanken und ihrem nicht beachteten, bedrohten oder verletzten Bedürfnis:

1. Sie schildert dem Drachen, worüber sie sich aus ihrer Sicht streiten: „Die letzten zwölf Nächte hast du so laut gesungen, dass es im ganzen Dorf zu hören war. Ich konnte keine Nacht schlafen."
2. Sie spricht über ihre Gefühle und Gedanken, die das Verhalten des Drachens in ihr hervorrufen: „Ich sitze dann immer stundenlang wach im Bett und fühle mich hilflos, weil ich mir nicht zu helfen weiß. Ich denke nachts immer nach, was ich tun kann, damit du mit deinem Singen aufhörst. Aber ich weiß es einfach nicht und fühle mich total hilflos. Nach einiger Zeit fange ich dann meistens an, wütend auf dich zu werden. Ich denke, du bist gemein und ungerecht und machst das extra, damit wir nicht schlafen können. Ich fühle mich dann wütend, weil du nachts singst."
3. „Welches Bedürfnis von mir verletzt du durch deinen Gesang?" „Du raubst mir mit deinem Gesang meine Nachtruhe und meinen Schlaf, und ich bin den ganzen Tag nervös, todmüde und abgespannt."
4. „Mein allergrößter Wunsch ist es, nachts wieder ruhig schlafen zu können, damit ich am anderen Tag ausgeruht bin."
5. Schließlich bittet das Mädchen den Drachen, nachts nicht mehr zu singen, damit sie wieder ruhig ausschlafen kann.

Dann hilft das Mädchen dem Drachen, sich in seine Seele einzufühlen und stellt ihm Fragen.

1. Der Drache beschreibt zunächst seine Sicht. „Es stimmt, dass ich nachts immer singe. Deswegen streiten wir uns."
2. Er sagt, was er fühlt und denkt. „Ich fühle mich besonders nachts immer sehr einsam und hilflos, weil ich nicht weiß, was ich tun kann, damit ich nicht mehr so einsam bin. Deswegen singe ich nachts. Ich denke: „Wenn ich singe, dann höre ich wenigstens meine eigene Stimme. Dann fühle ich mich nicht mehr so einsam."
3. Welches Bedürfnis hast du, was ich nicht beachte? Der Drache erforscht seine Seele und findet eine überraschende Antwort: „Ich sehne mit nach Freundschaft."
4. Was wünschst du dir von ganzem Herzen? Er teilt dem Mädchen seinen innigsten Wunsch mit: „Ich möchte Freunde unter euch Dorfbewohnern finden."
5. Welche Bitte hast du an mich? Der Drache bittet das Mädchen, ihn manchmal zu besuchen.

In der Geschichte äußern das Mädchen und der Drache nun Ideen, wie sie ihre Bedürfnisse gegenseitig befriedigen können.

Die SchülerInnen sollen das Arbeitsblatt bearbeiten, indem sie die Antworten unter die Fragen schreiben. Zwei sehr wichtige Fragen sollten abschließend im Unterricht besprochen werden: „Was meint ihr, durch welche Aussage hat der Drache das Herz des Mädchens besonders erwärmt?" Durch den Satz: „Wenn ich singe, dann höre ich wenigstens meine eigene Stimme. Dann fühle ich mich nicht mehr so einsam." „Und durch welche Aussage hat das Mädchen das Herz des Drachens wohl am meisten erwärmt?" Durch den Satz: „ Ich sitze dann immer stundenlang wach im Bett und fühle mich hilflos, weil ich mir nicht zu helfen weiß." Die SchülerInnen sollen lernen, dass es immer solche Aussagen sind, die das Herz anrühren und helfen, über einen anderen wieder gut zu denken.

4. Du und dein Bruder streitet euch friedlich um ein Auto.

Dieses Rollenspiel greift ein sehr häufiges Streitthema zwischen Geschwistern auf und zeigt noch einmal, was in einem ruhigen Gespräch unter vier Augen geschehen kann, wenn alle Schritte beachtet werden. In diesem Gespräch streiten sich die Geschwister nicht mehr - wie bisher - gewaltsam darum, wer Recht hat, sondern um die beste Lösung für ihren Streit.

5. Plakat: Wir reagieren auf einen „Wolf" wie die „Giraffen".

Die SchülerInnen gestalten mit diesem Arbeitsblatt ein drittes Plakat und hängen es neben die anderen. Sie haben jetzt drei Möglichkeiten kennen gelernt, wie sie in der Schule auf einen

„Wolf" wie „Giraffen" reagieren können: Sie können die „Stopp-Regel" anwenden, mit Hilfe einer Streitschlichterin oder eines Streitschlichters ihren Streit gewaltlos lösen und drittens mit dem „Wolf" in Ruhe sprechen, genau wie das Mädchen mit dem Drachen.

Auf dem Arbeitsblatt „Giraffen-Verhalten" sind diese drei Verhaltensmöglichkeiten noch einmal zusammengefasst.

Gefühle regulieren und sich beruhigen

Wenn sie sich wünschen, mit einem „Wolf" unter vier Augen zu sprechen, dann müssen sich vor einem solchen Gespräch beide Kinder beruhigt und die Wogen geglättet haben. Die SchülerInnen lernen mit diesem Arbeitsblatt Techniken kennen, um ihre Emotionen zu regulieren und sich zu beruhigen, nachdem sich ihnen gegenüber ein Mensch wie ein „Wolf" verhalten hat.

Auf dem Übungsblatt „Giraffen-Gedanken" steht, welche Gedanken notwendig sind, um aus einem Machtkampf auszusteigen: Wenn wir denken: „Im Grunde deines Herzens bist du ein guter Mensch" und uns fragen: „Kannst du dich im Augenblick vielleicht nicht anderes verhalten? Hast du vielleicht Gründe für dein Verhalten, die ich nicht kenne, aber gerne verstehen möchte?", dann denken wir nicht mehr wie „Wölfe", sondern wie die „Giraffen".

Vielen SchülerInnen, die sich oft mit bestimmten MitschülerInnen streiten, fällt es in einer Streitsituation schwer, gut über sie zu denken. Sie unterstellen ihnen feindselige Absichten. Aus den Geschichten „Hilfe, ein Raser auf der Autobahn" und „Mutter und Tochter" haben die SchülerInnen gelernt, dass wir in der einen und selben Situation einmal gut und einmal böse über einen Menschen denken können, je nachdem, worauf wir unser Augenmerk lenken. Diese Einsicht sollte die SchülerInnen und uns Erwachsene zum Nachdenken anregen: Wir brauchen über einen Menschen nicht immerzu schlecht zu denken. Wir können auch gut über ihn denken. Es gehören freilich ein guter Wille dazu und die Bereitschaft, sich versöhnen zu wollen, besonders wenn es uns schon zur Gewohnheit geworden ist, ihm häufig zu unterstellen, dass er es schlecht mit uns meint und uns Böses will.

In dieser Haltung drückt sich ein ständiger Wechsel von Vertrauen und Misstrauen aus, den jeder von uns vermutlich kennt: Manchmal schenken wir einem anderen Menschen unser Vertrauen und manchmal beschleicht uns Misstrauen und wir sind zwischen Vertrauen und Misstrauen hin und hergerissen vor allem in Situationen, in denen wir uns gewaltsam streiten. Tatsächlich können wir uns in unserem Denken irren und einem Menschen zu Unrecht unterstellen, er habe uns absichtlich Böses getan und extra verletzt. Wenn wir dieses berücksichtigen und uns an die vielen guten Eigenschaften erinnern, die der andere Mensch auch hat und die wir an ihm schätzen, dann denken wir wie die „Giraffen" an das Gute in ihm.

Wir müssen uns für eine solche Erfahrung öffnen, erwägen, dass er uns vielleicht gar nicht oder auf jeden Fall nicht so sehr verletzen wollte, wie wir es empfunden haben, und ihm die Chance geben, sein Verhalten zu erklären. Vor allem müssen wir bereit sein, ihn - wie das Mädchen den Drachen - „mit dem Herzen sehen" zu wollen.

Bevor wir anfangen, uns mit Worten zu streiten, ist es hilfreich, eine Phase des Nachdenkens einzulegen und sich zwei Fragen zu stellen:

1. „Was möchte ich mit meinem Streitgespräch erreichen?"
2. „Welche Auswirkungen wird welches Verhalten auf uns haben?" (Vgl. Modul 10: „Überlege, bevor du wie ein „Wolf" reagierst.")

Eine „Giraffe" möchte mit einem ruhigen Gespräch gerne erreichen, dass der andere sein Verhalten ändert und beide ihren Streit friedlich beilegen. Sie möchte sich mit dem „Wolf" wieder gut verstehen und sich mit ihm vertragen.

Ein „Wolf" möchte einem „Wolf" Vorwürfe machen. Aber wird er damit auch erreichen, dass der andere sein Verhalten ändern wird? Nein, er wird eher das Gegenteil bewirken. Der „Wolf" wird sich verteidigen und dem anderen die Schuld daran geben. Er wird aber in der Regel sein Verhalten nicht verändern. Das Mädchen in unserer Geschichte denkt: „Ich möchte, dass der Drache uns nachts wieder in Ruhe schlafen lässt und wir uns gegenseitig besser verstehen. Ich möchte, dass dieses schreckliche Streiten ein Ende hat und wir uns mit dem Drachen vertragen." Was meint ihr: „Ist es dem Mädchen in dem Gespräch eher gelungen oder nicht gelungen, dass der Drache sein Verhalten ändern wird?" Mit dem Übungsblatt „Giraffen-Sprache" - die Sprache des Herzens lernen die SchülerInnen an einem Beispielsatz eine typische „Ich-Aussage" kennen.

Gefühle und „Giraffen-Sprache"

Es ist ein großer Unterschied, ob wir in „Du-Sätzen" Urteile über andere abgeben, die meistens ungerecht und kränkend sind, oder ob wir über uns selber sprechen und „Ich-Sätze" formulieren. Im zweiten Fall denken wir nicht über den anderen Menschen nach, darüber, was er z.B. angeblich falsch macht, welche schlechte Eigenschaft er hat oder wie schlecht er bei anderen angesehen ist, sondern wenden uns gedanklich von ihm ab und uns selber zu. Wir fragen: „Wie geht es mir im Moment? Warum ? Was fühle und denke ich im Moment? Warum? Welches Problem habe ich gerade mit einem „Wolf"? Warum?" In „Ich-Sätzen" formulieren wir etwas über uns selber und offenbaren uns. In ihnen können wir mit anderen kommunizieren, dass wir ein Problem mit ihnen haben, ohne sie beleidigen oder verletzen zu müssen.

Viele Menschen nehmen wie selbstverständlich an, dass die Handlungen und Äußerungen anderer die Ursache für ihre Gefühle und Gedanken sind und machen diese dafür verantwortlich. Sie stellen in einem Kausalsatz eine Verbindung zwischen dem Verhalten eines anderen und ihrer eigenen Befindlichkeit her: „Ich bin traurig, weil du meinen Brief nicht in den Briefkasten geworfen hast." In diesem Satz möchten sie den anderen beschuldigen, die Ursache für ihre Traurigkeit zu sein, und ausdrücken, wie sich sein Verhalten auf ihr inneres Empfinden ausgewirkt hat.

Tatsächlich besteht zwischen einer Handlung (oder Äußerung) eines anderen und unserem Gefühl fast immer ein zeitlicher Zusammenhang. Wir drücken ihn sprachlich aus, indem wir z.B. sagen: „Wenn du mich beleidigst, dann bin ich traurig." Auf das eine (die Beleidung) folgt das andere (ich fühle mich traurig). Aber folgt es auch - wie bei einer kausalen Beziehung - notwendigerweise auseinander? „Muss ich immer mit strenger Notwendigkeit traurig sein, wenn du mich beleidigst? Oder kann ich mich auch anders fühlen?" Vermutlich werden die meisten von uns sagen, dass das Zweite genauso möglich ist. Wenn eine Beleidigung nicht notwendigerweise Traurigkeit hervorruft, dann kann sie auch nicht die Ursache für meine Traurigkeit sein. Sie ist lediglich der Anlass, traurig zu ein.[63] Im Unterschied zu einer „Ursache" ist ein „Anlass" ein zufälliger Auslöser einer Wirkung. Wir können sagen: „Der Anlass ist der Tropfen, der das Fass zum Überlaufen bringt." Eine Ursache ist weit mehr. Sie ist das Wasser, das beharrlich in das Fass tropft. In unserem Beispiel ist die Beleidigung der zufällige Anlass. Jederzeit hätte sie auch nicht oder etwas anderes als Traurigkeit in uns hervorrufen können.

Die Ursachen für unsere Gefühle liegen in uns selbst.

Die Ursache bzw. die Ursachen dafür, dass wir traurig sind, liegen in uns. Vielleicht erfüllt uns - aufgrund früherer Erfahrungen, die in unserem emotionalen Gedächtnis bewahrt sind -

bereits eine tiefe Traurigkeit. Durch eine Beleidigung bricht sie plötzlich aus uns heraus. Wir erkennen dies an den Tränen, die wir verlieren, wenn wir unsere Traurigkeit oder Verzweiflung zulassen und sie uns überfluten. Was ich hier beschreibe, gilt für jedes Gefühl, auch für Wut: Vielleicht haben sich in uns über einen längeren Zeitraum Aggressionen aufgestaut, weil wir in bedeutsamen Situationen unseres Lebens Gewalt erfahren haben. Schon ein harmloser, zufälliger Anlass kann intensive Gefühle der Wut in uns auslösen.

Andere nicht für unsere Gefühle verantwortlich machen

Wenn unsere Gefühle etwas mit unserem Innern und unseren früheren Erfahrungen zu tun haben, dann dürfen wir einen anderen Menschen auch nicht für sie verantwortlich machen. Seine Handlungen oder Äußerungen können zwar der konkrete Anlass sein für das, was wir fühlen. Die eigentlichen Ursachen müssen wir jedoch in uns selber finden.

Die Ursachen für unsere Gefühle sind die Erfahrungen, die wir mit unseren eigenen individuellen Bedürfnissen machen. Warum nämlich fühlen wir uns zufrieden, wohl oder glücklich? Wenn ein Bedürfnis von uns auf eine besondere Weise befriedigt ist. Warum fühlen wir uns ängstlich, traurig oder wütend? Weil ein Bedürfnis von uns nicht beachtet, bedroht oder verletzt ist.

Angst signalisiert uns augenblicklich: „Vorsicht Gefahr, mein Bedürfnis nach körperlicher Unversehrtheit ist bedroht oder mein Bedürfnis nach Vertrauen. Lauere der Gefahr auf! Sei vorsichtig!" Dass wir sagen können: „Ich habe Angst", liegt daran, dass wir tiefe Bedürfnisse nach körperlicher Unversehrtheit, Schutz, Vertrauen oder Sicherheit haben und die Erfahrung gemacht haben, dass es sich jedes Mal genauso anfühlt, wenn diese missachtet, bedroht oder verletzt werden. Den äußeren Anlass für unsere Angst kann vieles bieten, ein „böser Blick" ebenso wie eine ernstgemeinte Drohung.

Ein Glücksgefühl lässt uns erleben: „Mir ist in diesem Augenblick etwas unerwartet Schönes widerfahren." Was wir als schön empfinden, ist individuell sehr verschieden und hängt von unserer eigenen Disposition und in hohem Maße von unseren bisherigen persönlichen Erfahrungen ab. Dass wir überhaupt glücklich sein können, liegt daran, dass wir viele Bedürfnisse haben und wir plötzlich und unerwartet empfinden, dass sie befriedigt sind. Traurigkeit gibt uns zu spüren: „Ich habe in dieser Sekunde erfahren, dass etwas sehr Wertvolles für mich verloren ist. Ich leide unter diesem Verlust, weil das Bedürfnis, das es befriedigt hat, von jetzt ab unbefriedigt ist." So lässt uns die Meldung vom Tod eines geliebten Menschen sekundenschnell schmerzhaft fühlen, dass unsere Liebe zu ihm verloren ist. Im ersten Moment begreifen wir das vielleicht noch nicht. Aber wenn uns der Verlust bewusst wird, fühlen wir, dass er nicht mehr da ist. Wo er einmal war, ist jetzt nur noch Stille und Leere. Weil uns diese Liebe vielleicht ganz und gar erfüllt hat, fühlen wir uns selbst verloren, einsam und verlassen. Wir lieben ihn von ganzem Herzen. Wir können ihm aber unsere Liebe nicht mehr schenken, nur noch in unseren Gedanken und Gefühlen seine Nähe fühlen.

Wir sehen an diesen Beispielen, dass Gefühle etwas sehr Subjektives und Individuelles sind. Unsere Gefühle hängen oftmals auch mit früheren Befindlichkeiten zusammen. Wenn wir z.B. schon ärgerlich nach Hause gekommen sind, reicht u.U. ein skeptisches Stirnrunzeln und unsere Gefühle kochen in uns hoch und wir sind wütend. In diesem Fall können wir unsere Wut auf unseren Ärger zurückführen. Dass Gefühle auch durch Gedanken hervorgerufen werden, habe ich an früherer Stelle schon ausführlich beschrieben. Je nachdem, wie wir eine Situation gedanklich auffassen, was wir über sie denken, entsteht in uns dieses oder jenes Gefühl. Es gibt z.B. typische angstauslösende, wutauslösende oder freudeauslösende Gedanken. Sie sind aber nicht einfach zu identifizieren.

Wenn wir uns all dieses bewusst machen, dann können wir besser unterscheiden zwischen einem Anlass und den Ursachen für unsere Gefühle. Wir geben einem anderen Menschen dann für sie nicht mehr die Schuld, sondern wissen, dass sie uns etwas über unseren inneren Zustand mitteilen. Angenommen jemand sagt: „Du bist heute faul gewesen" und wir sind traurig, dann können wir uns fragen, warum wir jetzt eigentlich so traurig sind? Wonach sehne ich mich und was wünsche ich mir in diesem Augenblick von dir? Vielleicht sehne ich mich im tiefsten Innern nach Freundschaft. Dieses Bedürfnis ist latent immer vorhanden. Es ist etwas Grundlegendes und sehr Bedeutsames für mich persönlich. Und vielleicht wünsche ich mir von dir, dass du etwas tust, was mir das Gefühl der Freundschaft gibt. Wenn du mich nun stattdessen kritisierst, verliere ich im selben Moment die Hoffnung, einen Freund zu gewinnen. Ich bin traurig und enttäuscht, weil mein Bedürfnis nach Freundschaft nicht befriedigt wird. Diese Erfahrung können wir sprachlich in so genannten „Ich-Sätzen" formulieren, die den anderen Menschen nicht kränken, sondern ihm unser Inneres offenbaren.

In einem „Ich-Satz" teilen wir mit, wie wir uns in einem Moment fühlen (oder gefühlt haben), weil wir - weit über diesen einen Moment hinaus - ein Bedürfnis oder eine tiefe Sehnsucht haben und der andere etwas tut (oder getan hat), was unser Bedürfnis nicht erfüllt (hat). Wir sagen z.B.: „Weil ich mich so sehr nach Freundschaft sehne und sie mir in diesem Augenblick von dir wünsche, bin ich traurig, wenn du mir keine Einladungskarte zu deiner Party gibst."

Der andere sollte bei diesem Satz spüren, dass ich jetzt von mir spreche und nicht über ihn. Er sollte aus diesem Satz keinen indirekten Vorwurf heraus hören, denn das würde das Problem zwischen uns nicht lösen, sondern eher noch verstärken.

6. In der „Giraffen-Sprache" „Ich-Sätze" bilden

Zur Vertiefung können die SchülerInnen mit diesem Arbeitsblatt an weiteren Beispielen üben, wie „Du-Sätze" in „Ich-Sätze" umgewandelt werden können.[64]

Modul 14

Sachanalyse: Zwei „Giraffen" bitten sich mit viel Gefühl, ihre Bedürfnisse zu erfüllen.

In diesem Modul wird sichtbar, dass Konflikte immer Bedürfniskonflikte sind. Wenn wir Streitigkeiten auf den Grund gehen, dann bemerken wir nämlich, dass zwei Menschen deshalb streiten, weil beide das Gefühl haben, ein Bedürfnis von ihnen sei nicht beachtet, bedroht oder verletzt worden. Es ist ein Verdienst des Konzepts der „Gewaltlosen Kommunikation" zu zeigen, dass scheinbar gegensätzliche Bedürfnisse zufriedenstellend befriedigt werden können, wenn sich die Streitenden diese bewusst machen und sich gegenseitig darum bitten, sie zu erfüllen. Mit den folgenden Arbeitsblättern sollen die SchülerInnen lernen, sich mit ihren Mitmenschen wie zwei „Giraffen" um die beste Lösung zu streiten.

Didaktische Überlegungen

1. Andrea und Inge in der Turnhalle

An dem Streitschlichtungsgespräch der Lehrerin mit Andrea und Inge (vgl. „Eine Lehrerin führt mit Andrea und Inge ein Streitschlichtungsgespräch") können die SchülerInnen erarbeiten, wie der gewaltsame Streit zwischen den beiden Mädchen hätte vermieden werden, wie sie ihren Streit von vornherein mit friedlichen Mitteln hätten austragen können.

Interpretation: Der Streit zwischen Andrea und Inge nahm seinen Anfang bereits in der Turnhalle. Wir wollen diese Stelle aus dem Streitschlichtungsgespräch noch einmal lesen. Inge beschreibt den Streitanlass so:

„Wir hatten morgens in der Schule Turnunterricht. Unser Turnlehrer wollte, dass wir vom Sprungkasten auf eine Weichbodenmatte springen sollen. Ich hatte Angst zu springen und habe zu Andrea gesagt: „Fang mich auf." Sie hat mich ausgelacht und ist weggelaufen."

Wie hätten Andrea und Inge ihren gewaltsamen Streit verhindern können? Die SchülerInnen lesen das Arbeitsblatt und schreiben die Antworten unter die Fragen:

1. Worum hätte Inge Andrea in der Turnhalle mit viel Gefühl bitten können?

Um sich wie eine „Giraffe" zu benehmen, hätte sich Inge - ohne fremde Hilfe wie in dem Streitschlichtungsgespräch - in sich selber einfühlen, Andrea in einem „Ich-Satz" ihr Bedürfnis und Gefühl anvertrauen und sie mit viel Gefühl bitten müssen, es zu erfüllen. Inge hätte z.B. sagen können: „Andrea, ich wünsche mir so sehr Hilfe. Bitte bleib hier stehen und fang mich auf. Ich habe schreckliche Angst, dass ich hinfalle und mich verletze. Bitte stell dich vor mich auf die Weichbodenmatte."

2. Was hätte Inge Andrea fragen müssen?

Diese Sätze allein wären aber noch zu wenig. Denn Inge hätte nur egoistisch an sich selber gedacht. Um sich sozial wie eine „Giraffe" zu verhalten, muss sie Rücksicht auf Andreas Bedürfnis nehmen. Vielleicht möchte Andrea gerade jetzt an den Ringen turnen, oder ihr Turnlehrer hat sie gerufen, weil sie eine andere Übung machen soll? Wir wissen es nicht. Um es herauszufinden, müssten wir - im wirklichen Leben - Andrea selber fragen. In der Geschichte hätte Inge fragen müssen: „Sag mit bitte, welches Bedürfnis du im Moment hast und worauf ich Rücksicht nehmen muss."

3. Was hätte Andrea antworten können?

Vielleicht antwortet Andrea: „Ich möchte herumtoben und spielen."

4. Wie hätten die Mädchen ihren Streit friedlich lösen und beide Bedürfnisse befriedigen können? Sammelt dazu Ideen.

Da sich beide Mädchen in sich eingefühlt haben und ihre unterschiedlichen Bedürfnisse kennen, können sie nach der bestmöglichen Lösung suchen, mit der sie beide Bedürfnisse befriedigen können. Wie könnte diese Lösung aussehen? Andrea könnte z.B. sagen: „Ich habe eine Idee. Ich stelle mich solange hier hin und fange dich auf, bis du dir zutraust, allein zu springen. Aber danach möchte ich mit dir spielen." Inge könnte antworten: „Gute Idee. Ich spiele gerne mit dir. Aber halte mich jetzt bitte richtig fest, damit ich nicht hinstürze."

Es verlangt Kreativität und Einfallsreichtum auf beiden Seiten, um eine für beide zufriedenstellende Lösung zu finden. Wenn zwei Menschen - wie Andrea und Inge - diese Haltung einnehmen, dann zeigen sie, dass sie es gut miteinander meinen, dass sie ein Herz füreinander haben und sich gegenseitig ihre Bedürfnisse befriedigen wollen.

2. Andrea vertraut Inge ihr Geheimnis an.

Der gewaltsame Streit zwischen Andrea und Inge hätte auch noch zu einem anderen Zeitpunkt vermieden werden können, nämlich als Andrea Inge ihr Geheimnis anvertraut hat.

Welches Bedürfnis hatte Andrea? Sie hatte sich danach gesehnt, den Kummer, den sie Zuhause hat, einem anderen Menschen anvertrauen zu können.

1. Worum hätte Andrea Inge mit viel Gefühl bitten können?

„Ich möchte mich einem Menschen anvertrauen und dir ein Geheimnis erzählen. Bitte behalte es aber für dich. Die Kinder in unserer Klasse dürfen nichts davon wissen. Ich würde mich nämlich vor ihnen schämen."

2. Was hätte Andrea Inge fragen müssen?

Andrea hätte auch auf Inges Bedürfnis Rücksicht nehmen und sie danach fragen müssen: „Glaubst du, dass du ein Geheimnis für dich behalten kannst?"

3. Was hätte Inge antworten können?

„Ich habe manchmal das Bedürfnis, anderen ein Geheimnis weiter zu erzählen und mich ihnen anzuvertrauen. Ich finde es nämlich so schlimm, was ich gehört habe, dass ich das Gefühl habe, mit anderen darüber sprechen zu müssen."

4. Wie hätten die Mädchen ihren Streit friedlich lösen und beide Bedürfnisse befriedigen können? Sammelt dazu Ideen.

Andrea könnte sagen: „Das kann ich gut verstehen, mir geht es auch manchmal so, dass ich darüber sprechen möchte, was mir ein anderer anvertraut hat. Ich bitte dich von ganzem Herzen, wenn du dir Sorgen oder Gedanken über mich machst, darüber dann mit mir zu sprechen."

Inges Bitte könnte lauten: „Und ich bitte dich, dass du mir deine Probleme zuhause erzählst, wenn du dich wieder einmal gerne aussprechen möchtest."

Diese beiden Beispiele zeigen den SchülerInnen, wie sie einen Streit mit Worten wie zwei „Giraffen" führen können: Sie streiten sich mit einem anderen Menschen friedlich, indem sie den anderen mit viel Gefühl bitten, etwas zu tun, was ihr Bedürfnis erfüllt und nehmen Rücksicht auf sein Bedürfnis und bitten ihn zu sagen, was sie tun sollen, damit sie sein Bedürfnis erfüllen können.

Bitten als Beten

Viele Werte, die das Zusammenleben bereichern und bedeutungsvoll machen, haben ihre Wurzeln in unserer geistesgeschichtlichen christlichen oder in der islamischen Tradition. So auch das „Bitten".

3. Was tun die Mädchen auf den Fotos?

Die SchülerInnen sollen sich die Fotos anschauen und Fragen beantworten:

- o Tut ihr das auch manchmal? Erzählt uns davon.
- o Worum könnt ihr Gott oder Allah zum Beispiel bitten?
- o Was erhofft ihr euch von Gott oder Allah?
- o Erfüllt er immer eure Bitten? Wenn nicht, warum nicht?

Kinder lernen die Haltung des Bittens, wenn sie religiös erzogen werden, ursprünglich durch das Beten. Sie beten zum Beispiel: „Lieber Gott, ich habe solche Angst, bitte mach meine Mutter wieder gesund." Im Christentum und im Islam hat das Bittgebet eine große Bedeutung und lange Tradition.

Die gefalteten Hände

Interpretation: Die gefalteten Hände sind im katholischen Glauben ein Zeichen dafür, dass sich Menschen für Gott sammeln und auf das Gespräch mit ihm besinnen. Die geöffneten Hände symbolisieren im Islam, dass sie für Allah offen sind und etwas von ihm empfangen.

Im Gebet treten sie in innigen Kontakt zu ihrem Schöpfer. Sie sprechen mit ihm und vertrauen darauf, dass er sie versteht und weiß, was sie im Tiefsten ihres Herzens brauchen.

Um Gott oder Allah um etwas bitten zu können, müssen sie sich in sich einfühlen können und spüren, welche Gefühle und Bedürfnisse sie haben. Sind sie vielleicht traurig oder ängstlich? Welches dringende Bedürfnis haben sie, worüber machen sie sich Sorgen, worüber können sie allein nicht hinwegkommen, worum genau möchten sie ihren Schöpfer bitten? Und sie müssen die Namen und die Bedeutung ihrer Gefühle und Bedürfnisse kennen, um sie im Gebet aussprechen zu können.

Wir vertrauen auf die Güte Gottes.

Wie Gott ihre Bitten beantworten wird, liegt ganz allein in seinem Willen und in seiner Güte. Christen vertrauen auf die Güte Gottes und glauben, dass Gott ihre Gebete erhören wird. In seiner Allwissenheit und Güte weiß er aber besser als sie selbst, was sie benötigen. Deshalb bekommen sie von ihm sehr oft nicht das, was sie sich aus ganzem Herzen von ihm wünschen.

Wir vertrauen auf die Güte eines anderen Menschen und unsere eigene Güte.

Wenn wir einen anderen Menschen mit viel Gefühl bitten, ein Bedürfnis von uns zu erfüllen, dann vertrauen wir - wie im Bittgebet auf Gottes Güte - auf die Güte dieses Menschen, auch wenn wir schon manchmal von ihm enttäuscht worden sind. Wir vertrauen darauf, dass er uns gegenüber wohlwollend und nachsichtig ist. Und wenn wir gleichzeitig ihn bitten, uns sein Bedürfnis zu nennen, damit wir es erfüllen können, dann vertrauen wir auf unsere eigene Güte, dass unsere Einstellung ihm gegenüber wohlwollend und nachsichtig ist.

Albert Schweitzer hat sehr eindrucksvoll geschrieben, was Güte oder Herzensgüte im Leben zu bewirken vermag: "Rechtes Denken lässt das Herz mitreden. Stetige Gütigkeit vermag viel. Wie die Sonne das Eis zum Schmelzen bringt, bringt sie Missverständnisse, Misstrauen und Feindseligkeit zum Schwinden. Was ein Mensch an Gütigkeit in die Welt hinausgibt, arbeitet an den Herzen und an dem Denken der Menschen."[65]

Bitten bedeutet, einem anderen sein Herz anvertrauen.

Leider fällt es uns nicht immer leicht, einen anderen Menschen um etwas zu bitten. Im Gegenteil, es fällt uns oft schwer. Warum? Vor allem deswegen, weil wir meist unsere eigenen Bedürfnisse nicht kennen und sie nicht in Worte fassen können. Aber auch deswegen, weil wir das Gefühl haben, wir geben uns mit unserer Bitte eine Blöße. Wir sind es eher gewohnt, dem anderen distanziert und mit etwas Misstrauen zu begegnen, statt ihm unser Herz anzuvertrauen.

Oft sind wir auch zu stolz, andere um etwas zu bitten. Wir denken: „Ich schaffe es schon selbst. Ich brauche keine anderen, die mir helfen. Wenn ich es nicht schaffe, dann sollen es die anderen wenigstens nicht merken. Ich will mich doch nicht vor ihnen bloßstellen." Bestimmt ist es gut, selbstständig zu sein und soweit wie möglich ohne fremde Hilfe auszukommen. Aber es gibt Dinge, die können wir uns nicht selber geben. Zur Befriedigung unserer sozialen Bedürfnisse sind wir auf andere Menschen angewiesen, auf ihr Wohlwollen, ihre Güte, ihr Entgegenkommen und ihre Fürsorge.

Manchmal scheuen wir davor zurück, einen anderen um etwas zu bitten, weil wir denken: „Ich kann das doch gar nicht von ihm erwarten, dass er sich um mich kümmert oder mir hilft. Er hat bestimmt viel Wichtigeres zu tun."

Sehr häufig ist es auch Angst, der andere könnte uns unsere Bitte unfreundlich oder hartherzig abschlagen, so dass wir ihn nicht um etwas bitten. Er könnte sagen: „Was willst du von mir? Mach das doch selbst. Helf dir doch selbst. Ich tue es jedenfalls nicht." Wenn wir einen anderen mit viel Gefühl um etwas bitten, dann vertrauen wir ihm unser Innerstes an, offenbaren unsere Gefühle und unsere Bedürfnisse. Wir spüren, dass wir jetzt sehr verletzlich sind, weil wir uns dem guten Willen des anderen ausliefern. Es gehört Vertrauen in den anderen Menschen dazu, der Glaube an seinen guten Willen und seine Güte und die Zuversicht, dass er unsere Bitte, wenn er kann, erfüllen wird. Wir müssen ihm mit unserer Bitte wenigstens die Chance geben, unsere Gefühle und Bedürfnisse zu verstehen und sie erfüllen zu können.

Bitten sind das Gegenteil von Forderungen.

Manchmal hört sich eine Äußerung lediglich wie eine Bitte an, sie ist aber in Wahrheit eine Forderung.[66] Wenn wir jemanden um etwas bitten, dann müssen wir ihm wirklich frei stellen, ob er unsere Bitte erfüllt oder nicht - ohne Angst vor einer Bestrafung oder weil er sonst Schuldgefühle bekäme. Wenn er unsere Bitte dann tatsächlich erfüllt, so ist dies etwas, was er uns freiwillig gegeben hat. Gerade diese Freiwilligkeit ist es, die uns beglückt, die uns dankbar sein lässt, wenn unser Wunsch in Erfüllung geht. Je gütiger und empfänglicher der andere Mensch für unsere Gefühle ist, z.B. für die Hilflo-sigkeit, die Angst oder die innere Not, die wir im Moment spüren, je eher wird er bereit sein, unser Bedürfnis zu erfüllen. Er wird uns seinen guten Willen zeigen und uns aus Neigung Gutes tun wollen!

Herz und Verstand - gute Bildung sollte immer auch Herzensbildung sein.

Wenn er nicht gütig ist und diese Empfänglichkeit nicht besitzt, dann wird er uns vielleicht auch Gutes tun, aber nicht von Herzen. Er tut es nur vom Kopf her, weil er sich vielleicht moralisch pflichtgemäß verhalten will. Über den Unterschied von Herz und Verstand haben sich besonders der Philosoph Immanuel Kant und der Dichter Friedrich Schiller Gedanken gemacht: Was ist eine moralisch gute Handlung? Kant sagt: Nur eine Handlung aus Pflicht kann moralisch gut sein. Sie muss ohne Absicht oder Zweck nur aus Pflicht geschehen und den kategorischen Imperativ befolgen. Eine Handlung, die auf Neigung beruht, kann nicht moralisch sein.[67] Schiller antwortete Kant daraufhin mit seinem berühmten Satz: „Gern dien ich den Freunden, doch tu ich's leider mit Neigung."[68]

Für Schiller stellen Herz und Verstand keine Gegensätze dar - wie auch für Albert Schweitzer, der gesagt hat: „Rechtes Denken lässt das Herz mitreden" - sondern gehören zusammen. Da wir die Einstellungen Friedrich Schillers und Albert Schweitzers für die besseren halten, können wir hieraus die Lehre ziehen, dass moralische Bildung im guten Sinne immer auch Herzensbildung zu sein hat. Oft ist es nicht möglich, ein Bedürfnis zu erfüllen. Das größte Geschenk, was uns der andere Mensch dann machen kann, ist, uns seinen guten Willen zu zeigen: „Ich würde dir gerne helfen, aber ich kann es nicht." Allein, wenn wir den guten Willen spüren, dann haben wir das Gefühl, dass unser Vertrauen gut bei diesem Menschen aufgehoben ist, sind besänftigt und getröstet.

4. Plakat: Wir verhalten uns wie zwei „Giraffen".

Die SchülerInnen sollen den Text lesen und das Bild betrachten und mit ihnen ein viertes Plakat gestalten. Das Besondere an dem Modell der „Gewaltlosen Kommunikation", auf das sich auch dieser Unterrichtsschritt wieder in seinen Grundzügen bezieht, ist seine Anschaulichkeit. Die SchülerInnen sollen das „Giraffen-Verhalten" lernen, indem sie sich einige wenige Eigenschaften einprägen. Sie sind auf diesem Übungsblatt beschrieben. Um sich selber wie eine „Giraffe" benehmen zu können, müssen die SchülerInnen ihre Gefühle und situativen Bedürfnisse kennen und sie einer anderen „Giraffe" anvertrauen und gleichzeitig Rücksicht auf die Bedürfnisse der anderen „Giraffe" nehmen. Falls dies nicht schon früher geschehen ist, sollten an dieser Stelle ddie Übungsblätter aus Modul 1 und 4 bearbeitet werden.

5. Wir üben das „Giraffen-Verhalten" in Rollenspielen.

Mit diesem Arbeitsblatt sollen die SchülerInnen anhand der Rollenspiele aus Modul 8 und 10 - eventuell mit Handpuppen - das „Giraffen-Verhalten" einüben.

1. Rollenspiel

Michael hofft im ersten Moment, dass die anderen Kinder spüren, dass er gerne mitspielen möchte und von sich aus sagen: „Komm, du kannst mitspielen." Doch dann bittet er die Kinder mit viel Gefühl: „Bitte lasst mich mitspielen. Ich fühle mich sonst so ausgeschlossen." Michael nimmt Rücksicht auf die anderen Kinder und fragt sie nach ihren Bedürfnissen. Vielleicht sagen die Kinder, sie möchten in Ruhe diese Runde zu Ende spielen. Michael fragt daraufhin: „Lasst ihr mich dann nach der nächsten Spielpause mitspielen? Ich kann solange warten. Lasst ihr mich dann mitspielen?" Vielleicht haben die Kinder noch eine andere Idee, wie sie ihr eigenes und Michaels Bedürfnis befriedigen können.

2. Rollenspiel

Timo ist stolz auf seine gute Note und hofft im ersten Moment, dass seine Eltern von sich aus nach seiner Klassenarbeit fragen und ihn loben. Doch dann bittet er seine Eltern mit viel Gefühl: „Bitte schaut euch meine Klassenarbeit an. Ich bin richtig stolz, denn sich habe die beste Arbeit von allen geschrieben." Timo nimmt Rücksicht auf seine Eltern und fragt seinen Vater nach seinem Bedürfnis. Vielleicht wünscht sich sein Vater, stolz auf Timo zu sein und sagt: „Die Nachrichten sind nicht so wichtig. Zeig mir doch bitte einmal deine Arbeit." Timo sagt daraufhin: „Ich möchte so gerne von dir dafür gelobt werden, aber dafür musst du dir den Aufsatz einmal durchlesen." Vielleicht sagt der Vater: „Das mache ich gerne" und, nachdem er das getan hat: „Der Aufsatz gefällt mir auch wirklich gut. Timo, das hast du sehr gut gemacht. Ich bin richtig stolz auf dich."

3. Rollenspiel

Elisabeth ist traurig. Sie hält sich zunächst in der Nähe ihrer Mutter auf und hofft, dass die Mutter spürt, dass sie in den Arm genommen werden möchte. Doch dann bittet sie ihre Mutter mit viel Gefühl: „Bitte nimm mich einmal in den Arm. Ich bin so traurig, dass Chila gestorben ist. Bitte tröste mich etwas." Elisabeth nimmt Rücksicht auf ihre Mutter und fragt sie nach ihrem Bedürfnis. Vielleicht möchte ihre Mutter gerade ein wichtiges Telefongespräch mit ihrer besten Freundin führen. Elisabeth sagt daraufhin; „Nimmst du dir danach etwas Zeit für mich? Bitte nimm mich doch `mal in den Arm. Mit geht es so schlecht." Vielleicht nimmt die Mutter sie jetzt schon in den Arm, weil sich ihre Tochter ihren Trost wünscht.

4. Rollenspiel

Achmed fühlt sich etwas übermütig. Im ersten Moment wünscht er sich, dass seine Mutter spürt, dass er auf das Klettergerüst steigen möchte und von sich aus sagt: „Versuch doch `mal hochzuklettern. Du schaffst das bestimmt." Doch dann bittet er sie mit viel Gefühl: „Bitte lass mich da einmal hochklettern." Achmed nimmt Rücksicht auf seine Mutter und fragt sie nach ihrem Bedürfnis. Vielleicht macht sie sich Sorgen um seine Sicherheit und hat Angst, dass er herunter fallen und sich verletzen könnte. Daraufhin sagt Achmed: „Bitte lass es mich doch einmal ausprobieren. Du kannst dich ja unten hinstellen und aufpassen, dass ich nichts falsch mache. Bitte lass mich einmal hochklettern. Ich kann das bestimmt schon."

5. Rollenspiel

Alexander fühlt sich hilflos. Zunächst hofft er, dass ein Fußgänger errät, dass er Hilfe braucht und ihm - ohne aufgefordert zu werden - hilft. Doch dann bittet er einen Passanten mit viel Gefühl: „Bitte helfen sie mir. Ich glaube, ich habe mir den Fuß umgeknickt und kann alleine nicht aufstehen."

Alexander nimmt Rücksicht auf den Passanten und fragt ihn nach seinem Bedürfnis. Vielleicht hat er es eilig und hat keine Zeit, ihm zu helfen. Deshalb bittet Alexander einen anderen Passanten um Hilfe. Vielleicht hat ein anderer Passant Mitgefühl mit ihm und möchte ihm gerne helfen. Daraufhin sagt Alexander: „Würden sie bitte bei mir Zuhause anrufen. Vielleicht kann meine Mutter mich mit dem Auto abholen. Ich kann ihnen meine Telefonnummer sagen."

6. Rollenspiel

Serpil hat Angst um ihre Mutter. Sie hofft im ersten Moment, dass ihre Lehrerin errät, was sie sich von ihr wünscht und von sich aus verständnisvoll fragt: „Na, hör mal Serpil, was ist denn heute bloß mit dir los? Warum machst du denn so viele Fehler?" Doch dann bittet sie ihre

Lehrerin mit viel Gefühl: „Bitte, kann ich 'mal mit ihnen sprechen? Ich habe solche Angst um meine Mutter." Serpil nimmt Rücksicht auf ihre Lehrerin. Vielleicht wünscht sie sich während der Klassenarbeit Ruhe und dass die Kinder nicht gestört werden. Serpil sagt daraufhin: „Haben sie in der Pause für mich etwas Zeit? Ich möchte so gerne mit ihnen sprechen." In diesem Gespräch sagt Serpil: „Meine Mutter wird heute operiert. Ich habe solche Angst, ob alles gut geht. Deshalb konnte ich mich nicht konzentrieren und habe so viele Fehler gemacht." Die Lehrerin könnte antworten: „Das kann ich gut verstehen. Mir würde es genauso gehen. Deine Klassenarbeit benote ich dieses Mal nicht. Bitte komm morgen gleich zu mir und sag mir, wie es deiner Mutter geht."

7. Rollenspiel

Malte hat sein Lineal vergessen hat. Er hofft zunächst, dass sein Tischnachbar spürt, dass er sein Lineal haben möchte, und er es ihm von sich aus gibt. Doch dann bittet er ihn mit viel Gefühl: „Bitte, gibst du mir 'mal dein Lineal? Ich habe Angst, dass ich eine schlechte Note bekomme, weil ich meins vergessen habe." Malte nimmt Rücksicht auf seinen Tischnachbarn und fragt ihn nach seinem Bedürfnis. Vielleicht wünscht er sich Ruhe und möchte nicht gestört werden und sagt: „Ich möchte in Ruhe meine Aufgaben lösen. Bitte stör mich nicht." Daraufhin fragt Malte ganz leise: „Leihst du mir dein Lineal, wenn du mit den Aufgaben fertig bist?" Vielleicht sagt sein Tischnachbar: „Gerne, aber lass mich jetzt in Ruhe arbeiten."

6. Rollenspiel 8: Streit zwischen Uwe und seiner Mutter

Die SchülerInnen lesen den Text und beantworten Fragen:

- Warum ist es zwischen Uwe und seiner Mutter zum Streit gekommen? Was war der Anlass? Uwe hatte versprochen, um 19 Uhr Zuhause zu sein. Er hat sich wegen des Verkehrsunfalls verspätet.
- Was denkt die Mutter über Uwe? Sie denkt, dass er sich absichtlich verspätet hat.
- Wie fühlt sie sich? Die Mutter ist wütend auf Uwe.
- Wie streiten die beiden sich? Was sagen sie und was tun sie? Die Mutter empfängt ihn mit den Worten: „Du hast dich sehr verspätet. Das kommt mir nicht noch einmal vor." „Du hältst dich an kein Versprechen. Also musst du auch die Konsequenzen tragen. Geh in dein Zimmer. Ich will dich heute nicht mehr sehen." „Du verstehst mich überhaupt nie", schreit Uwe und rennt in sein Zimmer und schlägt die Tür hinter sich zu.

- Welches Bedürfnis der Mutter ist verletzt? Ihr Bedürfnis, dass man Versprechen, die man gibt, auch einhalten muss.
- Wie fühlt sich Uwe in diesem Streit? Er füllt sich traurig und auch wütend.
- Welches Bedürfnis von Uwe ist verletzt? Sein Bedürfnis nach Verständnis.
- Wie ist der Streit ausgegangen? Jeder ist auf den anderen wütend. Uwe ist allein in seinem Zimmer und beide sprechen - vielleicht sogar längere Zeit - nicht mehr miteinander.
- Wie hätten Uwe und seine Mutter diesen gewaltsamen Streit verhindern können? Spielt der Gruppe vor, wie sich Uwe und seine Mutter wie zwei „Giraffen" verhalten und sich beide verstanden gefühlt hätten. Die Mutter hätte Uwe an der Tür fragen können: „Warum hast du dich verspätet?" Daraufhin hätte Uwe ihr seine Verspätung erklären können. „Ich wollte mein Versprechen halten und pünktlich sein. Deshalb bin rechtzeitig in den Bus gestiegen. Es gab einen Verkehrsunfall. Darum habe ich mich verspätet." „Dann kann ich verstehen, warum du so spät kommst", könnte die Mutter antworten und fragen: „Was ist denn da genau passiert?"

7. Frage- und Antwortspiel: Wie Herzen zusammen kommen

Die SchülerInnen bekommen Karten, auf denen Bitten und Antworten stehen. Sie sollen die Bitten jeweils in das erste Herz kleben. So können sie spielerisch lernen, ihre Bedürfnisse in Form einer Bitte zu formulieren. Dann suchen sie die Antworten, die zu den Bitten passen, und kleben sie in das zweite Herze. Mit diesem Lernschritt sollen die SchülerInnen üben, mit welchen Äußerungen sie sich ihre Bedürfnisse befriedigen können. Die Bitten drücken noch einmal alle Bedürfnisse aus, die die SchülerInnen in Modul 1 gelernt haben.

8. Kartenspiel basteln

Die SchülerInnen können mit den Bitten auch ein Kartenspiel basteln, bei dem die Antworten offen sind. Sie haben dadurch die Möglichkeit, sich im Spiel mit anderen Kindern, ihren Eltern oder anderen Erwachsenen auszudenken, was sie konkret tun können, um eine Bitte, d.h. ein Bedürfnis zu erfüllen. Sie könnten zum Beispiel auf die Bitte: „Ich bitte dich, mir etwas zu essen zu geben." antworten: „Ich gehe in den Supermarkt und kaufe für das Mittagessen ein." Oder auf die Bitte: „Ich bitte dich, mir zu vertrauen." antworten: „Du darfst meinen Brief lesen. Du musst aber den Inhalt für dich behalten." Dieses Spiel soll die SchülerInnen zum selbstständigen Problemlösen anregen und ihre soziale Handlungskompetenz vergrößern.

Literaturangaben

Vorwort

1 Franz Petermann, Silvia Wiedebusch, Emotionale Kompetenz bei Kindern, 2., überarbeitete und erweiterte Auflage, Hogrefe 2003, 2008. Die Autoren stellen in diesem Buch komprimiert eine Vielzahl neuartiger empirischer Befunde zur emotionalen Entwicklung sowie präventiver Programme zur Förderung sozial-emotionaler Kompetenzen vor.

Teil I: Was Bedürfnisse und Gefühle für unser Leben bedeuten

Modul 1

2 Nach: Abraham H. Maslow, Motivation und Persönlichkeit, Rowohlt Taschenbuch Verlag, 11. Auflage März 2008, S. 62-74

3 Nach: Serge K. D. Sulz, Als Sisyphus seinen Stein losließ. Oder: Verlieben ist verrückt! CIP-Medien, München, 5. Auflage 2008, S. 37

4 Nach: Claas-Hinrich Lammers, Emotionsbezogene Psychotherapie, Grundlagen, Strategien und Techniken, Schattauer Stuttgart New York 2007, S. 33

5 Nach: Serge K. D. Sulz, Als Sisyphus seinen Stein losließ, S. 46

6 Herbert Stadler, Plädoyer für verhaltensauffällige Kinder, unter: http://edu4you.at/uploads/media/Plaedoyer_und_Tipps.pdf

7. Nach: Claas-Hinrich Lammers, Emotionsbezogene Psychotherapie, 197-198

8 Nach: www.hans-karl-schmitz.de/unterlagen/beduerfnispyramide/index.html

9 Die hier aufgelisteten Bedürfnisse erheben keinen Anspruch auf Systematik - wie z.B. bei Abraham H. Maslow. Sie werden auch nicht eigens begründet und hergeleitet, weil dies den Rahmen dieser Materialien sprengen würde. Ich bin aber davon ausgegangen, dass die von mir aufgeführten Bedürfnisse für Kinder und Erwachsene wichtig sind. Zum Weiterlesen und tieferen Verständnis psycho-sozialer Bedürfnisse empfehle ich das Buch von Serge K. D. Sulz, Als Sisyphus seinen Stein losließ.

10 www.zeit.de/online/2008/06/familienhilfe-bindung-mutter-kind. Zeitverlag Gerd Bucerius

Modul 2

11 Nach: www.praxis-jugendarbeit.de/spielesammlung/spiele-vertrauen.html. Copyright ©
2002-2010 Praxis-Jugendarbeit.de und nach: www.spielekiste.de/archiv/indoor/vertrauen

Modul 3

12 Nach: Claas-Hinrich Lammers, Emotionsbezogene Psychotherapie, S. 3-5

13 Franz Petermann, Silvia Wiedebusch, Emotionale Kompetenz bei Kindern, S. 13-151

14 Einige dieser Ziele finden sich verstreut in dem Buch von Franz Petermann und Silvia Wiedebusch, Emotionale Kompetenz bei Kindern wieder.

Modul 4

15 Nach: Claas-Hinrich Lammers, Emotionsbezogene Psychotherapie, Grundlagen, Strategien und Techniken, Schattauer Stuttgart New York, 2007, S. 36.

16 Einige Ideen entstammen der Internetseite: www.flowchart-forum.de/Flowchart/index.php?title=K%C3%B6rpersprache, die anderen sind von mir.

17 Franz Petermann, Silvia Wiedebusch, Emotionale Kompetenz bei Kindern, S. 42-44

18 In: Klaus W. Hoffmann, Rudi Mika, Wie kommt die Maus in die Posaune, Igel Records1988

19 Nach: Claas-Hinrich Lammers, Emotionsbezogene Psychotherapie, S. 4

20 Nach: Manfred Spitzer, Bauch und Kopf, Fühlen und Denken mit Körper und Geist, in: Kluge Gefühle, Familienratgeber zur Förderung der emotionalen Intelligenz, Barmer und Mehr Zeit für Kinder e.V. 2005, S. 10

21 Nach: Abraham H. Maslow, Motivation und Persönlichkeit, Rowohlt Taschenbuch Verlag, 11. Auflage März 2008, S. 62ff.

22 Nach: Claas-Hinrich Lammers, Emotionsbezogene Psychotherapie, Grundlagen, Strategien und Techniken, S. 83-89

23 Claas-Hinrich Lammers, Emotionsbezogene Psychotherapie, S. 51-60 und Serge K. D. Sulz, Als Sisyphus seinen Stein losließ, S. 307-342

25 Nach: Marshall B. Rosenberg, Gewaltfreie Kommunikation Eine Sprache des Lebens, Junfermann Verlag, Paderborn 2007, S. 71-72

25 Diese Geschichte steht im Internet unter: www.schreibwerkstatt.de/jule-eine-kindergeschichte-t1004.html

26 Diese Geschichte befindet sich im Internet unter: www.kinder-geschichte.de/timundderhund.pdf

Modul 5

27 Vier dieser Verhaltensweisen sind dem Kommunikationsmodell der Familientherapeutin Virginia Satir entlehnt. Sie sind hier aber als Reaktionsweisen auf andere Menschen gedeutet. Nach: Virginia Satir, Kommunikation. Selbstwert. Kongruenz, Konzepte und Perspektiven familientherapeutischer Praxis, Junfermann Verlag Paderborn, 2004, S. 120-129.

28 Nach: www.br-online.de/umwelt-gesundheit/artikel/0404/gefuehlsblind/index.xml

29 Der Zeitungsartikel steht im Internet unter: www.stern.de/panorama/hamburg-polizei-findet-verwahrloste-kinder-548972.html

30 Nach: Claas-Hinrich Lammers, Emotionsbezogene Psychotherapie, Grundlagen, Strategien und Techniken, S. 125

31 Die Gesprächstechnik des aktiven Zuhörens wurde erstmals von dem amerikanischen Psychologen Carl Rogers in die von ihm begründete klientenzentrierte Psychotherapie eingeführt. Merkmale dieser Gesprächstechnik sind u.a.: sich auf den Gesprächspartner einlassen, sich auf ihn konzentrieren, Nachfragen bei Unklarheiten, auf die eigenen Gefühle achten, die Gefühle des Gesprächspartners erkennen und ansprechen, Geduld haben und den Gesprächspartner nicht unterbrechen, Blickkontakt halten, empathisch sein und sich innerlich in die Situation des Gesprächspartners versetzen.

32 Die Bibel: Einheitsübersetzung der Heiligen Schrift, Gesamtausgabe. Psalmen und Neues Testament, Ökumenischer Text, Katholische Bibelanstalt GmbH, Stuttgart 1980, Lukas: 10,25-37, S. 1159

Modul 6

33 Nach: Claas-Hinrich Lammers, Emotionsbezogene Psychotherapie, Grundlagen, Strategien und Techniken, S. 3-4

34 Nach: ebd., S. 52-53

35 Nach: ebd., S. 35

36 Nach: ebd., S. 54-55

37 Nach: ebd., S. 35

38 Nach: ebd., S. 57

39 Nach: ebd., S. 37

40 Nach: ebd., S. 62-63

41 Nach: ebd., S. 73-79

42 Nach: ebd., S. 74

43 Nach: ebd., S. 77-78

44 Nach: Stanley Greenspan, T. Berry Brazelton, Die sieben Grundbedürfnisse von Kindern: Was jedes Kind braucht, um gesund aufzuwachsen, gut zu lernen und glücklich zu sein, Beltz 2002, S. 41

45 Nach: ebd. S. 39-41

46 www.uni-bielefeld.de/psychologie/ae/AE09/beratungsstelle/adhs.html

47 Der aufmerksamkeitsgestörte / hyperaktive Schüler in der Schule, Arbeitsmaterial für die Hand des Lehrers, hrsg. vom Freistaat Sachsen, Staatsministerium für Kultus, S. 7-8

48 ebd., S. 13

Teil II: Die Bedeutung von Bedürfnissen und Gefühlen in Konflikten

Modul 7

49 Die Stopp-Regel ist inzwischen in vielen Schulen eingeführt worden. Ich hätte gerne gewusst, auf welchen Autor sie zurückgeht, konnte es bei meinen Recherchen aber leider nicht herausfinden.

Modul 8

50 Nach: Abraham H. Maslow, Motivation und Persönlichkeit, S. 82

Modul 9

51 In seinem Hauptwerk „Gewaltlose Kommunikation. Eine Sprache des Lebens", Junfermann Verlag, Paderborn, 7. Auflage 2007 beschreibt Marshall B. Rosenberg die Grundprinzipien und Techniken der Gewaltfreien Kommunikation.

52 Nach: Achtsamkeit und Anerkennung, Materialien zur Förderung des Sozialverhaltens in der Grundschule, herausgegeben von der Bundeszentrale für gesundheitliche Aufklärung, Köln 2002, S. 42- 46

53 Nach: ebd., S. 42-48. Ich habe die „Wolfs-Sprache" im Hinblick auf die SchülerInnen bewusst vereinfacht dargestellt.

Modul 10

54 Die Texte zu diesem Eisbergmodell stammen von mir und sind bewusst leicht verständlich formuliert.

55 Nach: Claas-Hinrich Lammers, Emotionsbezogene Psychotherapie, S. 48

Modul 11

56 Nach: Claas-Hinrich Lammers, Emotionsbezogene Psychotherapie, S. 42-48

57 Diese Geschichte habe ich mir selber ausgedacht.

58 Nach: Claas-Hinrich Lammers, Emotionsbezogene Psychotherapie, S.266-268

Modul 12

59 Nach: Marshall B. Rosenberg, Kinder einfühlend unterrichten, Junfermann Verlag, Paderborn 2005, S. 7-54

60 Die Phasen in dem Streitschlichtungsgespräch entsprechen weitgehend den „vier Komponenten" der Gewaltfreien Kommunikation: Beobachtung, Gefühle, Bedürfnisse, Bitten. Nach: Marshall B. Rosenberg, Gewaltlose Kommunikation, S. 25-26 und S. 213

61 Die Rolle von Gül habe ich so beschrieben, dass Eigenschaften hervortreten, die für Kinder und Jugendliche charakteristisch sind, die MitschülerInnen mobben. Nach: Annemarie Renges, Mobbing in der Schule, in: Das Familienhandbuch des Staatsinstituts für Frühpädagogik (IFP): „Bei Tätern, d. h. Schülern, die aktiv mobben, sind häufig folgende Tendenzen zu beobachten: Demonstration von Stärke/Macht (häufig körperliche, seltener geistige Überlegenheit), Steigerung des (mangelnden) Selbstwertgefühls, Kompensation von Schwächen, Führer-Verhalten (sie haben oft Anhänger/Mitläufer in Cliquen). Sie halten sich für was besseres, zeigen dies lautstark und wollen sich vor den anderen brüsten."

Modul 13

62 Nach: Ingo Heyn, Über den Umgang mit singenden Drachen, im Internet unter: http://www.ingo-heyn.de/geschenk/g_leserbrief_nr_5.php?x='w'

63 Nach: Marshall B. Rosenberg, Gewaltlose Kommunikation, S. 163ff.

64 Bei der Formulierung der „Ich-Sätze" habe ich darauf Wert gelegt, als Ursache für ein Gefühl ein Bedürfnis zu nennen und nicht das Verhalten eines anderen Menschen.

Modul 14

65 Albert Schweitzer, Die Ehrfurcht vor dem Leben, Grundtexte aus fünf Jahrzehnten, C.H. Beck Verlag, München, 8. Auflage 2003

66 Nach: Marshall B. Rosenberg, Gewaltlose Kommunikation, S. 99-100

67 Immanuel Kant, Grundlegung zur Metaphysik der Sitten, herausgegeben von Karl Vorländer, Felix Meiner Verlag, Hamburg 1965, S. 16

68 Friedrich von Schiller, Sämtliche Werke Band 1, herausgegeben von Albert Meier, Hanser Verlag, München 2004